KB088796

역사란 무엇인가

개정판

역사란 무엇인가

E. H. 카

김택현 옮김

WHAT IS HISTORY?

by Edward Hallett Carr

Copyright © Edward Hallett Carr, 1961

Copyright © the Estate of Edward Hallett Carr, 1987

Editorial matter copyright © R. W. Davies, 1987

All rights reserved.

This Korean edition published by arrangement with The Estate of E. H. Carr c/o Curtis Brown, England through Shinwon Agency Co., Seoul, Korea.

Translation copyright © 1997, 2015 by Kachi Publishing Co., Ltd.

이 책의 한국어 판권은 신원 에이전시를 통하여 The Estate of E. H. Carr c/o Curtis Brown, England와 독점계약한 (주)까치글방에 있습니다. 저작권법에 의해 한국 내에서 보호를 받는 저작물이므로 어떠한 형태로든 무단전재와 무단복제를 금합니다.

역자 김택현(金澤賢)

성균관대학교 문과대학 사학과 명예교수.

역사이론지 『트랜스토리아(*Transtoria*)』 편집인.

저서 : 『서발턴과 역사학 비판』(2003), 『차티스트 운동, 좌절한 혁명에서 실현된 역사로』(2008), 『트리컨티넨탈리즘과 역사』(2012) 외

역서 : 『역사와 진실』(아담 샤프, 1983), 『포스트식민주의 또는 트리컨티넨탈리즘』(로버트 J. C. 영)(2005), 『서발턴과 봉기』(라나지트 구하, 2008), 『유럽을 지방화하기』(디페쉬 차크라바르티, 2014) 외

논문 : 「홉스봄의 재구성 : 좌파 명망가의 무늬와 속살」, 「유럽중심주의 비판을 다시 생각함」, 「헤게모니와 서발턴 민중」, 「제국주의, 역사주의, '차이의 역사학'」 외

역사란 무엇인가

저자 / E. H. 카

역자 / 김택현

발행처 / 까치글방

발행인 / 박후영

주소 / 서울시 용산구 서빙고로 67, 파크타워 103동 1003호

전화 / 02 · 735 · 8998, 736 · 7768

팩시밀리 / 02 · 723 · 4591

홈페이지 / www.kachibooks.co.kr

전자우편 / kachibooks@gmail.com

등록번호 / 1-528

등록일 / 1977. 8. 5

초판 1쇄 발행일 / 1997. 8. 30

개역판 1쇄 발행일 / 2015. 3. 16

        31쇄 발행일 / 2024. 9. 20

값 / 뒤표지에 쓰여 있음

ISBN 978-89-7291-581-2 03900

이 도서의 국립중앙도서관 출판예정도서목록(CIP)은 서지정보유통지원시스템 홈페이지(http://seoji.nl.go.kr)와 국가자료공동목록시스템(http://www.nl.go.kr/kolisnet)에서 이용하실 수 있습니다.
(CIP 제어번호 : CIP2015007668)

차례

편집자 노트

E. H. 카는 『역사란 무엇인가』의 제2판을 위해서 상당한 자료를 수집해 놓았으나, 1982년 11월 타계 당시에는 겨우 그 새로운 판을 위한 서문만을 써놓았을 뿐이었다.

저자가 사망한 후에 출판된 현재의 판은 이 서문으로부터 시작되며, 그 후에 이어지는 본문은 제1판 그대로이다. 본문 다음에는 "E. H. 카의 자료철에서:『역사란 무엇인가』제2판을 위한 노트"라는 새로운 장(章)이 하나 이어지는데, 거기에서 나는 카가 수집한 자료 중의 일부와 커다란 상자 속에 들어 있던 카의 메모, 초고(草稿), 노트에서 그가 내린 결론들을 제시하고자 노력했다.

새로운 장의 인용문들 중에서 대괄호 안에 있는 구절은 내가 직접 써넣은 것이다. 나는 카가 참고한 문헌들을 세심하게 검색해준 캐서린 메리데일에게, 또한 여러 의견을 말해준 조너선 해슬램과 태머러 도이처에게 감사를 드린다. 『역사란 무엇인가』의 제2판을 위한 카의 노트들은 버밍엄 대학교 도서관의 E. H. 카 서고(書庫)에 보관될 예정이다.

1984년 11월
R. W. 데이비스

제2판 서문

내가 1960년에 여섯 차례의 강연으로 구성될 『역사란 무엇인가』의 첫 번째 초고를 완성했을 때, 서구 세계는 아직도 두 차례의 세계대전의 충격과 러시아와 중국에서 일어난 두 차례의 중대한 혁명의 충격 때문에 비틀거리고 있었다. 순진한 자신감을 보여주었던 그리고 습관적으로 진보를 믿었던 빅토리아 시대*는 멀찌감치 지나가버렸다. 세계는 혼란스럽고 심지어는 위험스럽기까지 한 곳이 되었다. 그럼에도 불구하고 우리가 어떤 어려움들로부터는 벗어나기 시작했음을 알려주는 징후들이 늘어나기 시작했다. 전쟁 끝에 도래하리라고 널리 예견되었던 세계경제의 위기는 발생하지 않았다. 우리는 조용히 대영제국(大英帝國)을 해체했으며, 아무도 그것을 거의 깨닫지 못했다. 헝가리와 수에즈 운하의 위기는 극복되었거나 아니면 점차 잊혀졌다. 소련에서의 탈(脫)스탈린화와 미국에서의 탈매카시화는 바람직하게 진행되고 있었다. 독일과 일본은 1945년의 완전한 폐허에서 급속하게 재건되었고 눈부신 경제발전을 이룩하고 있었다. 드골이 통치하던 동안 프랑스는 그 힘을 새롭

---

* Victorian Age : 빅토리아 여왕이 재위했던 시대(1837-1901). 이 시대는 영국 역사상 가장 번영했던 시기로 알려져 있고, 또한 세계 역사상 가장 거대한 식민제국을 이룩한 영국이 강력한 군사력과 경제력으로 세계를 지배한 시기이기도 하다. 이 시기에 만개한 개인주의, 자유주의, 도덕적 이상주의, 자유무역을 기초로 한 자본주의의 이상은 빅토리아니즘(Victorianism)이라는 용어로 표현되었다.

게 추스르고 있었다. 미국에서는 아이젠하워의 어두운 그림자가 사라져가고 있었다 ; 희망에 찬 케네디 시대가 막 밝아오기 시작했다. 위험한 지역들—남아프리카, 아일랜드, 베트남—은 여전히 손만 대면 처리될 수 있었다. 전 세계적으로 주식 거래는 호황이었다.

어쨌든 이러한 조건들은 내가 1961년에 강연을 끝마쳤을 때 표명했던 낙관주의와 미래에 대한 신념에 피상적이나마 정당성을 부여했다. 그 후 계속된 20년은 이러한 희망과 만족감을 좌절시켰다. 냉전은 핵멸망의 위협을 동반하면서 배가된 힘으로 다시 시작되고 있었다. 뒤늦게 찾아온 경제위기는 서구 사회 전역에 걸쳐 산업국가들을 황폐화시키고 실업이라는 암을 확산시키면서 무서운 기세로 시작되었다. 오늘날 폭력과 테러리즘의 적의(敵意)로부터 자유로울 수 있는 국가는 거의 없다. 중동 산유국들의 저항은 서구의 산업국가들에 불리한, 역학관계에서의 중대한 변화를 초래했다. '제3세계'는 국제사회의 수동적인 요소에서 능동적이고 시끌벅적한 요소로 변했다. 이러한 조건들 속에서 어떤 식으로든 낙관주의를 표명하는 것은 어리석은 행동처럼 보이게 되었다. 재난을 예언하는 자들에게는 모든 것이 재난인 법이다. 선정적인 작가들과 저널리스트들에 의해서 정성스레 묘사되어 언론매체를 통해서 전파된 임박한 파국의 모습은 일상어(日常語)에까지 스며들었다. 한때 인기를 끌었던 세계의 종말에 관한 예언이 그처럼 시의적절하게 여겨진 적은 지난 몇 세기 동안에는 없었다.

그러나 여기에서 상식적으로 생각해볼 때 두 가지 유보사항이 제기된다. 첫째, 미래의 희망이 없다는 진단은, 설령 논박될 수 없는 사실들에 근거하고 있다고는 해도, 일종의 추상적인 이론적 구성물이라는 점이다. 엄청난 다수의 사람들은 그것을 전혀 믿지 않는다 ; 게다가 그들은 이 불신을 행동으로 보여주고 있다. 사람들은 서로 사랑하여 아기를 가지고, 자식들을 낳아 참으로 헌신적으로 키운다. 사적으로든 공적으로든, 다음 세대의 행복을 증진시키기 위한 건강과 교육에 엄청난 관심이 쏟아지고 있다. 새로운 에너지원이 끊임없이 개발되고 있고, 새로운 발명들이 생산의 효율성을 높이고 있다. 다수의 '소액 저축가들'이 국가의 저축형 채권에, 주택금융조합에 그리고 지역신탁에 투자하고 있다. 미래의 세대를 위해서 건축이나 예술 분야의 민족유산을 보존하려고 열중하는 모습들이 흔히 보인다. 가까운 장래에 세계가 멸망할 것이라는 믿음은 불만에 가득 찬 지식인 집단에만 국한되어 있고, 그들이 오늘날 그런 믿음을 유포시키는 데에 가장 큰 책임이 있다고 결론내리고 싶다.

두 번째 유보사항은 전면적인 재난에 대한 그 같은 예언들의 지리적인 출처와 연관되는데, 그 출처는 대개—나는 전적으로라고 말하고 싶지만—서유럽과 그 해외 지점들이다. 이는 놀라운 일이 아니다. 이 지역의 나라들은 5세기 동안 이론(異論)의 여지없는 세계의 지배자들이었다. 그들은 외부에 있는 야만의 암흑세계에 문명의 빛을 선사했다고 꽤 그럴듯하게 주장할 수 있었다. 이러한 주장에 점점 더 강하게 도전하거나 거역하는 시대는 틀림없이 재난을 키워나가리라는 것이다. 혼란의 진원지, 가장 심각한 지적(知的) 비관주의의 환부(患部)가 영국이라는 것도 마찬가지로 놀라운 일이 아니다 ; 왜냐하면 19세기의 화려함과 20세기의 우중충함이, 19세기의 우월함과 20세기의 열등함이 그렇게 두드러지게 또한 그렇게 애처롭게 대비되는 지역은 영국말고는 어디에도 없기 때문이다. 그 분위기는 서유럽과—아마도 정도는 덜하겠지만—북아메리카에까지 확산되었다. 그 모든 나라들은 19세기 시기의 거대한 팽창주의에 적극적으로 가담했다. 그러나 나는 그런 분위기가 세계의 다른 지역에서도 지배적인 것이 되지 않을까 하고 우려할 이유는 없다고 본다. 한편으로는 극복할 수 없는 커뮤니케이션 장벽이 세워진 것, 그리고 다른 한편으로는 냉전이 끊임없이 선전되고 유포된 것, 이것들이 소련의 상황에 대한 어떠한 양식 있는 평가도 어렵게 만들고 있다. 그러나 현재의 불만이 어떻든지 간에 주민 대다수가 25년 전이나 50년 전이나 100년 전보다는 틀림없이 사정이 훨씬 더 나아졌다고 생각하는 그런 나라에서, 미래에 대한 절망이 널리 퍼진 채 사라지지 않고 있다고 믿는 사람은 거의 없다. 아시아에서는 일본과 중국이 서로 다른 방식으로, 모두 선도적인 위치에 서게 되었다. 중동과 아프리카의 신생국가들, 심지어는 현재 혼란 상태에 있는 지역의 신생국가들은 아무리 맹목적인 것이라고 할지라도 자신들이 믿는 미래를 향해 투쟁하고 있다.

나의 결론은, 파괴와 쇠퇴 이외에는 아무것도 내다보지 않으면서 진보에 대한 모든 신념과 인류의 더 나은 진보에 대한 모든 전망을 어리석은 짓이라고 배제해버리는 오늘날의 회의주의와 절망의 조류가 엘리트주의의 한 형태—위기로 인해서 자신들의 안전과 특권을 가장 현저하게 침식당해온 엘리트 사회집단의 산물, 그리고 한동안 세계의 나머지 지역에 대해서 가지고 있던 확실한 지배권을 박탈당한 엘리트 국가들의 산물—라는 것이다. 이러한 움직임의 주된 창도자들은 지식인들, 즉 자신들이 봉사하고 있는 지배적 사회집단의 이념을 전파하는 자들('한 사회의 이념은 그 사회의 지배계급의 이념이다')이다. 문제가 되고 있는 지식인들 중의 일부가 그 출신 성분에서 다른 사회집단에 속할 수 있다는 것은 상관없다 ; 왜냐하면 그들은 지식인이 되면서 자동적으로 지식인 엘리트들에게 동화되기 때문이다. 지식인들은 정의상 하나의 엘리트 집단이다.

그러나 오늘날의 맥락에서 더 중요한 것은 사회 내부의 모든 집단이 아무리 응집력이 있다고 해도(그리고 역사가가 그들을 그런 식으로 취급하는 것은 대체로 타당하지만), 그 속에서 별종들이나 반항아들이 어느 정도는 돌출한다는 점이다. 이런 일은 특히 지식인들 사이에서 일어나기 쉽다. 내가 말하고 있는 것은 일반적으로 사회의 중요한 전제들을 인정하고, 그것에 기초하여 행동하는 지식인들의 판에 박힌 주장이 아니라, 그런 전제들에 도전하고 그것에 기초하여 행동하는 지식인들의 주장이다. 그와 같은 도전들이 한줌밖에 되지 않는 반대자들에게 국한되는 한, 그 도전들은 서구의 민주사회에서는 용인되며 또한 그 도전자들에게는 독자와 추종자가 있을 수 있다. 냉소주의자는 그 도전들이 빈번하지도 않고 위험스러울 만큼 영향력이 있는 것도 아니기 때문에 용인되는 것이라고 말할지 모른다. 40년이 넘도록 나는 '지식인'이라는 딱지를 붙이고 살아왔다 ; 그런데 최근에 나는 점차 나 자신을 저항적 지식인(intellectual dissident)으로 생각하게 되었고, 남들도 그렇게 생각해왔다. 손쉽게 한 가지만 이야기하겠다. 나는 분명히 신념과 낙관주의로 가득 찬 위대한 빅토리아 시대의 대낮이 아닌 저녁놀 속에서 성장하여 아직도 글을 쓰고 있는 극소수의 지식인들 중 한 사람이며, 그래서인지 끊임없이 또한 돌이킬 수 없이 쇠퇴하고 있는 세계를 생각한다는 것은 지금까지도 어려운 일이다. 나는 이 책에서 서구 지식인들의 그리고 특히 오늘날 이 나라 지식인들의 지배적인 경향으로부터 나 자신을 벗어나도록 하기 위해서, 그들이 어떻게 길을 잘못 들었는지를 그리고 왜 길을 잘못 들었다고 내가 생각하는지를 보여주기 위해서, 또한 비록 낙관적인 것은 아니더라도, 어쨌든 미래에 대한 보다 건전하고 보다 균형 잡힌 전망을 주장하기 위해서 노력할 것이나.

E. H. 카

1
역사가와 그의 사실들

역사란 무엇인가? 이 질문을 무의미하다거나 불필요한 것으로 생각하지 않도록 하기 위해서 나는 『케임브리지 근대사(*The Cambridge Modern History*)』의 첫 번째 간행과 두 번째 간행에 각각 연관된 두 개의 글을 내 강연의 말머리로 삼으려고 한다. 액턴(1834-1902, 영국의 역사가)은 자신이 맡았던 그 책의 편집작업에 관해서 케임브리지 대학교 출판부의 특별평의회에 보낸 1896년 10월의 보고서에서 이렇게 말하고 있다 :

　지금이야말로 19세기가 막 전달하고자 하는 풍부한 지식을 가장 많은 사람들이 가장 유용하게 이용할 수 있는 방법으로 기록할 수 있는 더없는 기회이다.……적절한 분업이 이루어진다면 우리는 그 일을 할 수 있을 것이며, 모든 사람에게 최근의 문서들과 국제적인 연구가 낳은 가장 원숙한 결론들을 알려줄 수 있을 것이다.

　우리는 이 세대에 완전한 역사를 쓸 수는 없다 ; 그러나 우리는, 모든 정보를 입수할 수 있고 어떤 문제는 해결할 수 있으므로, 종래까지의 역사를 치워버릴 수 있고, 전진의 도정(道程)에서 우리가 도달한 지점을 보여줄 수 있다.[1]

---

1) *The Cambridge Modern History:Its Origin, Authorship and Production* (1907), pp. 10-12.

그런데 거의 정확하게 60년이 지난 후에 조지 클라크 경(1890–1979, 영국의 역사가)은 두 번째로 간행된 『케임브리지 근대사』의 총(總)서문에서, 언젠가 '완전한 역사'를 만드는 것이 가능할 것이라는 액턴과 공동 연구자들의 그 같은 신념에 관해서 언급한 다음, 계속해서 이렇게 말했다.

후대의 역사가들은 조금도 그런 기대를 하지 않는다. 그들은 자신들의 연구가 거듭하여 극복되기를 바란다. 그들은 과거의 지식은 적어도 한 명 이상의 사람들을 거쳐 계승되어왔고, 그들에 의해서 '가공되어왔으며', 따라서 그 어느 것으로도 변화시킬 수 없는 기본적인 비인격적 원자들로 이루어져 있는 것은 아니라고 생각한다.……연구는 끝이 없는 듯이 보인다. 그래서 일부 성급한 학자들은 회의주의 안으로 도피하거나, 아니면 기껏해야 모든 역사적 판단에는 인간과 관점들이 포함되어 있으므로 이 판단은 저 판단과 마찬가지로 옳으며 따라서 '객관적인' 역사적 진리란 존재하지 않는다는 교리 안으로 도피한다.[2]

박학다식한 분들이 이처럼 서로 맹렬하게 대립하고 있는 경우에는 탐구해볼 만한 분야가 남아 있게 마련이다. 나는 1890년대에 쓰인 모든 글은 틀림없이 쓸모없다고 생각할 만큼 충분히 첨단을 가는 사람이고 싶다. 그러나 아직까지 나는 이 시대[1950년대]에 쓰인 모든 것이 반드시 의미 있다는 견해를 믿을 만큼 충분히 앞서 있지는 않다. 사실 여러분이 벌써 짐작하고 있을지 모르겠지만, 앞에서 말한 탐구는 역사의 성격이라는 문제보다 훨씬 더 광범한 문제 안으로 들어설지 모른다. 액턴과 조지 클라크 경의 충돌은 그 두 사람의 발언 사이의 기간 동안 사회에 관한

---

2) *The New Cambridge Modern History*, i(1957), pp. xxiv–xxv.

우리의 견해 전체가 변화했음을 반영한다. 액턴은 후기 빅토리아 시대의 긍정적인 신념과 분명한 자신감을 표명하고 있다 ; 반면 조지 클라크 경은 비트 세대*의 방황과 곤혹스러운 회의주의를 반영하고 있다. 우리가 '역사란 무엇인가?'라는 질문에 대답하려고 할 때, 우리의 대답은 의식적으로든 무의식적으로든 우리 자신의 시대적 위치를 반영하게 되며, 또한 우리가 살고 있는 사회에 관해서 우리는 어떤 견해를 가지고 있는가라는 더욱 폭넓은 질문에 대한 대답의 일부가 된다. 나는 나의 주제가 좀더 면밀하게 검토해보면 하찮은 것처럼 보일 수도 있다는 점에 관해서는 걱정하지 않는다. 내가 염려하는 것은 다만 그렇게 거창하고 그렇게 중요한 질문을 던진 것이 주제넘게 보이지 않을까 하는 점이다.

19세기는 사실을 숭배하는 위대한 시대였다. 『어려운 시절(*Hard Times*)』**에서 그래드그라인드 씨***는 '내가 원하는 것은 사실이다.……인생에선 사실만이 필요하다'고 말했다. 19세기의 역사가들은 대체로 그에게 동의했다. 1830년대에 랑케(1795-1885. 독일의 역사가)는 올바르게도 역사를 도덕화하는 것에 항의했고 그러면서 역사가의 임무는 단지 '그것은 실제로 어떠했는가(wie es eigentlich gewesen)'를 보여주는 것이라고 말했는데, 그러자 그다지 심오하지 않은 이 격언은 놀라운 성공을 거두었다. 세대가 세 번씩 바뀔 때까지도 독일과 영국의 역사가들은, 그리고 심지어는 프랑스의 역사가들마저도 '그것은 실제로 어떠했는가'라는 마술적인 단어들을 마치 주문(呪文)—대개의 주문들처럼, 스스로 생각해야 하는 성가신 의무로부터 그들을 구제하게 될—처럼 읊어내면서 싸

* beat generation : 제2차 세계대전 후 기존의 사회체제와 사회질서에 저항했던 유럽과 미국의 젊은 세대를 가리킴.
** 19세기 영국의 소설가 찰스 디킨스의 작품.
*** 『어려운 시절』에 등장하는 냉혹한 공장주의 이름.

움터 안으로 행진해 들어갔다. 과학으로서의 역사를 열렬히 주장한 실증주의자들(positivists)은 이러한 사실 숭배에 강력한 영향력을 발휘했다. 우선 사실들을 확인하고, 그러고 나서 그것들로부터 결론을 이끌어내라고 실증주의자들은 말했다. 영국에서 이러한 역사관은 로크(1632-1704. 영국의 철학자)로부터 버트런드 러셀(1872-1970. 영국의 수학자, 철학자)에 이르기까지 영국 철학의 지배적인 경향이었던 경험주의적 전통과 완전히 일치했다. 경험주의적 인식론은 주체와 객체의 완전한 분리를 전제한다. 사실들은 감각적인 인상과 마찬가지로 외부로부터 관찰자에게 들어오는 것이고 또한 그의 의식과는 독립해 있다. 그 수용 과정은 수동적이다 : 관찰자는 자료를 수용하고, 그러고 나서 그것을 처리하는 것이다. 쓸모 있기는 하지만 경험주의 학파의 경향을 보여주는 업적인 옥스퍼드 영어 중사전(中辭典)은 사실을 '결론과는 다른 경험 자료(datum of experience as distinct from conclusion)'라고 정의함으로써 그 두 과정을 명백히 분리시키고 있다. 이런 것을 상식적인 역사관이라고 부를 수 있을 것이다. 역사는 확인된 사실들을 모아놓은 것이다. 역사가는 생선장수의 좌판 위에 있는 생선처럼 문서나 비문(碑文) 등에 있는 사실들을 집어들 수 있다. 역사가는 그것들을 모은 다음 집에 가지고 가서 자기 마음에 드는 방법으로 그것들을 요리하여 내놓는다. 액턴은 요리 취미가 소박했기 때문에 담백하게 조리하여 내놓고 싶어했다. 그는 첫 번째의 『케임브리지 근대사』의 필자들에게 보낸 통지문에서 '우리의 워털루 전투는 프랑스인과 영국인, 독일인과 네덜란드인을 똑같이 만족시켜주는 그런 것이 되어야 한다 ; 누구라도 필자들의 명단을 들춰보지 않고서는 옥스퍼드의 주교(主敎)가 어디에서 펜을 놓았는지, 그 펜을 집어든 사람이 페어베언(1838-1912. 스코틀랜드의 장로교 신학자)인지 개스켓(1846-1929. 영국의 가톨릭 신학자, 성직자)인지 리베르만(1759-1844. 독일의 가톨릭 신학자)인지 해리슨(1808-1887. 영국의 국교회 신학자, 성직자)인지 말할 수 없어야 한다'고 요구했다.[3] 심지어 액턴의 태도에 비판적이었던 조지 클라크 경 본인도 역사에서의 '사실이라는 딱딱한 속알맹이'를 '그것을 둘러싸고 있는, 논쟁의 여지가 없는 해석이라는 과육(果肉)'과 대비시켰다[4]—아마 그는 과일의 과육 부분이 딱딱한 속알맹이보다 더 가치가 있다는 것을 잊고 있었던 것 같다. 우선 여러분의 사실들을 곧바로 움켜잡아라, 그리고 나서 해석이라는 물컹한 모래 속에 위험을 무릅쓰고 빠져들어라—이것이 경험주의적인 역사, 상식적인 역사를 옹호하는 학파의 궁극적인 지혜인 것이다. 그것은 위대한 자유주의 저널리스트인 C. P. 스콧(1846-1932)의 다음과 같은 유명한 격언을 상기시킨다 ; '사실은 신성하며, 의견은 자유롭다 (Facts are sacred, opinion is free).'

지금에 와서 이런 말은 분명히 통하지 않을 것이다. 나는 과거에 대한 우리의 인식의 성격이라는 문제를 놓고 철학적인 토론에 나서지는 않겠다. 편의상 카이사르가 루비콘 강을 건넜다는 사실과 방의 한가운데에 탁자가 있다는 사실이 똑같은 혹은 비교될 수 있는 종류의 사실이라고, 그 두 가지 사실 모두가 똑같은 혹은 비교될 수 있는 방식으로 우리의 의식에 들어온다고, 그 두 사실 모두가 그것들을 알고 있는 사람들에게 똑같이 객관적인 성격을 가지고 있다고 가정해보자. 그러나 대담하기는 하지만 그다지 그럴싸하지는 않은 이 가정에서조차 우리의 논의는 즉시 과거에 관한 사실 모두가 역사적 사실이 아니라고 하는, 혹은 역사가에 의해서 그렇게 취급되지 않는다고 하는 어려움에 빠지게 된다. 역사의 사실과 역사의 사실이 아닌 과거의 사실을 구별해주는 기

3) Acton, *Lectures on Modern History* (1906), p. 318.
4) *Listener*, 19 June 1952, p. 992에서 인용.

준은 무엇인가?

역사적 사실(historical fact)이란 무엇인가? 이것은 우리가 좀더 꼼꼼히 생각해보아야만 하는 중요한 질문이다. 상식적인 견해에 따르면, 모든 역사가들에게 똑같은, 말하자면 역사의 척추를 구성하는 어떤 기초적인 사실들이 있다―예를 들면 헤이스팅스(Hastings) 전투*가 1066년에 벌어졌다는 사실이 그런 것이다. 그러나 이 견해에는 명심해야 할 두 가지 사항이 있다. 첫째로, 역사가들이 주로 관심을 가지는 것은 그와 같은 사실들이 아니라는 점이다. 그 대전투가 1065년이나 1067년이 아니라 1066년에 벌어졌다는 것, 그리고 이스트본(Eastbourne)이나 브라이턴(Brighton)이 아니라 헤이스팅스에서 벌어졌다는 것을 아는 것은 분명히 중요하다. 역사가는 이런 것들에서 틀려서는 안 된다. 하지만 나는 이런 종류의 문제들이 제기될 때 '정확성은 의무이지 미덕은 아니다'라는 하우스먼(1859–1939. 영국의 시인이자 고전학자)의 말을 떠올리게 된다.[5] 어떤 역사가를 정확하다는 이유로 칭찬하는 것은 어떤 건축가를 잘 말린 목재나 적절히 혼합된 콘크리트를 사용하여 집을 짓는다는 이유로 칭찬하는 것과 같다. 그것은 그의 작업의 필요조건이지만 그의 본질적인 기능은 아니다. 바로 그런 종류의 일들을 위해서라면 역사가는 역사학의 '보조학문'이라고 불리는 것들―고고학, 금석학(金石學), 고전학(古錢學), 연대측정학 등―에 의지해도 된다. 역사가는 도자기나 대리석 조각의 기원과 연대를 결정할 수 있거나, 희미한 비문을 판독할 수 있거나, 또는 정확한 날짜를 확정하는 데에 요구되는 정밀한 천문학상의 계산을 할 수 있는 전문가의 특수한 기술을 구비할 필요는 없

---

* 1066년 10월 14일 노르만 군을 이끌고 영국을 침공한 윌리엄이 영국 동남부 해변지방인 헤이스팅스에서 해럴드가 이끈 영국군과 벌인 전투. 이 전투에서의 승리를 발판으로 윌리엄은 런던을 점령했고 마침내 영국의 왕위에 오르게 되었다.

5) *M. Manilii Astronomicon : Liber Primus* (제2판, 1937), p. 87.

다. 모든 역사가에게 똑같은, 이른바 기초적인 사실들은 보통 역사 그 자체의 범주가 아니라 역사가의 원료라는 범주에 속한다. 두 번째로 명심해야 하는 점은 그 기초적인 사실들을 확정해야 할 필요성이 사실 자체의 어떤 성질에 좌우되는 것이 아니라 역사가의 선험적 결정에 좌우된다는 것이다. 스콧의 좌우명에도 불구하고, 오늘날 모든 저널리스트들은 적절한 사실을 선택하고 배열하는 것이 여론에 영향을 미치는 가장 효과적인 방법이라는 것을 알고 있다. 흔히 사실은 스스로 이야기한다고들 말한다. 이것은 물론 진실이 아니다. 사실은 역사가가 허락할 때에만 이야기한다 : 어떤 사실에 발언권을 줄 것이며 그 순서나 전후관계를 어떻게 할 것인가를 결정하는 사람은 바로 역사가이다. 사실이란 마대와 같아서 그 안에 무엇인가를 넣을 때까지는 서 있지 못한다고 말한 것은 피란델로(1867-1936. 이탈리아의 극작가)의 주인공들 중의 한 사람이었던 것 같다. 우리가 1066년에 헤이스팅스에서 전투가 벌어졌다는 것을 알고 싶은 단 하나의 이유는 역사가들이 그것을 주요한 역사적 사건으로 보기 때문이다. 카이사르가 루비콘이라는 저 작은 강을 건넌 것이 역사의 사실이 된 것은 역사가가 나름대로의 이유가 있어서 결정한 일이지만, 그 이전이나 그 이후에 수없이 많은 다른 사람들이 루비콘 강을 건넌 것에 대해서는 누구도 전혀 관심을 가지지 않는다. 여러분이 걸어서 또는 자전거나 차를 타고 30분 전에 이 건물에 도착했다는 사실은 카이사르가 루비콘 강을 건넜다는 사실과 똑같이 과거에 관한 사실이다. 그러나 역사가들은 아마 여러분이 도착했다는 사실은 무시할 것이다. 언젠가 탤컷 파슨스(1902-1979. 미국의 사회학자) 교수는 과학을 '실체에 대한 인식적 지향(指向)들의 선택체계(a selective system of cognitive orientations to reality)'라고 정의했다.[6] 그것은 더 간

---

6) T. Parsons and E. Shils, *Towards a General Theory of Action* (제3판, 1954), p. 167.

단하게 표현되었을 수도 있었을 것이다. 하지만 역사란 뭐니뭐니해도 바로 그런 것이다. 역사가는 필연적으로 선택을 하게 된다. 역사적 사실이라는 딱딱한 속알맹이가 객관적으로 그리고 역사가의 해석과 무관하게 존재한다는 믿음은 어리석은 오류이지만, 그러나 뿌리 뽑기는 매우 어려운 오류이다.

과거에 관한 단순한 사실이 역사의 사실로 전환되는 과정을 한번 살펴보도록 하자. 1850년 스톨리브리지 웨이크스*에서 싸구려 물건을 팔던 한 노점상인이 사소한 언쟁 끝에 성난 군중의 발에 차여 고의적으로 살해되었다. 이것은 역사의 사실인가? 1년 전만 하더라도 나는 서슴없이 '아니다'라고 말했을 것이다. 그 사건은 어느 목격자에 의해서 거의 알려지지 않은 어떤 비망록 안에 기록되었다[7]; 그러나 나는 그것이 어느 역사가에 의해서든 언급될 만한 가치가 있는 사건으로 판단되리라고는 결코 생각해본 적이 없었다. 1년 전 키트슨 클라크(1900-1975. 영국의 역사가) 박사는 포드 재단이 후원한 옥스퍼드 대학교에서의 강연에서 그 사건을 언급했다.[8] 이로써 그 사건은 역사적 사실이 되었는가? 아직은 아니라고 생각한다. 내가 보기에 그 사건의 현재 지위는 역사적 사실이라는 상류 클럽의 회원자격을 신청해놓은 상태이다. 그것은 이제부터 후원자와 보증인이 필요하다. 이후 몇 년 사이에 우리는 이 사실이 처음에는 19세기의 영국에 관한 논문이나 저서의 각주(脚註)에, 나중에는 본문에 나타나는 것을 보게 될지 모르며, 그러면 그 사건은 20-30년 안에 확고부동한 역사적 사실이 될 수 있을지 모른다. 이와는 정반대로 아무도 그것에 주목하지 않을 수도 있는데, 그럴 경우

---

* Stalybridge Wakes : 영국 북서부의 맨체스터 부근에 있는 도시.
7) Lord George Sanger, *Seventy Years a Showman* (제2판, 1926), pp. 188-189.
8) Dr. Kitson Clark, *The Making of Victorian England* (1962).

그 사건은 키트슨 클라크 박사의 용감한 구출 노력에도 불구하고 과거에 관한 비역사적 사실이라는 연옥에 다시 빠질 것이다. 이 둘 중에서 어떤 일이 벌어질 것인가를 결정하는 것은 무엇인가? 그것은 키트슨 클라크 박사가 이 사건을 인용하면서 의지했던 명제나 해석을 다른 역사가들이 타당하고 중요한 것이라고 인정해주느냐의 여부에 달려 있으리라고 생각된다. 역사적 사실로서의 그것의 지위는 해석(interpretation)의 문제에 좌우될 것이다. 이 해석이라는 요소는 모든 역사의 사실에 개입한다.

개인적인 기억을 말해도 되는지 모르겠다. 나는 오래 전에 이 대학교에서 고대사를 연구한 적이 있었는데, 그때 나의 전공 주제는 '페르시아 전쟁* 시기의 그리스'였다. 나는 내 서가에 15-20권의 책을 모아놓고는 당연히 내 주제와 관련된 모든 사실이 그 책들 속에 기록되어 있을 것이라고 생각했다. 그 책들 속에 그 주제에 관해서 그때까지 알려져 있거나 알 수 있는 모든 사실들이 들어 있었다고—이것은 거의 틀림없었다—가정해보자. 한때 누군가가 틀림없이 알고 있었을 그 모든 수많은 사실들 중에서 우연 때문에 아니면 마멸과정 때문에 극소수의 선택된 사실만이 살아남아 역사의 사실 전부(the facts of history)가 되었다는 것을 검토해보아야 한다는 생각은 전혀 들지 않았다. 나는 오늘날에도 고대와 중세의 역사가 매력을 끄는 이유 중의 하나는 그 분야에서는 모든 사실이 우리가 다룰 수 있는 범위 안에 있고 우리의 처분에 맡겨져 있다는 환상을 가져다주기 때문이 아닌가 하고 생각한다 : 즉 알려져 있는 소수의 사실이 역사의 사실 전부이기 때문에 과거에 관한 역사의 사실과 그렇지 않은 사실 사이의 성가신 구별은 사라지는 것이

---

* 기원전 499-479년에 벌어진 고대 페르시아 제국과 아테네를 중심으로 한 고대 그리스 도시국가들 간의 전쟁.

다. 그러나 그 두 시대를 모두 연구한 베리(1861-1927. 아일랜드 출신의 영국 역사가)가 말했듯이 '고대사와 중세사의 기록은 빈틈투성이이다.'[9] 역사는 분실된 조각들이 많은 거대한 조각그림 맞추기라는 말이 있다. 그러나 주요한 곤란은 빈틈 때문에 생기는 것은 아니다. 기원전 5세기의 그리스에 관한 우리의 그림에 결함이 있는 이유는 주로 수많은 조각들이 우연히 분실되었기 때문이 아니라, 그 그림이 대체로 소수의 아테네 시민에 의해서 그려졌기 때문이다. 우리는 기원전 5세기의 그리스가 아테네 시민들에게 어떤 모습이었는지에 관해서 많은 것을 알고 있다 ; 그러나 그 그리스가―페르시아인이나 노예 혹은 아테네에 거주하지만 시민이 아닌 사람들은 말할 것도 없고―스파르타인이나 코린트인이나 테베인에게 어떤 모습이었지에 관해서는 거의 알지 못한다. 우리가 가지고 있는 그림은 의식적으로든 무의식적으로든 특정한 견해에 물들어 있던, 그리고 그 견해를 뒷받침해주는 사실을 보존해야 할 가치가 있는 것으로 생각한 사람들이 우리를 위해서 이미 선택하고 결정한 것이지, 우연에 의한 것은 아니다. 이와 마찬가지로 나는, 근대에 쓰인 중세사 책에서 중세인들이 종교에 깊이 빠져 있었다는 것을 읽을 때, 우리가 그것을 어떻게 알 수 있는지 그리고 그것이 과연 진실일지 하는 의문을 가지게 된다. 우리가 중세사의 사실들이라고 알고 있는 것들은 거의 모두 여러 세대에 걸친 연대기 편찬자들이 우리를 위해서 선택해준 것들이다. 그들은 종교이론과 종교활동 분야의 전문가들이었고, 따라서 종교를 가장 중요하게 생각하여 그것과 연관된 것은 무엇이든지 기록했지만, 그 이외의 것은 별로 기록하지 않았다. 러시아 농민들을 독실하게 종교적인 사람들로 묘사한 그림은 1917년의 혁명으로 파괴되었다. 중세인을 독실하게 종교적인 사람들로 묘사한 그림은 그것이 진짜

9) J. B. Bury, *Selected Essays* (1930), p. 52.

건 아니건 파괴될 수 없다. 왜냐하면 그것을 믿었던 사람들과 다른 이들도 그것을 믿었으면 하고 원했던 사람들이 중세인에 관해서 알려져 있는 거의 모든 사실들을 우리를 위해서 이미 선택했기 때문이고, 또한 그 반대 증거로 제시될 수도 있을 다른 많은 사실들이 소실되어 되찾을 수 없게 되었기 때문이다. 사라져버린 여러 세대의 역사가들, 기록자들, 연대기 편찬자들의 죽은 손이 과거의 형상을 결정함으로써 항소(抗訴)의 가능성을 없애버린 것이다. 중세사 연구자로서 소양을 쌓은 배러클러프(1908-1984. 영국의 역사가) 교수 자신도 '우리가 배우는 역사는, 비록 사실에 기초하고 있다고 해도, 엄격히 말하면 결코 사실 그것이 아니라 널리 승인된 일련의 판단들이다'라고 말한다.[10]

그러면 이와 다르기는 하지만 똑같이 심각한 곤경에 처해 있는 근대사가 쪽으로 이야기를 돌려보도록 하자. 고대사가나 중세사가는 다루기 쉬운 한 묶음의 역사적 사실들을 오랫동안 자신들 마음대로 처리할 수 있게 한 그 거대한 선별과정에 감사해야 할지 모른다. 리턴 스트레이치(1880-1932. 영국의 전기작가)가 장난스럽게 말했듯이, '무지(無知)는 역사가의 첫 번째 필수품이다. 단순화시키고 명료하게 만드는, 또한 선택하게도 하고 빼버리기도 하는 그런 무지 말이다.'[11] 나는 이따금 고대사나 중세사 서술에 몰두하고 있는 동료들의 굉장한 능력에 질투를 느낄 때가 있는데, 그럴 때면 나는 그들이 그렇게 유능한 주된 이유는 자신들의 주제에 그만큼 무지하기 때문이라고 생각하면서 위안을 얻는다. 근대사가는 이 떼어낼 수 없는 무지의 여러 이점들을 결코 즐기지 못한다. 그는 이 필수적인 무지를 스스로 계발해야만 한다—자신이 살고 있는 시대와 가까운 시대를 연구하면 할수록 더욱 그렇다. 그

---

10) G. Barraclough, *History in a Changing World* (1955), p. 14.
11) Lytton Strachey, Preface to *Eminent Victorians*.

는 소수의 중요한 사실들을 발견하여 그것들을 역사의 사실로 전환시켜야 함과 동시에 중요하지 않은 수많은 비역사적 사실을 버려야 하는 이중의 임무를 가지고 있다. 그러나 이는 역사란 논박될 수 없는 객관적인 사실을 최대한으로 편찬하는 것이라는 19세기의 이단론(異端論, heresy)을 그대로 뒤집어놓은 것이다. 그 이단론에 굴복하는 사람이라면 누구나 저 고약한 직업인 역사를 포기하고 우표 수집이라든가 그 밖의 다른 고물 수집에 착수하거나 아니면 결국에는 정신병원에 들어가야 할 것이다. 지난 100년 동안 근대사가들에게 그 같은 파멸적인 영향을 미쳐온 것은 바로 이 이단론이거니와, 이 이단론은 무미건조한 사실적 역사들을, 그리고 사실의 바다 속에 흔적도 없이 가라앉은 허섭스레기들에 관해서 더 많이 알게 된 자칭 역사가들의 세세하게 전문화된 논문들을 독일과 영국과 미국에서 점점 더 엄청나게 양산(量産)시켜왔다. 나는 역사가로서의 액턴을 좌절시킨 것도—흔히 말하듯이 자유주의에 대한 충성과 가톨릭에 대한 충성 사이의 갈등이 아니라—바로 이 이단론이었지 않은가 생각한다. 그는 초기의 한 논문에서 자신의 스승인 될링거(1799-1890. 독일의 역사가)에 관해서 이렇게 말했다 : '그분은 불완전한 자료들로는 글을 쓰지 않으려고 했는데, 그분에게 자료들은 항상 불완전했다.'[12] 이렇게 말했을 때 액턴은 분명히 자기 자신을, 달리 말하면 많은 사람들이 케임브리지 대학교의 근대사 흠정강좌(欽定講座) 주임교수 자리에 앉은 인물들 중에서 가장 출중한 적임자라고 생각했으나 어떠한 역사책도 쓰지 않은 한 역사가의 저 이상한 상태를 미리 예단(豫斷)하고 있었던 것이다. 그리고 액턴은 그가 사망한

---

12) G. P. Gooch, *History and Historians in the Nineteenth Century*, p. 385에서 인용. 나중에 액턴은 될링거에 관해서 '그는 이제까지 사람들이 입수할 수 있었던 것을 최대한으로 끌어들여서 자신의 역사철학을 구성하는 경향이 있었다'고 말했다(*History of Freedom and Other Essays*, 1907, p. 435).

직후에 출간된 『케임브리지 근대사』 제1권의 서론에서 역사가를 압박하고 있는 요구들은 '역사가에게 학자가 아니라 백과사전 편찬자가 되라고 위협하고 있다'고 탄식했는데,[13] 그때 그는 자신의 묘비명을 써놓은 셈이었다. 무엇인가가 잘못되어갔다. 잘못되어간 것은 견고한 사실들을 그렇듯 지치지 않고 끊임없이 축적하는 것이 역사의 토대라는 신념, 사실은 스스로 말하며 아무리 사실이 많아도 부족하다는 신념, 그 시대에는 너무나 분명한 것이어서 거의 모든 역사가들에게 '역사란 무엇인가?'라는 질문을 스스로에게 던질 필요가 없다고 생각하게 만든—오늘날에도 일부 역사가들은 여전히 필요없다고 생각하지만—그런 신념이었다.

 19세기의 사실 숭배는 문서들에 대한 숭배로 완성되었고 정당화되었다. 문서들은 사실의 신전(神殿) 안에 있는 약속의 상자*였다. 경건한 역사가는 머리를 숙이고 문서들에 다가갔으며, 그것들에 관해서 황공스러운 어조로 이야기했다. 만일 여러분이 문서들 안에서 무엇인가를 발견한다면, 그 무엇인가는 정말이다. 그러나 우리가 그 무엇인가에 본격적으로 접근할 때, 이런 문서들—법령들, 조약들, 지대대장(地代臺帳), 보고서, 공적인 통신문, 사신(私信)과 일기—은 우리에게 무엇을 이야기해주는가? 그 어떤 문서도 고작 우리에게 그 문서의 작성자가 생각한 것을—그가 일어났다고 생각한 것을, 그가 일어나야만 했다고 생각하거나 일어나리라고 생각한 것을, 혹은 어쩌면 다른 사람들도 자기가 생각한 것처럼 생각해주기를 원했던 것만을, 혹은 심지어 자신이 생각했다고 자기 스스로 생각한 것만을—말해줄 수 있을 뿐이다. 이 모두는, 역사가가 그것을 연구하기 시작하여 해독하기 전까지는, 아무런

---

13) *Cambridge Modern History*, i (1902), p. 4.
* The Ark of the Covenant : 모세의 십계명이 새겨진 두 개의 석판을 넣어둔 상자.

의미가 없다. 역사가는 문서 안에 있건 없건 사실들을 처리해야만 하며, 그런 후에야 비로소 그것들을 어떻게든 이용할 수 있다 : 이런 식으로 말할 수 있을지 모르겠지만, 역사가가 사실들을 이용하는 것은 곧 그것들의 처리과정인 것이다.

나는 우연히 잘 알게 된 하나의 사례를 통해서 내가 말하고자 하는 것을 설명해보겠다. 바이마르 공화국*의 외무장관이었던 구스타프 슈트레제만(1878-1929)이 1929년에 사망했을 때, 그는 엄청난 분량—꼬박 300상자 분량—의 서류, 공문서, 준(準)공문서, 사신 등을 남겼는데, 그것들 거의 모두는 그가 외무장관으로 재직한 6년간의 시기와 연관된 것들이었다. 그의 친지들은 그처럼 위대한 인물을 추모하기 위해서 기념사업을 벌이는 것이 당연하다고 생각했다. 그의 충실한 비서였던 베른하르트가 그 일에 착수했다. 그리고 3년이 안 되어 300상자 분량의 서류에서 추려진 문서들이 『슈트레제만의 유산(*Stresemanns Vermächtnis*)』이라는 인상적인 표제를 달고 1권당 600여 페이지에 달하는 3권짜리의 방대한 책으로 엮어져 나왔다. 통상적인 경우, 슈트레제만의 문서들은 어딘가의 지하실이나 다락에서 그대로 썩어서 영원히 사라졌을 것이다 ; 아니면 혹시 100여 년 안에 어느 호기심 많은 학자가 그것들을 우연히 발견하고는 베른하르트가 엮은 책과 비교하는 일에 착수할 수도 있었다. 그러나 실제로 일어난 일은 훨씬 더 극적이었다. 그 문서들은 1945년에 영국과 미국 정부의 수중에 들어왔고, 양국 정부는 문서 전부를 사진으로 찍어서 그 사진복사본들을 런던의 공문서 보관소와 워싱턴의 국립문서 보관소에 비치하여 학자들이 이용할 수 있

---

* Weimar Republik : 1918년 11월 혁명 후에 성립한 독일 연방공화국. 1933년 히틀러가 이끄는 나치당에 의해서 붕괴되었다. 1919년 2-8월에 개최된 국민의회가 바이마르에서 헌법을 채택했기 때문에 이런 이름이 붙여졌다.

게 했다. 따라서 충분한 인내심과 호기심이 있다면 우리는 베른하르트가 무엇을 했는지 정확히 알아낼 수 있다. 그가 한 일은 대단히 특별하지도 않았고 대단히 충격적이지도 않았다. 슈트레제만이 사망했을 때, 그의 서방정책은 일련의 놀라운 성공—로카르노 협정*, 독일의 국제연맹 가입, 도즈 안(案)과 영 안** 및 미국의 차관, 라인란트***를 점령하고 있던 연합국의 철수—으로 결실을 거둔 것처럼 보였다. 이것은 슈트레제만의 외교정책 중에서 중요하고도 득이 되는 부분인 듯했다. 따라서 그것이 베른하르트의 사료선집(史料選集)에서 지나치게 큰 비중을 차지하게 되었더라도 부자연스러울 것이 없었다. 반면에 슈트레제만의 동방정책, 즉 그와 소련의 관계는 특별히 어떤 성과를 낳은 것 같지 않았다 ; 그러므로 사소한 성과만을 낳은 협상들에 관한 문서 뭉치들은 그다지 흥미롭지도 않았고, 슈트레제만의 명성에 무엇인가를 보태줄 것도 없었기 때문에 그것들의 선별과정은 더욱 엄격할 수 있었다. 사실 슈트레제만은 소련과의 관계에 훨씬 더 꾸준하고 정성을 다해 관심을 쏟았고, 전체적으로 볼 때 그의 외교정책에서 그 관계가 차지하는 비중은 베른하르트 선집의 독자들이 짐작하는 것보다 훨씬 더 컸다. 그러나 나는 베른하르트의 책들은 보통의 역사가가 맹목적으로 의존하고 있

---

* 1925년 슈트레제만의 제의에 따라서 영국, 프랑스, 독일, 이탈리아, 벨기에, 폴란드, 체코 사이에 체결된 협정. 이 협정은 프랑스와 독일이 제1차 세계대전 후에 체결된 베르사유 조약을 준수하고, 협정 당사국들이 모든 문제를 평화적인 방법으로 해결할 것을 약속한 것이었다. 이에 따라서 독일은 1926년에 국제연맹에 가입했다.
** 1924년 미국은 제1차 세계대전의 패전국인 독일의 마르크화를 안정시키기 위해서 2억 달러의 차관을 제공하는 도즈 안(Dowes Plan)을 제시했다. 이 도즈 안에 따라 독일 경제는 다소 부흥의 기미를 보였으나 배상금의 문제가 독일에는 여전히 큰 부담이었으므로 미국은 1929년에 다시 영 안(Young Plan)을 제시하여 독일이 지불해야 할 배상금의 차액을 4분의 1로 감소시켰고, 그 지불연한도 1959년으로 연장했다.
*** Rhineland : 라인 강 좌안의, 곧 네덜란드, 벨기에, 룩셈부르크, 프랑스와 접하고 있는 역사적인 의미가 큰 독일 지역들.

는 수많은 기존의 사료선집들과 비교하더라도 훌륭한 편이 아닌가 생각한다.

이것으로 내 이야기가 끝난 것은 아니다. 베른하르트의 책들이 출간된 직후, 히틀러(1889-1945)가 정권을 잡게 되었다. 슈트레제만의 이름은 독일에서 잊혀지는 신세가 되었고, 그의 책들은 배포되지 않았다 : 그 책의 상당한 부수가, 아마도 그 대부분이 틀림없이 소실당했을 것이다. 오늘날 『슈트레제만의 유산』은 상당히 구하기 힘든 책이다. 그러나 슈트레제만의 명성은 여전히 높았다. 1935년 어느 영국의 출판업자가 베른하르트의 책을 축약한 번역본—베른하르트 선집의 선집—을 출간했다 ; 아마 원본의 3분의 1이 생략되었을 것이다. 유명한 독일어 번역가인 서턴이 유능하고 훌륭하게 번역일을 마쳤다. 그는 번역본 서문에서 이 영문판은 '약간 압축되었지만, 영국의 독자들이나 연구자들에게는 별로 흥밋거리가 되지 않는……그다지 중요하지 않은 문제라고 생각된 것들 중에서 일정한 분량만을 생략했을 뿐이다'라고 설명했다.[14] 이것 역시 충분히 자연스런 일이다. 그러나 그 결과 이미 베른하르트 선집에 불충분하게 반영되었던 슈트레제만의 동방정책은 시야에서 훨씬 더 멀어지고, 소련은 그저 슈트레제만의 서방 중심적 외교정책에 이따금씩 끼어드는, 차라리 달갑지 않은 침입자로 나타나고 있다. 그러나 소수의 전문가들을 제외한 모든 사람들에게 슈트레제만의 진짜 목소리를 서구 세계에 전달하고 있는 사람은 서턴이지 베른하르트는—더구나 슈트레제만이 남긴 문서들 그 자체는—아니라고 해도 틀린 말이 아닐 것이다. 만일 1945년 폭격의 와중에 그 문서들이 사라졌다면, 그리고 남아 있던 베른하르트의 책들도 사라졌다면, 서턴의 신빙성과 권위는 결코 의심받지 않았을 것이다. 원본들이 없을 때, 역사가들이 기꺼이

---

14) Gustav Stresemann, *His Diaries, Letters and Papers*, i (1935), Editor's Note.

받아들이는 문서집 인쇄본들은 이런 식으로 가장 확실한 근거가 된다.

그러나 나는 이 이야기를 한걸음 더 진전시키고 싶다. 베른하르트와 서턴은 잊어버리고 유럽 현대사에서 상당히 중요한 사건들에 주도적으로 참여했던 한 인물이 진짜 서류들을 남겨놓음으로써 우리가 그것들을 언제든지 찾아볼 수 있게 된 것에 감사하자. 그 서류들은 우리에게 무엇을 이야기하고 있을까? 여러 가지 것들을 담고 있는 그 서류들 중에는 슈트레제만이 베를린에서 소련 대사와 벌인 수백 차례 회담의 기록들 그리고 치체린(1872-1936. 소련의 외교관)과 벌인 20여 차례 회담의 기록들이 포함되어 있다. 이 기록들에는 한 가지 공통적인 특징이 있다. 그것들은 슈트레제만을 그 회담들의 최대 수혜자로 묘사하고 있고 그의 주장도 늘 적절하고 설득력이 있었던 것으로 그려내지만, 반면에 상대방의 주장들은 대부분 빈약하고 혼란스럽고 설득력이 없는 것으로 나타낸다. 이것은 모든 외교회담의 기록에서 나타나는 흔한 특징이다. 그 문서들은 우리에게 무엇이 일어났는가를 말해주는 것이 아니라, 무엇이 일어났다고 슈트레제만이 생각한 것만을, 혹은 그가 다른 사람들도 그렇게 생각해주기를 원했던 것만을, 아니면 아마도 무엇인가가 일어났다고 그 자신이 생각하고 싶어한 것만을 말해줄 뿐이다. 선별과정을 시작한 것은 서턴이나 베른하르트가 아니라 슈트레제만 자신이었다. 그리고 예컨대 바로 그 회담들에 관한 치체린의 기록들이 있을 경우, 우리는 역시 그 기록들로부터 치체린이 생각한 것만을 알 수 있고, 그래서 실제로 무엇이 일어났는가는 여전히 역사가의 생각 속에서 재구성되어야만 할 것이다. 물론 사실들과 문서들은 역사가에게 필수적이다. 그러나 그것들을 숭배하지는 말아야 한다. 그것들은 스스로 역사를 구성하지는 않는다 ; 그것들은 원래 '역사란 무엇인가?'라는 이 귀찮은 질문에 대한 답변을 미리 준비해놓고 있지 않다.

이쯤에서 나는 왜 19세기의 역사가들이 일반적으로 역사철학에 무관심했는가 하는 문제에 관해서 몇 마디 말하고 싶다. 역사철학(philosophy of history)이라는 용어는 볼테르(1694-1778)가 만든 것인데, 그 이후 이 용어는 다양한 뜻으로 사용되어왔다 ; 그러나 나는 기왕 그 용어를 사용할 바에는 그것을 가지고 '역사란 무엇인가?'라는 질문에 대한 우리의 대답을 생각해보고 싶다. 서유럽의 지식인들에게 19세기는 자신감과 낙관주의가 한껏 드러나고 있었던 편안한 시대였다. 사실들은 대체로 만족스러운 것들이었다 ; 그러니만큼 그것들에 관해서 귀찮은 질문을 던지고 그 질문에 대답하는 경향은 거의 찾아볼 수 없었다. 레오폴트 폰 랑케는 자기가 사실들을 보살피면, 역사의 의미에 대해서는 신의 섭리가 보살펴줄 것이라고 경건하게 믿고 있었다 ; 그리고 부르크하르트(1818-1897. 스위스의 역사가)는 좀더 근대적인 말투로 '우리는 영원한 지혜의 목적이라는 것에 관해서는 배운 바가 없다'고 약간 비꼬아서 말했다. 얼마 전인 1931년에 버터필드(1900-1979. 영국의 역사가) 교수는 아주 만족스럽다는 듯이 '역사가들은 사건들의 성격이나 심지어 자신들의 연구주제의 성격에 관해서 성찰해본 적이 거의 없다'라고 썼다.[15] 그러나 나의 전임자로서 이 강연을 맡았던 A. L. 로즈(1903-1997. 영국의 역사가) 박사는 더욱 공정한 비판자답게 윈스턴 처칠의 『세계의 위기(*World Crisis*)』—제1차 세계대전을 다룬 저서—는 그 개성, 생생함, 생명력에서는 트로츠키(1879-1940)의 『러시아 혁명사(*History of the Russian Revolution*)』에 견줄 만하지만, 한 가지 점에서는 뒤떨어진다고 말한 바 있다 : 즉 '그 바탕에 역사철학이 전혀 없다'는 것이다.[16] 영국의 역사가들이 역사철학에 끌려들어가기를 거부한 이유는 역사에는

---

15) H. Butterfield, *The Whig Interpretation of History* (1931), p. 67.
16) A. L. Rowse, *The End of an Epoch* (1947), pp. 282-283.

어떤 의미도 없다고 믿었기 때문이 아니라, 역사의 의미란 절대적이고 자명한 것이라고 믿었기 때문이다. 19세기의 자유주의적 역사관은 자유방임(laissez-faire)—이것 역시 태평스런 자신감에 찬 세계관의 산물이었지만—의 경제학설과 밀접한 관계가 있었다. 누구나 자신만의 일에 힘써라, 그러면 보이지 않는 손이 보편적인 조화를 이끌어줄 것이다. 역사의 사실 그 자체도 보다 더 나은 상태를 향해가는 은혜롭고 외견상 무한한 진보의 과정이라는 그 지고(至高)한 사실을 입증해주는 것이었다. 당시는 천진난만한 시대였으며 그래서 역사가들은 자신들을 가려줄 한 조각의 철학도 걸치지 않고 역사의 신 앞에서 벌거벗은 채로 부끄러움도 없이 에덴 동산을 돌아다녔다. 그때 이후 우리는 죄를 알게 되었고 타락이라는 것을 경험했다 ; 그러므로 오늘날 역사철학이 필요 없는 척하는 역사가들이 나체촌의 주민들처럼 교외의 전원주택지에 에덴 동산을 재건해보려고 애쓰고 있지만, 그것은 남의 눈을 끌어보려는 쓸모없는 짓일 뿐이다. 오늘날 '역사란 무엇인가'라는 그 거북한 질문은 더 이상 회피될 수 없다.

지난 50년 동안 '역사란 무엇인가?'라는 질문에 대한 수많은 진지한 연구들이 있었다. 1880년대와 1890년대에 역사에서의 사실의 우월성과 자율성을 주장하는 학설에 대한 최초의 도전은 독일에서 나왔다. 독일은 19세기 자유주의의 안정적인 지배를 뒤엎는 일에 크게 공헌한 나라였다. 그 도전을 감행한 철학자들은 지금 이름 정도만 남아 있다 : 그들 중에서 딜타이(1833-1911. 독일의 역사가, 철학자)는 최근 영국에서 비교적 뒤늦게 인정받고 있는 유일한 인물이다. 세기가 바뀌기 전까지 영국에서는 번영과 자신감이 여전히 대단했으므로, 사실 숭배를 공격한 이단자들에 대해서는 전혀 관심이 없었다. 그러나 20세기 초, 이단의 횃

불은 이탈리아로 건네졌고, 그곳에서 크로체(1866-1952, 이탈리아의 철학자, 역사가)는 독일의 거장들로부터 많은 영향을 받은 것이 분명한 역사철학을 제창하기 시작했다. 크로체는 모든 역사는 '현대사(당대사, contemporary history)'라고 선언했는데,[17] 그것은 역사란 본질적으로 현재의 눈을 통해서 그리고 현재의 문제들에 비추어 과거를 바라보는 것이며, 역사가의 주요한 임무는 기록하는 것이 아니라 평가하는 것임을 의미한다 ; 왜냐하면, 만일 역사가가 평가하지 않는다면, 도대체 그는 무엇이 기록될 만한 가치가 있는지를 어떻게 알 수 있겠는가? 1910년 미국의 역사가 칼 베커(1873-1945)는 일부러 도전적인 언사로 '역사의 사실들은 역사가가 그것들을 창조할 때까지는 그를 위해서 존재하지 않는다'고 주장했다.[18] 이러한 도전들은 당장은 거의 주목받지 못했다. 크로체가 프랑스와 영국에서 꽤 인기를 끌기 시작한 것은 겨우 1920년 이후의 일이었다. 그 이유는 아마도 크로체가 그의 독일인 선배들보다 더 명민한 사상가라거나 더 훌륭한 문장가였기 때문이 아니라, 제1차 세계대전 이후의 사실들이 1914년 이전의 사실들에 비해서 그다지 자비로운 미소를 던지고 있지 않은 것처럼 보였기 때문이었을 것이며, 따라서 우리로서도 사실의 권위를 떨어뜨리려고 했던 그런 철학에 접근하기가 더 쉬웠기 때문이었을 것이다. 크로체는 옥스퍼드 대학교의 철학자이며 역사가인 콜링우드(1889-1943)에게 중요한 영향을 미쳤는데, 그는 20세기에 들어와 진정으로 역사철학에 기여한 유일한 영국인 사상

---

17) 이 유명한 구절의 문맥은 다음과 같다 : '모든 역사적 판단의 기초가 되는 실천적인 요구는 모든 역사에 "현대사(당대사)"의 성격을 부여하는데, 왜냐하면 그럴듯이 상세하게 서술되는 사건들이 시간상으로는 아무리 멀리 떨어져 있는 것처럼 보일지라도 실제로 역사가 다루는 것은 현재의 요구와 현재의 상황이며, 사건은 그 안에서만 소리를 내기 때문이다'(B. Croce, *History as the Story of Liberty*, 영역판, 1941, p. 19).

18) *Atlantic Monthly*, October 1910, p. 528.

가였다. 콜링우드는 자신이 계획했던 체계적인 저서를 쓰지 못한 채 사망했다 ; 그러나 발표되었거나 발표되지 않은, 역사철학을 주제로 한 그의 원고들은 그의 사후에 수집되어 『역사의 개념(*The Idea of History*)』 이라는 제목의 책으로 1945년에 출간되었다.

콜링우드의 견해는 다음과 같이 요약될 수 있다. 역사철학은 '과거 그 자체'에 관한 것이라거나 '과거 그 자체에 대한 역사가의 사유(思惟)' 에 관한 것이 아니라 '상호 관련되는 그 두 가지'에 관한 것이다(이 진술 은 '역사[history]'라는 단어의 널리 알려진 두 가지 의미—역사가에 의해 서 수행되는 연구와 그가 연구하는 일련의 과거의 사건들—를 반영하 고 있다). '역사가가 연구하는 과거는 죽은 과거가 아니라, 어떤 의미에 서는 현재에도 여전히 살아 있는 과거이다.' 그러나 과거의 행동은, 만 일 역사가가 그것의 배후에 있었던 사유를 이해할 수 없다면, 그 역사 가에게는 죽은 것, 즉 의미 없는 것이다. 그러므로 '모든 역사는 사유의 역사'이며, '역사란 사유의 역사를 연구하고 있는 역사가가 그 사유를 자신의 정신 속에 재현하는 것'이다. 역사가의 정신 속에서 이루어지는 과거의 재구성은 경험적인 증거에 의존한다. 그러나 그 재구성 자체는 경험적인 과정이 아니며 또한 사실들의 단순한 나열일 수도 없다. 실제 로는 그 재구성의 과정이 사실들의 선택과 해석을 지배한다 : 정말이지 이 재구성의 과정이 사실들을 역사적 사실들로 만드는 것이다. 이 점에 관해서 콜링우드와 가까운 입장에 서 있는 오크셔트(1901–1990. 영국 의 정치학자) 교수는 '역사란 역사가의 경험이다. 역사는 역사가가 아닌 사람들에 의해서는 "만들어지지" 않는다 : 역사를 서술하는 것이 역사를 만드는 유일한 길이다'라고 말하고 있다.[19]

이 엄중한 비판은, 비록 약간의 중요한 단서들이 필요할지도 모르겠

---

19) M. Oakeshott, *Experience and Its Modes* (1933), p. 99.

지만, 간과되고 있는 몇 가지 진리들을 드러내고 있다.

첫째, 역사의 사실들은 순수한 형태로 존재하지 않으며 또한 존재할수도 없기 때문에 우리에게 결코 '순수한' 것으로 다가서지 않는다는 점이다 : 그것들은 기록자의 마음을 통과하면서 항상 굴절된다. 그러므로 우리가 어떤 역사책을 집어들 때, 우리의 최초의 관심사는 그 책에 포함되어 있는 사실들이 아니라 그 책을 쓴 역사가에 관한 것이 되어야 한다. 이 강연은 위대한 역사가인 G. M. 트리벨리언(1876-1962. 영국의 역사가)을 기리기 위해서 그의 이름을 따서 개설되었는데, 그 역사가를 예로 들어보자. 트리벨리언은 자신의 자서전에서 밝혔듯이 '휘그적 전통*이 충만한 가정에서 성장했다.'[20] 따라서 내가 만일 그를 휘그적 전통을 가진 영국의 위대한 자유주의 역사가들 중에서 최후의 역사가이지만 그들에 못지않는 역사가라고 부르더라도, 그가 그런 호칭을 거절하지는 않으리라고 믿는다. 그가 위대한 휘그 역사가인 조지 오토 트리벨리언(1838-1928)을 거쳐, 휘그 역사가들 중에서 비교가 안 될 정도로 가장 위대한 매콜리(1800-1859. G. M. 트리벨리언의 숙부)에 이르기까지 자신의 가계(家系)를 더듬어 찾는 데에는 이유가 없지 않다. 트리벨리언의 가장 뛰어나고 원숙한 저작인 『앤 여왕 시대의 영국(*England under Queen Anne*)』은 그러한 배경하에 쓰였고, 그것을 배경으로 하여 읽을 때에야만 독자들은 그 책의 완전한 의미와 중요성을 알게 될 것이다. 실로 그 저자는 독자가 그렇게 읽지 못하겠다고 변명하는 것을 허락하

---

* 휘그(whig)라는 용어는 1640-1660년의 영국의 시민혁명이 끝난 후 복고왕정하에서 1670년대 무렵에 형성된 휘그당이라는 정파의 명칭에서 비롯된다. 이 무렵에 함께 형성된 토리당이 친왕적인 여당이었다면, 야당격인 휘그당은 유산계급으로 구성된 의회의 지배권을 지향했다. 19세기에 들어와서 휘그당은 자본가를 비롯한 부르주아를 정치적 기반으로 하고 자유주의를 정치적 이념으로 표방하는 자유당으로 바뀌었고, 토리당은 보수당으로 바뀌었다.

20) G. M. Trevelyan, *An Autobiography* (1949), p. 11.

지 않는다. 왜냐하면 탐정소설 애호가들의 독서법에 따라서 그 책의 끝부분을 먼저 읽는다면, 여러분은 제3권의 마지막 몇 페이지에서, 내가 알고 있는 한 오늘날 휘그적 역사해석이라고 부르고 있는 것에 관한 최선의 요약을 발견할 것이기 때문이다 : 그리고 여러분은 트리벨리언의 의도가 휘그적 전통의 기원과 발전을 연구하는 것임을 그리고 그 전통의 뿌리가 그 창시자인 윌리엄 3세*의 죽음 이후의 몇 년 동안에 있다는 것을 당당하게 확정하는 것임을 알게 될 것이다. 아마도 휘그적 해석이 앤 여왕이 통치하던 시기**의 사건들에 관해서 생각할 수 있는 유일한 해석은 아니겠지만, 그래도 그것은 근거가 뚜렷한, 트리벨리언의 노력에 의해서 풍성한 성과를 낳은 해석이다. 그러나 해석의 가치를 충실하게 평가하기 위해서는 여러분도 역사가가 무엇을 하고 있는지를 이해해야만 한다. 왜냐하면 콜링우드의 말대로 역사가가 자신이 등장시킨 인물들의 마음속에서 움직인 것을 반드시 자신의 생각 속에서 재현해야 한다면, 그렇다면 이번에는 독자가 역사가의 마음속에서 움직이는 것을 반드시 재현해야 하기 때문이다. 사실들의 연구를 시작하기 전에 역사가를 연구하라. 따지고 보면 이것은 그다지 어려운 일은 아니다. 세인트 주드 대학교의 저 위대한 학자인 존스의 책을 읽어보라는 권유를 받았을 때, 그 대학교에 다니는 친구를 찾아가서 존스 신부(神父)가 어떤 인물인지 그리고 그가 무엇에 전념해왔는지를 묻는 영리한 학부생은 이미 그 일을 하고 있는 셈이다. 역사책을 읽을 경우 항상 속삭이는 소리에 귀를 기울여야 한다. 만일 여러분이 그 어떤 소리도 듣지 못한다면, 여러분이 음치이거나 아니면 여러분의 역사가가 말을 못하는 밍

---

* 명예혁명으로 메리 2세와 함께 영국의 공동 국왕이 된 오렌지 공 윌리엄[네덜란드의 오란예 공 빌렘을 가리킨다.
** 재위기간 1689–1702년을 가리킨다.

청이일 것이다. 사실들은 정말이지 생선장수의 좌판 위에 있는 생선과 같은 것이 결코 아니다. 그것들은 때로는 접근할 수 없는 드넓은 바다를 헤엄치는 고기와 같다 ; 그리고 역사가가 무엇을 잡아올릴 것인가는 때로는 우연에 좌우되겠지만, 대개는 그가 바다의 어느 곳을 선택하여 낚시질을 하는지에, 그리고 어떤 낚시도구를 선택하여 사용하는지에 좌우될 것이다—물론 이 두 가지 요소들은 그가 잡고자 하는 어종(魚種)에 따라서 결정된다. 대체로 역사가는 자신이 원하는 종류의 사실들을 낚아올릴 것이다. 역사는 해석을 의미한다. 정말이지 내가 조지 클라크 경의 말을 뒤집어, 역사란 '논쟁의 여지가 많은 사실이라는 과육에 둘러싸인, 해석이라는 딱딱한 속알맹이'라고 말한다면, 나의 말은 분명 일방적이고 잘못된 것일 수 있지만, 그러나 감히 생각건대 그의 원래의 견해보다 더 일방적이고 더 잘못된 것은 아닐 것이다.

두 번째는 더욱 상식적인 것으로서, 역사가는 자신이 다루고 있는 사람들의 마음과 그들의 행위의 배후에 있는 생각을 상상적으로 이해해야 할 필요가 있다는 것이다 : 내가 '공감(sympathy)'이 아니라 '상상적인 이해(imaginative understanding)'라고 말한 이유는 공감이 동의(agreement)를 의미하는 것으로 생각되지 않도록 하기 위해서이다. 19세기에 중세사 연구가 빈약했던 이유는 중세의 미신적 신앙들과 거기에서 비롯된 야만행위들이 중세인에 대한 상상적인 이해를 너무나 가로막았기 때문이다. 가령 30년전쟁*에 관한 부르크하르트의 다음과 같은 비난을 들어보자 : '가톨릭 교리건 프로테스탄트 교리건 종교적 구원을 국가의 보전보다 앞세우는 것은 수치스러운 짓이다.'[21] 자신의 나라를 수호하

---

* 1618-1648년에 독일 지역에서 벌어진 프로테스탄트 국가들과 가톨릭 국가들 간의 국제적인 종교전쟁.
21) J. Burckhardt, *Judgements on History and Historians* (1959), p. 179.

려고 살인하는 것은 정당하고 칭송받을 일이지만, 자신의 종교를 수호하려고 살인하는 것은 사악하고 미련한 짓이라고 믿도록 교육받아온 19세기의 자유주의 역사가가 30년전쟁에서 싸운 사람들의 마음 상태를 이해하기란 참으로 어려운 일이었다. 이 어려움은 지금 내가 연구하고 있는 분야에서 특히 심각하다. 최근 10년 동안 영어 사용권 국가들에서 소련에 관해서 쓰인, 그리고 소련에서 영어 사용권 국가들에 관해서 쓰인 글들 가운데 상당수는 상대방의 마음속에서 일어나고 있는 것을 가장 기본적인 수준에서조차 상상적으로 이해할 수 없었기 때문에 망가져버렸고, 그래서 상대방의 말과 행동은 항상 악의에 차 있고 분별없고 위선적인 것처럼 보이게 되었다. 만일 역사가가 자신의 서술대상이 되고 있는 사람들의 마음과 어떤 식으로든 접촉할 수 없다면, 역사는 쓰일 수 없다.

세 번째로, 우리는 오로지 현재의 눈을 통해서만 과거를 조망할 수 있고 과거에 대한 우리의 이해에 도달할 수 있다는 점이다. 역사가는 그가 살고 있는 시대에 속하는 사람이며, 인간의 실존조건 때문에 자신의 시대에 얽매일 수밖에 없다. 그가 사용하는 바로 그 말들—민주주의, 제국, 전쟁, 혁명과 같은 말들—은 그 시대의 함축적인 의미들을 가지고 있고, 그는 그 말들을 그 의미들과 분리시킬 수 없다. 고대사가들이 폴리스*나 플렙스**와 같은 말들을 원어대로 사용해온 것은 바로 자신들은 그런 함정에 빠지지 않았다는 것을 보여주기 위해서였다. 그런다고 해서 그들에게 도움이 되는 것은 아니다. 그들 역시 현재에 살고 있다. 그리고 그들이 클라미스***나 토가****를 걸치고 강연한다고 해시

---

* polis : 도시국가.
** plebs : 평민.
*** chlamys : 고대 그리스 시대에 기병이나 사냥꾼이나 여행자들이 입던 가벼운 남자 옷.
**** toga : 모직물로 만든 고대 로마 시대의 남자 옷.

더 훌륭한 그리스 역사가나 로마 역사가가 될 수 없듯이, 낯설거나 쓸 모없어진 단어들을 사용한다고 해서 과거로 숨어들어갈 수는 없다. 일련의 프랑스 역사가들이 프랑스 혁명에서 두드러진 역할을 한 파리의 군중을 서술하면서 사용해왔던 그 이름들—레 상-퀼로트,* 르 푀플,** 라 카나유,*** 레 브라-뉘****—은 모두 그 말들이 어떻게 사용되는지를 알고 있는 사람들이 볼 때 어떤 정치적인 입장의 표현이자 어떤 특정한 해석의 표현이다. 그러나 역사가는 선택하지 않을 수 없다 : 언어의 사용은 그가 중립적이 되는 것을 허락하지 않는다. 게다가 그것은 언어의 문제만은 아니다. 지난 100여 년 동안에 걸쳐 변화된 유럽의 세력균형은 프리드리히 대왕(프로이센 국왕. 재위기간 1740-1786)에 대한 영국 역사가들의 태도를 뒤집어놓았다. 기독교 교회 내부에서의 가톨리시즘과 프로테스탄티즘 사이의 변화된 세력균형은 로욜라(1491-1556. 스페인 출신의 귀족으로서 예수회 창설자), 루터(1483-1546), 크롬웰(1599-1658)과 같은 인물들에 대한 역사가들의 태도를 크게 바꾸어놓았다. 프랑스 혁명에 관한 지난 50년 동안 프랑스 역사가들의 업적에 대해서 그저 피상적인 지식만 있더라도, 그들의 태도가 1917년의 러시아 혁명에 의해서 얼마나 깊은 영향을 받았는가를 알 수 있다. 역사가는 과거에 속하는 것이 아니라 현재에 속한다. 트레버-로퍼(1914-2003. 영국의 역사가) 교수는 우리에게 역사가는 '과거를 사랑해야만 한다'고 말하고 있다.[22] 이것은 수상한 명령이다. 과거를 사랑한다는 것은 아무래도 나이 든 사람과 낡은 사회가 가지고 있는 향수 어린 낭만주의의 표현이

---

* les san-culottes : 귀족들이 입는 반바지인 퀼로트를 입지 않은 민중들.
** le peuple : 인민.
*** la canaille : 하층계급.
**** les bras-nus : 가진 것 없는 노동자들.
22) Introduction to J. Burckhardt, *Judgements on History and Historians* (1959), p. 17.

거나, 현재나 미래에 대한 믿음과 관심을 상실했다는 징후인 것 같다.[23] 똑같이 진부한 문구로 말해야 한다면, 나는 차라리 '과거의 죽은 손'으로부터 자신을 해방시키자는 문구를 선택하겠다. 그러나 역사가의 기능은 과거를 사랑하거나 과거로부터 자신을 해방시키는 데에 있는 것이 아니라, 현재를 이해하기 위한 열쇠로서 과거를 지배하고 이해하는 데에 있다.

그러나 앞에서 말한 것들이 콜링우드의 역사관이라고 할 수 있는 것에서 보이는 통찰력들 중의 일부라고 한다면, 이제는 그의 역사관의 몇몇 위험들을 고찰해보도록 하겠다. 역사를 구성하는 데에서 역사가의 역할을 강조하는 것은, 만일 그것을 논리적으로 끝까지 밀고 나가면, 모든 객관적인 역사를 배제시키는 것이 되기 쉽다 : 즉 역사는 역사가가 만드는 것이 되고 만다. 실제로 콜링우드는 그의 책의 편집자가 인용한 미발표 노트를 보면, 한때 그러한 결론에 도달했던 것처럼 보인다 :

성(聖) 아우구스티누스(354-430)는 초기 기독교의 관점에서 역사를 바라보았고, 티유몽(1637-1698. 프랑스의 역사가)은 17세기 프랑스인의 관점에서, 기번(1737-1794. 영국의 역사가)은 18세기 영국인의 관점에서, 몸젠(1817-1903, 독일의 역사가, 고전학자)은 19세기 독일인의 관점에서 역사를 바라보았다. 어느 것이 옳은 관점인가를 묻는 것은 아무런 의미가 없다. 각각의 관점은 그것을 선택한 사람에게 가능한, 유일했던 관점이었다.[24]

---

23) 다음과 같은 니체의 역사관과 비교해보라 : '과거를 돌아보면서 계산을 맞추어보는가 하면, 과거에 대한 추억과 역사가 남긴 문화 속에서 위안을 찾는 늙은이의 소일거리는 낡은 시대에나 어울린다'(*Thoughts Out of Season*, 영역판, 1909, ii, pp. 65-66).
24) R. Collingwood, *The Idea of History* (1946), p. xii.

이런 식의 결론은 완전한 회의주의에 이르게 된다. 그래서 프루드 (1818-1894. 영국의 역사가)의 말처럼 역사란 '어떤 단어든 원하는 대로 쓸 수 있는 어린아이의 글자맞추기 판'과 같은 것이 된다.[25] 콜링우드는 '가위와 풀의 역사(scissors-and-paste history)'에, 그리고 역사를 사실들의 단순한 편찬으로 간주하는 견해에 반대한 나머지, 위험스럽게도 역사를 인간의 두뇌에서 직조(織造)된 것으로 간주하는 입장에 다가서게 되었고, 따라서 결국 내가 저 앞에서 인용한 문장 속에서 조지 클라크 경이 말한 결론, 즉 "'객관적인' 역사적 진리는 존재하지 않는다'는 결론으로 되돌아가고 있다. 우리는 여기에서, 역사란 아무런 의미도 가지지 않는다는 이론 대신에 역사의 의미는 무한하다는 이론, 즉 어떤 의미도 그것과 다른 의미보다 더 올바르지 않다—이것은 결국 모든 의미가 거의 똑같다는 것이 되는데—는 이론을 얻게 된다. 뒤의 이론이 앞의 이론만큼이나 옹호될 수 없음은 분명하다. 어떤 산이 보는 각도를 달리 할 때마다 다른 형상으로 보인다고 해서, 그 산은 객관적으로 전혀 형상을 가지고 있지 않다거나 무한한 형상을 가진다고 할 수는 없다. 역사의 사실들을 확정할 때 해석이 필수적인 역할을 한다고 해서, 그리고 현존하는 어떠한 해석도 완전히 객관적이지 않다고 해서, 이 해석이나 저 해석이나 매한가지이며 역사의 사실들에 대해서는 원칙적으로 객관적인 해석을 내릴 수 없다고 말할 수는 없다. 나는 나중에 역사에서의 객관성이란 정확히 무엇을 의미하는지에 관해서 반드시 고찰하겠다.

그러나 콜링우드의 가설 속에는 훨씬 더 커다란 위험이 숨어 있다. 만일 역사가가 반드시 자신이 살고 있는 시대의 눈을 통해서 자신이 연구하는 역사적 시대를 보아야만 하고, 또한 현재의 문제들의 열쇠로서

25) J. A. Froude, *Short Studies on Great Subjects*, i(1894), p. 21.

과거의 문제들을 연구해야만 한다면, 그 역사가는 사실에 관한 순전히 실용적인 견해에 빠져서 올바른 해석의 기준은 현재의 어떤 목적에 대한 그 해석의 적합성(suitability)이라고 주장하게 되지는 않을까? 이러한 가설에 따른다면 역사의 사실들은 아무것도 아닌 것이 되고 해석이 전부가 된다. 니체는 그 원칙을 이미 이렇게 천명했다 : '어떤 의견이 오류이므로 우리가 그것에 반대하는 것은 아니다.……문제는 그것이 어느 정도까지 생(生)을 고취하고, 생을 유지하며, 종(種)을 보존하고, 경우에 따라서는 종을 창조하는가에 있다.'[26] 이보다는 덜 노골적이고 덜 진지하기는 하지만 미국의 실용주의자들(pragmatists)도 똑같은 입장을 취했다. 즉 지식이란 어떤 목적을 위한 지식이다. 그리고 지식의 유효성은 목적의 유효성에 좌우된다는 식으로 말이다. 그러나 그런 이론을 내세우지 않았던 경우라도, 그 실천이 적지않이 걱정되는 경우가 자주 있었다. 나는 이러한 위험의 실체를 느끼지 못한 채 사실들을 짓밟으면서 오만하게 해석을 내리는 사례들을 나의 연구분야에서 수도 없이 보아왔다. 소련학파와 반(反)소련학파의 보다 극단적인 역사저작물들 중 일부를 정독해본다면, 때로는 순수하게 사실적인 역사라고 하는 저 19세기의 환상적인 안식처를 향해서 어딘지 모르게 향수가 생기는 것도 놀라운 일은 아니다.

그렇다면 20세기의 중반에 살고 있는 우리는 사실에 대한 역사가의 의무를 어떻게 규정해야 할까? 나는 최근 몇 년 동안 사실과 사료를 너무 대범하게 취급한다는 비난에서 벗어날 수 있을 만큼 사료들을 찾아 정독하는 일에, 또한 적절하게 주석을 단 사실을 가지고 역사를 서술하는 일에 충분한 시간을 보냈다고 믿는다. 자신의 사실들을 존중해야 한다는 역사가의 의무는 자신의 사실이 정확하다는 것을 보여주

---

26) *Beyond Good and Evil*, ch. i.

어야 한다는 의무로 끝나지 않는다. 그는 자신이 연구하고 있는 주제나 자신이 제시하려는 해석과 어떤 의미로든 연관되어 있다고 알려져 있는, 혹은 연관될 수 있다고 여겨지는 모든 사실들을 그려내도록 애써야만 한다. 만일 그가 빅토리아 시대의 영국인을 도덕적이고 합리적인 인간으로 묘사하고자 한다면, 1850년 스톨리브리지 웨이크스에서 일어난 일을 빠뜨려서는 안 된다. 그러나 그렇다고 해서 이제는 역사의 생명원인 해석을 제거해도 좋다는 뜻은 아니다. 비전문가들—말하자면 학계에 있지 않은 분들 혹은 다른 학문분야에 있는 분들—은 이따금 나에게 역사가는 역사를 쓸 때 어떻게 작업하느냐고 묻는다. 역사가는 뚜렷이 구별되는 두 가지 단계나 기간으로 나누어 작업한다는 것이 가장 상식적인 생각인 것 같다. 우선 역사가는 자신의 사료들을 읽고 그의 노트를 사실들로 채우는 데에 오랜 준비시간을 보낸다 : 그러고 나서 이 일이 끝난 다음에는 사료들을 치워놓고 노트를 꺼내 든 채 처음부터 끝까지 책을 쓴다. 그러나 이런 모습은 나에게는 납득이 가지 않으며 그럴듯해 보이지도 않는다. 내 경우에는, 주요한 사료라고 생각되는 것들 중에서 몇 가지를 읽기 시작하자마자 너무나 좀이 쑤셔—반드시 처음부터가 아니더라도, 어디부터이든 상관없이—쓰기 시작한다. 그런 후에는 읽기와 쓰기가 동시에 진행된다. 읽기를 계속하는 동안 쓰기는 추가되고 삭제되며 재구성되고 취소된다. 읽기는 쓰기에 의해서 인도되고 지시되며 풍부해진다 : 쓰면 쓸수록 나는 내가 찾고 있는 것을 더 많이 알게 되고, 내가 찾고 있는 것의 의미와 연관성을 더 잘 이해하게 된다. 어떤 역사가들은 아마도, 마치 어떤 사람이 장기판과 말이 없이도 머릿속에서 장기를 두듯이, 펜이나 종이나 타이프 등을 사용하지 않고서도 이 준비단계의 글쓰기를 모두 머릿속에서 할 것이다 : 이는 내가 부러워하는, 하지만 흉내낼 수 없는 재능이다. 그러나 나는 역사가라는 이름에 값하는 모든 역사가에게는 경제학자가 '투입(input)'과 '산출(output)'이라고 부르는 그 두 과정이 동시에 진행되며, 실제로 그 두 과정은 단일한 과정의 부분들이라고 확신한다. 만일 그것들을 분리시키거나 어느 하나를 다른 하나보다 우월한 것으로 삼으려고 한다면, 여러분은 두 가지 이단론들 중의 어느 하나에 빠지게 된다. 여러분은 의미나 중요성을 무시하는 가위와 풀의 역사를 쓰거나 아니면 선전문이나 역사소설을 쓰게 될 것이며, 역사와는 아무런 상관이 없는 그런 부류의 글쓰기를 치장하려고 과거의 사실을 이용하게 될 것이다.

역사의 사실에 대한 역사가의 관계를 검토해온 우리는 스킬라*와 카리브디스** 사이에서 조심스럽게 항해하는 불안정한 상태에 놓여 있는 것이 분명하다. 즉 역사란 사실을 객관적으로 편찬하는 것이며 해석보다는 사실이 무조건 우월하다고 간주하는 역사이론과 역사란 해석과정을 통해서 역사의 사실들을 확정하고 지배하는 역사가의 정신의 주관적 산물이라고 주장하는 역사이론, 똑같이 지지할 수 없는 이 두 이론 사이에서, 또는 과거에 무게중심을 두는 역사관과 현재에 무게중심을 두는 역사관 사이에서 항해하는 그런 상태 말이다. 그러나 우리의 상태는 보기보다는 덜 불안정하다. 우리는 이 강연에서 사실과 해석이라는 이분법과 똑같은 이분법을 다른 모습—특수한 것과 일반적인 것, 경험적인 것과 이론적인 것, 객관적인 것과 주관적인 것—으로 또다시 만나게 될 것이다. 역사가의 곤경은 인간의 본성을 반영한다. 인간은 아마도 아주 어렸을 때나 아주 늙었을 때를 제외하고는, 자신의 환경에 완전히 매몰되지 않으며 무조건 그것에 예속되지도 않는다. 다른

---

* Scylla : 메시나 해협의 이탈리아 해안 쪽에 있는 큰 바위. 혹은 그 바위에 살던 머리가 6개, 다리가 12개인 여자 괴물.

** Charybdis : 시칠리아 섬 앞바다의 위험한 소용돌이. 혹은 바다의 소용돌이를 의인화한 여자 괴물.

한편, 인간은 결코 자신의 환경에서 완전히 독립적일 수 없고 그것의 무조건적인 지배자일 수도 없다. 인간과 그의 환경의 관계는 역사가와 그의 연구주제의 관계와 같다. 역사가는 그의 사실들의 비천한 노예도 아니고 난폭한 지배자도 아니다. 역사가와 그의 사실들의 관계는 평등한 관계, 주고받는 관계이다. 연구 중에 있는 역사가가 잠시 일을 멈추고서 자신이 생각하고 글을 쓰는 동안 무엇을 하고 있는지 생각해본다면 다 알 수 있듯이, 역사가는 자신의 해석에 맞추어 사실을 만들고 또한 자신의 사실에 맞추어 해석을 만드는 끊임없는 과정에 종사하고 있는 것이다. 둘 중 어느 한쪽을 우위에 두는 것은 불가능하다.

역사가는 사실의 잠정적인 선택에서, 그리고 동시에 그 선택을 이끌어준 잠정적인 해석—그 해석이 그 자신의 것이건 다른 사람의 것이건 간에—에서 출발한다. 그가 연구하는 동안, 사실의 해석 그리고 사실의 선택 및 정돈, 이 두 가지는 이러저러한 상호작용을 통해서 미묘하고도 얼마간 무의식적일 수 있는 변화들을 겪는다. 그리고 이 상호작용에는 현재와 과거 사이의 상호관계도 포함되는데, 왜냐하면 역사가는 현재의 일부이고 사실은 과거에 속하기 때문이다. 역사가와 역사의 사실은 서로에게 필수적이다. 자신의 사실을 가지지 못한 역사가는 뿌리가 없는 쓸모없는 존재이다. 자신의 역사가를 가지지 못한 사실은 죽은 것이며 무의미하다. 따라서 '역사란 무엇인가?'라는 질문에 대한 나의 첫 번째 대답은, 역사란 역사가와 그의 사실들의 끊임없는 상호작용 과정, 현재와 과거 사이의 끊임없는 대화(a continuous process of interaction between the historian and his facts, and unending dialogue between the present and the past)라는 것이다.

2
사회와 개인

사회 또는 개인 중에서 어느 것이 우선인가 하는 문제는 암탉과 달걀에 관한 문제와 같다. 이것을 논리적인 문제로 다루든 역사적인 문제로 다루든, 여러분은 그 문제에 관해서 어느 한 편에 서서 의견을 제시할 수 없을 것이다. 어느 편에 서든 똑같이 일방적인 그 반대편의 의견에 의해서 틀림없이 수정될 것이기 때문이다. 사회와 개인은 분리될 수 없다 ; 그것들은 서로에게 필수적이고 보완적인 것이지 대립적인 것이 아니다. '어떤 사람도 그 자신만으로 전체가 되는 섬이 아니다 : 모든 사람은 대륙의 한 부분이며, 본토의 일부이다'[1]라는 것은 던(1573-1631. 영국의 시인)의 유명한 말이다. 이 말에는 진리의 일면이 있다. 이와는 반대로, 고전적인 개인주의자인 J. S. 밀(1806-1873. 영국의 철학자, 경제학자)의 이야기를 들어보자 : '인간은 함께 모이는 경우라도 다른 종류의 실체로 바뀌어지지 않는다.'[2] 물론 바뀌어지지 않는다. 그러나 인간은 '함께 모이기' 이전에도 존재했다고, 또는 어떤 종류의 실체를 가지고 있었다고 전제하는 것은 잘못이다. 우리가 태어나자마자 세계는 우리에게 영향을 미치기 시작하여 우리를 단순한 생물학적 단위에서 사회

---

1) *Devotions upon Emergent Occasions*, No. xvii.
2) J. S. Mill, *A System of Logic*, vii, 1.

적 단위로 변화시킨다. 역사의 혹은 역사 이전의 모든 단계에서 인간은 누구나 사회 속에서 태어나고, 아주 어렸을 적부터 그 사회에 의해서 형성된다. 인간이 사용하는 언어는 개인적인 상속물이 아니라 그가 성장해온 집단에서 사회적으로 취득된 것이다. 언어뿐만 아니라 환경도 인간의 사유의 성격을 결정하는 데에 기여한다 ; 아주 어렸을 적의 인간의 관념들은 다른 사람에게서 나온 것이다. 당연한 이야기이지만, 개인이 사회로부터 분리된다면 말할 수도 생각할 수도 없을 것이다. 로빈슨 크루소의 신화가 계속해서 매력을 끄는 것은 그것이 사회로부터 독립한 개인을 상상해보려고 했기 때문이다. 그 시도는 실패하고 있다. 로빈슨은 추상적인 개인이 아니라, 요크 지방에서 온 영국인이다 ; 그는 『성서』를 가지고 있으며 영국인의 신에게 기도한다. 그 신화는 이내 그에게 프라이데이라는 충실한 하인을 데려다준다 ; 그리하여 새로운 사회의 건설이 시작되는 것이다. 이와 연관된 또 하나의 신화는 도스토옙스키의 소설 『악령(Devils)』에서 자신의 완전한 자유를 증명하기 위해서 자살하는 키릴로프의 신화이다. 자살은 개인에게 허용되는, 완전하게 자유로운 유일한 행위이다 ; 그 밖의 모든 행위에는 개인이 사회의 구성원이라는 사실이 어떤 식으로든 내포되어 있다.[3]

인류학자들은 흔히 원시인은 문명인보다 덜 개인적이며 사회에 의해서 더 완전하게 형성된다고 말한다. 여기에는 진리의 한 요소가 포함되어 있다. 보다 단순한 사회가 더 균일하다고 말하는 것은 그 사회가 더 복잡하고 더 선진적인 사회에 비해서 사회적으로 필요한, 그리고 사회

---

3) 뒤르켐(1858-1917. 프랑스의 사회학자)은 자살에 관한 그의 유명한 연구서에서 자신이 속한 사회에서 고립된 개인의 조건—특히 감정적인 혼란과 자살에 빠지기 쉬운 그런 상태—을 표현하려고 아노미(anomie : 보통 사회적 일탈이라는 뜻으로 사용됨)라는 단어를 만들었다 ; 그러나 그는 또한 자살이 결코 사회적인 조건과 무관하지 않다는 것도 보여주었다.

가 그 기회를 제공하는 개인적인 기술과 직업이 훨씬 다양하지 못하다는 의미에서이다. 심화되고 있는 개별화(individualization)는 이러한 의미에서 선진적인 근대 사회의 필연적 산물이며, 그것은 저 꼭대기에서부터 밑바닥까지 그 사회의 모든 행위들을 관통하고 있다. 그렇다고 해서 이 개별화의 과정과 증대하고 있는 사회의 힘이나 응집력, 이 둘 사이에 대립항을 설정하는 것은 중대한 오류일 것이다. 사회의 발전과 개인의 발전은 병행하며, 서로를 조건 짓는다. 사실 우리가 이해하고 있는 복잡한 사회 혹은 선진적인 사회란 개인들 상호 간의 의존관계가 선진적이고 복잡한 형태를 취해온 사회이다. 개별 구성원들의 성격과 사유를 형성시키며 그들 사이에 일정한 정도의 통합성과 균일성을 만드는 근대적인 민족공동체의 힘이 원시적인 부족공동체의 그것보다 조금이라도 더 약하다고 가정한다면, 그것은 위험스러운 일일 것이다. 생물학적 차이에 기초하여 민족성을 이해하는 낡은 관념은 오래 전에 타파되었다 ; 그러나 사회와 교육의 민족적 배경이 다른 데에서 비롯되는 민족성의 차이는 부정하기 어렵다. 저 파악하기 어려운 실재인 '인간성(human nature)'은 나라마다 그리고 세기마다 무척 달랐으므로, 그것을 어렵지 않게 지배적인 사회적 조건과 관습에 의해서 형성되는 역사적 현상으로 간주할 수 있다. 말하자면 미국인, 러시아인, 인도인 사이에는 많은 차이들이 있는 것이다. 그러나 이 차이들 중에서 어떤 것은, 그리고 아마도 가장 중요한 것은 개인들 사이의 사회적 관계에 대한, 혹은 달리 말하자면 사회가 구성되는 방식에 대한 태도에서의 차이로 나타난다. 그렇기 때문에 하나의 전체로서의 미국 사회, 러시아 사회, 인도 사회 긴의 차이를 연구하기 위해서는 개개의 미국인, 러시아인, 인도인 간의 차이를 연구하는 것이 최선의 방법일지도 모른다. 원시인과 마찬가지로 문명인도, 실제로 사회가 그들에 의해서 형성되는 것과 똑같이, 실제로 사회에 의해서 형성된다. 여러분은 달걀 없이 암탉을 얻을 수 없듯이, 암탉 없이 달걀을 얻을 수 없다.

이 매우 분명한 진리들에 관해서는, 서구 세계가 겨우 막 빠져나오고 있는 그 유별나고 예외적인 역사적 시기 때문에 그것들이 모호해지지만 않았던들, 길게 이야기할 필요조차 없었을 것이다. 개인주의 숭배는 근대의 역사적 신화 중에서 가장 널리 퍼져 있는 신화이다. 부르크하르트의 『이탈리아 르네상스의 문화(*Die Kultur der Renaissance in Italien*)』는 그 제2부에 "개인의 발전"이라는 부제(副題)가 붙어 있는데, 그 책에서의 잘 알려져 있는 설명에 따르면, 개인 숭배는 르네상스와 더불어 시작되었고, 이전까지 '오직 어느 한 종족, 주민, 집단, 가족 혹은 단체의 구성원으로서만 자신을 의식해왔던' 인간은 그 시기에 비로소 '정신적으로 개인이 되었으며 또한 스스로를 그렇게 인정했다'는 것이다. 그 후의 자본주의와 프로테스탄티즘의 발흥, 산업혁명의 발발 그리고 자유방임의 교리 등도 개인 숭배와 연관이 있었다. 프랑스 혁명이 선언한 인간과 시민의 권리는 개인의 권리였다. 개인주의는 저 위대한 19세기의 철학인 공리주의(功利主義, utilitarianism)의 기초였다. 몰리(1838–1923. 영국의 정치가)의 『타협론(*On Compromise*)』이라는 글은 빅토리아 시대의 자유주의의 특징을 보여주는 전형적인 증명서라고 할 수 있는데, 거기에서 그는 개인주의와 공리주의를 '인간의 행복과 번영의 종교'라고 불렀다. '억센 개인주의(rugged individualism)'는 인류의 진보의 바탕이었다. 이것은 어느 특정한 역사적 시대의 이데올로기에 대해서는 완전히 정당하고 근거가 확실한 분석일 수 있다. 그러나 내가 분명히 하고 싶은 것은 근대 세계의 발흥과 함께 진행되었던 개별화의 확대는 전진하고 있던 문명의 통상적인 과정이었다는 점이다. 하나의 사회혁명이 새로운 사회집단을 권력의 자리에 올려놓았다. 그 혁명은, 언제나 그랬듯이, 개인들을 통해서 그리고 개인의 발전에 새로운 기회들을 제공함으로써 움직여나갔다 ; 또한 자본주의의 초기 단계에 생산과 분배는 대부분 개인 단위에서 이루어졌기 때문에, 새로운 사회체제의 이데올로기가 열렬히 강조한 것은 그 사회체제 안에서의 개인의 주도적 역할이었다. 그러나 그 과정 전체는 역사 발전의 어느 특정한 단계를 대표하는 하나의 사회적 과정이었으므로, 사회에 대한 개인의 반역이라든가 사회적 속박으로부터의 개인의 해방이라는 측면에서 설명될 수는 없다.

많은 지표들이 시사하고 있듯이 이러한 발전과 이러한 이데올로기의 중심지였던 서구 세계에서조차 그와 같은 역사의 시기는 종말에 이르렀다 : 이러한 지표들로 대중 민주주의(mass democracy)라고 불리는 것이 발흥하고 있다는 점을, 또는 눈에 띄게 개인적이었던 경제의 생산과 조직의 형태가 눈에 띄게 집단적인 형태로 점차 대체되고 있다는 점을 강조할 필요는 없을 것이다. 그러나 저 오랜 풍요로운 시기가 낳은 그 이데올로기는 아직도 서유럽에서 그리고 영어 사용권 국가에서 여전히 지배력을 행사하고 있다. 자유와 평등 사이의 또는 개인적 자유와 사회적 정의 사이의 긴장을 추상적인 용어로 말할 때, 우리는 추상적인 관념들 사이에서는 싸움이 일어나지 않는다는 것을 잊어버리기 쉽다. 싸움은 그런 추상적 개인과 추상적 사회 사이의 투쟁이 아니라, 사회 안에 있는 개인들로 이루어진 집단들 사이의 투쟁이며, 각각의 집단은 자기에게 유리한 사회정책은 추진하고 불리한 사회정책은 좌절시키려고 싸우는 것이다. 하나의 거대한 사회운동을 의미하는 것이 아니라 개인과 사회 간의 부당한 대립을 의미하는 개인주의는 오늘날 이익집단의 슬로건이 되어버렸고, 논쟁의 여지가 있는 그것의 성격 때문에 세계의 움직임에 대한 우리의 이해를 가로막는 장애물이 되어버렸다. 나는 개인을 수단으로 취급하고 사회나 국가를 목적으로 간주하는 왜곡된 견해에 대해서 저항하기 위한 것으로서의 개인 숭배에 대해서는 반대하지 않는다. 그러나 만일 우리가 사회의 밖에 있는 추상적 개인이라는 개념을 사용하려고 한다면, 과거에 대해서도 현재에 대해서도 진정한 이해에 이르지 못할 것이다.

그리고 지금의 논의를 통해서 나는 마침내 한참 동안 벗어나 있던 본론으로 돌아갈 수 있다. 상식적인 역사관은 역사를 개인에 의해서 쓰인 개인에 관한 어떤 것으로 간주한다. 이런 견해는 19세기의 자유주의 역사가들에게 의심 없이 수용되었고 또한 조장되었는데, 실제로 그것은 틀린 말이 아니다. 그러나 지금에 와서 그것은 너무 단순하고 부적절하게 보이므로, 좀더 깊게 생각해볼 필요가 있다. 역사가의 지식은 오로지 그만의 개인적인 소유물이 아니다 : 아마도 여러 세대의 사람들이 그리고 수많은 여러 나라의 사람들이 그 지식의 축적에 참여해왔을 것이다. 역사가는 사람들의 행동을 연구하지만, 그 사람들은 진공 속에서 행동한 고립된 개인들이 아니었다 : 그들은 과거의 사회와의 연관 속에서 그리고 그 사회의 충격을 받으면서 행동했다. 나는 바로 앞의 강연에서 역사를 상호작용의 과정으로, 현재의 역사가와 과거의 사실 사이의 대화로 설명했다. 이제 나는 그 등식(等式)의 양쪽에서 개인적 요소와 사회적 요소의 비중을 조사해보고 싶다. 역사가들은 어느 정도까지 단일한 개인들이며 어느 정도까지 그들의 사회와 시대의 산물인가? 역사의 사실은 어느 정도까지 단일한 개인들에 관한 사실이며 어느 정도까지 사회적 사실인가?

역사가는 알다시피 한 사람의 개인이다. 다른 개인들과 마찬가지로 그도 역시 하나의 사회적 현상, 즉 자신이 속해 있는 사회의 산물인 동시에 그 사회의 의식적이거나 무의식적인 대변자이다 ; 역사가는 바로 이러한 자격으로 역사적 과거의 사실을 연구한다. 우리는 때때로 역사의 경로를 '움직이는 행렬(moving procession)'이라고 말한다. 그 비유는, 만일 그것이 역사가로 하여금 자기 자신을 외딴 바위 위에서 그 광경을 내려다보는 독수리로 혹은 사열대에 있는 귀빈으로 생각하도록 유혹하지 않는다면, 꽤 그럴듯하다. 그러나 그는 결코 그런 존재가 아니다! 역사가는 다만 그 행렬의 어느 한 부분에 끼어서 터벅터벅 걷고 있는, 돋보이지 않는 여느 인물에 불과하다. 그리고 그 행렬이 어느 때는 오른쪽으로 어느 때는 왼쪽으로 틀어지면서 또는 때때로 갑자기 행진해 온 쪽으로 되돌아가면서 굽이칠 때마다, 그 행렬의 여러 부분들의 상대적인 위치는 끊임없이 변한다. 그래서 가령 중세는 한 세기 전의 우리의 증조부들보다 오늘날의 우리에게 더 가깝다고 말한다거나 단테의 시대보다 카이사르의 시대가 우리에게 더 가깝다고 말하는 뜻이 완전히 이해될 수 있는 것이다. 그 행렬이—그리고 그 행렬과 함께 역사가가—움직여나감에 따라서 새로운 광경과 새로운 시각이 끊임없이 나타난다. 역사가는 역사의 일부이다. 그 행렬 속에서 그가 있는 그 지점이 과거에 대한 그의 시각을 결정한다.

이 자명한 이치는, 역사가가 다루는 시대가 그 자신이 속한 시대에서 멀리 떨어져 있을 때에도, 마찬가지로 진리이다. 내가 고대사를 연구했을 때 그 분야에 관한 고전들은—그리고 아마 지금도 그러할 것이지만—그로트(1794-1871. 영국의 역사가)의 『그리스사(*History of Greece*)』와 몸센의 『로마사(*Römische Geschichte*)』였다. 1840년대에 글을 쓴 계몽적이고 급진적인 은행가 그로트는 아테네 민주정을 이상화한 저서 안에서 성장하고 있던 그리고 정치적으로 진보적이었던 영국 중간계급의 열망을 구체적으로 표현했는데, 거기에서 페리클레스(기원전 457-429)는 벤담적인 개혁가로 등장했고, 아테네인들은 일시적으로 들뜬 상태에서 제국을 성취한 것으로 되어 있었다. 그로트가 아테네의 노예제 문제를 무시한 것은 그가 속했던 집단인 중간계급이 영국의 새로운 공장 노동자 계급의 문제에 대처할 수 없었음을 반영하는 것이었다고 말해도 근거 없는 이야기는 아닐 것이다. 테오도르 몸젠은 굴욕적이며 지리멸렬한 1848-1849년의 독일 혁명*에 환멸을 느낀 독일의 자유주의자였다. 1850년대—현실정치(Realpolitik)라는 용어와 개념이 탄생했던 시기—에 글을 썼던 몸젠은 독일인들이 그들의 정치적 열망을 실현하지 못한 채 남겨놓은 그 혼란을 깨끗이 청소해줄 강력한 인물이 필요하다는 생각에 사로잡혀 있었다 ; 따라서 잘 알려진 바와 같이 그가 카이사르를 이상화한 것은 독일을 파멸에서 구해줄 강력한 인물에 대한 그 같은 열망의 산물이라는 점을 깨닫지 못한다면, 그리고 법률가이자 정치가인 키케로(기원전 106-43. 고대 로마의 정치가, 산문작가)가 쓸모없는 수다쟁이이며 교활하고 우유부단한 인간으로 그려진 것은 마치 그가 1848년에 프랑크푸르트의 바울 성당 토론회장**에서 곧장 걸어나온 것처럼 보였기 때문이었다는 점을 깨닫지 못한다면, 우리는 그의 역사책의 진의(眞意)를 결코 평가하지 못할 것이다. 실제로, 만일 누군가가 그로트의 『그리스사』는 기원전 5세기의 아테네 민주정에 대해서뿐만 아니라 1840년대 영국의 철학적 급진주의자들의 사상에 대해서도 오늘날 우리에게 정말로 많은 것을 알려준다고 말하더라도, 혹은 1848

---

* 1848년 프랑스 2월혁명의 영향으로 독일에서도 3월혁명이 발생하여 새로운 헌법의 제정과 자유주의적인 개혁이 시도되었으나, 혁명의 진전을 두려워한 귀족들과 부르주아의 반혁명에 의해서 결국 실패로 돌아가게 되었다.

** 1848년 3월혁명이 발생한 후 독일 내의 각 영방 대표들은 바울 성당에 모여 독일의 자유주의적 개혁과 통일문제를 토의했다. 그러나 1849년에 들어와서 이미 반혁명이 강화되고 있었으므로 이 프랑크푸르트 회의에서 제정된 자유주의적인 헌법은 결국 실현되지 못했고, 주로 대학교수, 교사 또는 법률가로 구성되었던 영방 대표들은 이에 대해서 아무런 저항도 하지 못했다.

년은 독일의 자유주의자들에게 무엇이었는가 하는 문제를 이해하고 싶은 사람이라면 누구나 몸젠의 『로마사』를 교과서들 중의 하나로 삼아야 할 것이라고 말하더라도, 나는 그 말을 터무니없는 역설이라고 생각하지는 않을 것이다. 그렇다고 해서 위대한 역사서로서의 그 책들의 위상이 떨어지는 것은 아니다. 베리는 교수 취임강연에서 몸젠의 위대함은 『로마사』에 있는 것이 아니라 그가 비문(碑文)을 집대성했다는 사실에 그리고 로마 헌법에 대한 그의 작업에 있다고 우겨댔는데, 나는 그런 식의 주장에 대해서는 참을 수가 없다 : 그것은 역사를 사료편찬의 수준으로 떨어뜨리는 것이다. 위대한 역사는 현재의 문제에 대한 통찰이 과거에 대한 역사가의 시야를 밝혀주는 바로 그때 쓰인다. 몸젠이 로마 공화정 이후의 역사를 더 이상 쓰지 못했다는 것에 사람들은 자주 놀라움을 표시해왔다. 그는 시간이 없었던 것도, 기회나 지식이 없었던 것도 아니었다. 그러나 그가 역사를 서술했을 당시 독일에서는 아직 강력한 인물이 등장하지 않았다. 언젠가 강력한 인물이 출현한다면 무슨 일이 일어날 것인가 하는 문제는 그가 활동했던 기간 중에는 아직 현실적인 것이 아니었다. 몸젠으로 하여금 이 문제를 로마의 무대로 투사해보도록 촉구한 것은 없었다 ; 그래서 로마 제국의 역사는 쓰이지 않은 채 남아 있게 된 것이다.

이러한 사례들은 근대사가들 사이에서도 얼마든지 쉽게 찾아볼 수 있을 것이다. 나는 바로 앞의 강연에서 G. M. 트리벨리언의 『앤 여왕 시대의 영국』은 그를 성장시킨 휘그적 전통을 보여주는 기념비적인 저작이라고 칭찬했다. 이제 우리들 대부분이 제1차 세계대전 이후 학계에 등장한 가장 위대한 영국의 역사가로 간주하고 있는 루이스 네이미어(1888-1960. 폴란드 출신의 영국 역사가)의 위풍당당하고도 의미심장한 업적을 고찰해보도록 하자. 네이미어는 진짜 보수주의자—한

꺼풀 벗기면 75퍼센트 정도는 자유주의자가 되는 영국의 전형적인 보수주의자가 아니라, 100년 이상 동안 영국의 역사가들 중에서는 찾아볼 수 없었던 그런 보수주의자—였다. 지난 세기의 중엽부터 1914년 사이에, 영국의 어떤 역사가도 역사적 변화를 보다 나은 것을 향한 변화가 아닌 것으로 생각하기란 거의 불가능했다. 그러나 1920년대에 우리는, 변화가 미래에 대한 두려움과 결합되기 시작했고 그래서 보다 나쁜 것에로의 변화로도 생각될 수 있었던 그런 시기—보수주의적 사고방식이 부활하는 시기—로 들어섰다. 네이미어의 보수주의가 액턴의 자유주의와 마찬가지로 힘과 깊이가 있었던 것은 그것이 유럽 대륙이라는 배경에 뿌리를 두고 있었기 때문이다.[4] 피셔(1865-1940. 영국의 역사가)나 토인비(1889-1975. 영국의 역사가)와는 달리 네이미어는 19세기의 자유주의를 고향으로 삼지 않았고, 따라서 그것을 향한 향수 어린 그리움으로 괴로워하지도 않았다. 제1차 세계대전과 이루어지지 못한 평화가 자유주의의 파산을 드러낸 이후, 이에 대한 반동은 두 가지 형태 중의 어느 한 가지—사회주의 혹은 보수주의—로만 나타날 수 있었다. 네이미어는 보수주의 역사가로 등장했다. 그는 두 가지 분야를 선택하여 연구했는데, 그 둘을 함께 선택한 것은 의미심장한 일이었다. 영국사 분야에서 그는 지배계급이 질서정연하고 대체로 안정된 사회에서 지위와 권력을 합리적으로 추구할 수 있었던 최근의 시기로 돌아갔다. 누군가가 네이미어는 역사에서 정신을 제거했다고 비난한 적이 있다.[5] 그것은 매우 적절한 말이라고는 할 수 없으나, 그 비평

---

4) 양차 세계대전 사이의 시기에 가장 유명했던 또 한 사람의 보수적인 영국 작가 T. S. 엘리엇 씨도 비(非)영국적인 배경이 가져다주는 이점을 누렸다는 사실은 주목할 만한 가치가 있을 것이다 ; 1914년 이전에 영국에서 성장한 사람이라면 그 누구도 자유주의의 전통이 발휘하는 억제력(抑制力)에서 완전히 벗어날 수 없었다.

5) 그 비판은 1953년 8월 28일자 *The Times Literary Supplement*에 게재된 "네이미어의 역

가가 이야기하고자 하는 논점은 누구든지 알 수 있을 것이다. 조지 3세 (재위기간 1760-1820)가 즉위했을 당시 영국의 정치는 프랑스 혁명과 함께 세계사에 등장하여 의기양양한 자유주의의 세기를 이끌어가게 될 이념에 대한 열광에, 즉 진보에 대한 저 열렬한 맹신에 아직 물들어 있지 않았다. 어떠한 이념도, 어떠한 혁명도, 어떠한 자유주의도 없었던 시대 : 네이미어는 모든 위험들로부터 아직 안전한—비록 언제까지나 여전히 안전하지는 않겠지만—시대의 훌륭한 초상화를 제시하기 위해서 그 시대를 선택했던 것이다.

그러나 네이미어가 선택한 두 번째 주제도 똑같이 의미심장했다. 네이미어는 영국과 프랑스와 러시아에서의 거대한 근대 혁명들은 회피한 채—그는 그것들 중 어느 것에 관해서도 글을 쓰지 않았다—우리에게 1848년의 유럽 혁명—실패한 혁명, 고양되고 있던 자유주의의 희망들을 전 유럽에 걸쳐 좌절시킨, 그리고 무력 앞에서의 이념의 공허함과 군대와 맞섰을 때의 민주주의자들의 공허함을 증명한 그 혁명—에 관한 심층적인 연구를 제시하기로 결심했다. 정치라는 진지한 과업에 이념이 침투하는 것은 무익하고 위험스럽다 : 네이미어는 참담하게 실패한 그 혁명을 '지식인의 혁명(revolution of the intellectuals)'이라고 부름으로써 이 교훈을 상기시켰다. 이러한 우리의 결론이 다만 추론에 그치는 것은 아니다 ; 네이미어는 역사철학에 관해서는 어떤 글도 쓰지 않았지만, 몇 년 전에 출간된 한 논문에서는 여느 때처럼 분명하고도 통렬하게 자신의 의중을 딜어놓았기 때문이다. 그는 '따라서 인간정신의 자유로운 움직임이 정치적 교의나 신조에 의해서 방해받지 않으면 않을수록, 인간

사관(The Namier View of History)"이라는 제목의 익명의 논설에서 찾아볼 수 있었는데, 그 원문은 다음과 같다 : '다윈은 우주에서 정신을 제거했다고 비난받았다. 그리고 루이스 경은—여러 가지 의미에서—정치사에서의 다윈이었다.'

의 사유활동을 위해서는 더 좋은 일이다'라고 말했다. 그리고 역사에서 정신을 제거했다는 그 비난을 언급하기는 했으나 거부하지는 않으면서 계속해서 이렇게 말했다 :

일부 정치학자들은 이 나라에서 정치 일반에 관한 논의가 '지루하게 침체된 것'에 관해서 그리고 오늘에 와서는 아예 부재하게 된 것에 관해서 불평하고 있다 ; 구체적인 문제들에 대해서는 실제적인 해결책들이 추구되고 있지만, 두 당* 모두 강령(綱領)과 이상(理想)을 잊어버리고 있다는 것이다. 하지만 나에게는 이러한 태도가 보다 깊어지는 국민적 성숙성을 보여주는 것으로 여겨지는데, 따라서 나는 그러한 태도가 정치철학의 작용에 의해서 방해받지 말고 오랫동안 지속될 수 있기를 바랄 뿐이다.[6]

나는 당장 이러한 견해와 논쟁하고 싶지는 않다 : 나중의 강연을 위해서 그 문제를 남겨두도록 하겠다. 여기에서의 나의 목적은 다만 두 가지의 중요한 진리를 설명하는 것이다 : 첫째, 여러분은 역사가 자신이 연구에 들어가면서 가지게 되는 입장을 파악하지 않고서는 그의 연구를 충분히 이해하거나 평가할 수 없다 ; 둘째, 그 입장 자체는 어떤 사회적, 역사적 배경에 뿌리박고 있다. 언젠가 마르크스가 말했듯이, 교육자 자신이 교육을 받아야만 한다는 것을 잊어서는 안 된다 ; 요즈음 말로 하자면, 세뇌하는 사람의 머리 자체가 세뇌되어 있는 것이다. 역사가는 역사책을 쓰기 시작하기 이전에 이미 역사의 산물이다.

내가 방금 말했던 역사가들―그로트와 몸젠, 트리벨리언과 네이미어―각자는, 말하자면, 단 하나의 사회적, 정치적 틀 안에서 주조되었

* 보수당과 노동당.

6) L. Namier, *Personalities and Powers* (1955), pp. 5, 7.

다 ; 그들의 초기 저작과 후기 저작 사이에는 세계관의 두드러진 변화가 전혀 눈에 띄지 않는다. 그러나 급속한 변화의 시기의 역사가들 중에는 하나의 사회, 하나의 사회질서가 아니라 일련의 다른 질서들을 자신의 저술 속에서 반영한 사람도 있었다. 내가 알고 있는 가장 좋은 사례는 위대한 독일의 역사가 마이네케(1862-1954)인데, 그는 자신의 생애와 연구활동 기간이 유례없이 길었기 때문에 그동안 조국의 운명 안에서 전개된 일련의 혁명적이고도 파국적인 변화를 모두 경험할 수 있었다. 여기에서 우리는 사실상 세 사람의 다른 마이네케를 보게 되거니와, 그들 각각의 마이네케는 다른 역사적 시대의 대변자로서 세 가지 주요한 저작들 중의 하나를 통해서 이야기하고 있다. 1907년에 출간된 『세계시민주의와 민족국가(*Weltbürgertum und Nationalstaat*)』에서의 마이네케는 비스마르크 제국*에서 독일의 민족적 이상이 실현되는 것을 자신 있게 발견하고 있으며—마치니(1805-1872. 19세기 중반 이탈리아의 통일운동을 이끈 민족주의자) 이래 19세기의 수많은 사상가들처럼—민족주의를 보편주의의 최고 형태로 간주하고 있다 : 이것은 비스마르크 시대의 요란한 후속편이라고 할 수 있는 빌헬름 시대의 산물이다. 1925년에 출간된 『국가 이성(理性)의 개념(*Die Idee der Staatsräson*)』에서의 마이네케는 바이마르 공화국의 분열되고 혼란스러운 정신 상태를 이야기한다 : 정치의 세계는 국가 이성(raison d'état)과 도덕성이 대책 없이 충돌하는 전투장으로 변했고, 도덕성은 정치의 밖에 있으나 결국에 가서는 국가의 생명과 안전을 소홀히 할 수 없으리라는 것이다. 마지막으로, 나치의 밀물이 그의 학문적인 명예들을 휩쓸어가버렸을 무렵인 1936년에

---

* 1871년 1월 프로이센의 재상 비스마르크의 주도로 독일이 통일되면서 성립한 독일제국. 독일 영방(領邦) 중의 하나였던 프로이센의 빌헬름 1세가 통일 독일제국의 황제가 되었고, 비스마르크는 재상으로서 1890년까지 재직했다. 신성 로마 제국 황제 오토 1세의 제1제국, 히틀러의 제3제국에 대해서 제2제국이라고도 한다.

출간된 『역사주의의 성립(*Die Entstehung des Historismus*)』에서의 마이네케는 '존재하는 것은 무엇이건 정당하다'고 인정하고 있는 역사주의(historicism)를 거부하면서, 그리고 역사적으로 상대적인 것과 초이성적인 절대자 사이에서 불안하게 동요하면서, 절망적으로 울부짖는다. 마침내 자신의 조국이 1918년의 경우보다 더 처참한 군사적 패배로 무너진 것을 목격한 노년의 마이네케는 1946년에 출간된 『독일의 파국(*Die Deutsche Katastrophe*)』에서 역사는 맹목적일 뿐만 아니라 냉혹하기도 한 우연에 좌우된다는 믿음 속으로 맥없이 빠져들어갔다.[7] 이런 경우에 심리학자나 전기학자라면 한 개인으로서의 마이네케의 변모에 관심을 가질 것이다 : 그러나 역사가의 관심을 끄는 것은 마이네케가 연속적인, 더구나 날카롭게 대비되는 당대의 세 가지─혹은 심지어 네 가지─시기들을 어떠한 방식으로 역사적 과거 속에 투영하고 있는가 하는 점이다.

혹은 좀더 실감나는 하나의 뚜렷한 사례를 들어보자. 우상 파괴적이었던 1930년대에 자유당은 영국 정치의 실세로서는 막 궤멸했는데, 그 무렵 버터필드 교수는 『휘그적 역사해석(*The Whig Interpretation of History*)』이라는 책을 써서 굉장한 그리고 그럴 만한 성공을 거두었다. 그 책은 여러 가지 면에서─무엇보다도 약 130페이지 이상에 걸쳐서 휘그적 해석을 비난했음에도 불구하고, (색인을 찾아보지 않고서도 내가 발견할 수 있는 한) 역사가가 아닌 폭스(1749-1806. 영국의 정치가)를 제외하고는 단 한 사람의 휘그의 이름도, 또는 휘그가 아닌 액턴을 빼놓고는 단 한 사람의 역사가의 이름도 거명하지 않았기 때문에─남다른 책이었

---

[7] 여기에서 나는 마이네케의 변모에 관한 슈타르크 박사(Dr. W. Stark)의 탁월한 분석에 빚을 지고 있는데, 그 분석은 1957년 『마키아벨리즘(*Machiavellism*)』이라는 제목으로 출간된 『국가 이성의 개념』의 영역판 서문에서 찾을 수 있다 ; 어쩌면 슈타르크 박사는 세 번째 시기의 마이네케에게서 보이는 초이성적인 요소를 지나치게 강조하고 있는지도 모른다.

다.[8] 그러나 치밀함과 정확성에서 무엇인가 부족했던 그 책의 결함은 재기 넘치는 독설로 메워졌다. 독자들은 휘그적 해석이 나쁜 것이라는 데에는 의심하지 않게 되었다 ; 그런데 그 휘그적 해석에 반대하여 제기된 비난들 중의 하나는 그 해석이 '현재와 관련하여 과거를 연구한다'는 것이었다. 이 점에 관한 버터필드 교수의 입장은 단호하고 신랄했다 :

　한 눈을, 말하자면, 현재 위에 올려놓고 과거를 연구하는 것은 역사에서의 모든 죄악과 궤변의 원천이다.……그런 연구야말로 '비(非)역사적'이라는 말의 본질적인 의미를 보여준다.[9]

12년이 흘렀다. 우상 파괴의 유행은 지나갔다. 버터필드 교수의 조국은 '한 눈을, 말하자면, 현재 위에 올려놓고' 끊임없이 과거를 불러냈던 한 위대한 지도자* 밑에서, 흔히 휘그적 전통 속에 체현되어 있는 입헌적인 자유를 수호하기 위해서 치러졌다고들 하는 그런 전쟁에 돌입했다. 1944년에 출간된 『영국인과 그들의 역사(*The Englishman and His History*)』라는 한 작은 책에서 버터필드 교수는 휘그적 역사해석은 '영국적인' 해석이라고 단정했을 뿐만 아니라, '영국인과 그들 역사의 동맹'을 그리고 '현재와 과거의 결합'을 열정적으로 이야기했다.[10] 버터필드의 세계관이 이렇게 뒤바뀐 것에 주의를 환기시키는 것은 악의적인 비판을 하기 위해서가 아니다. 나의 의도는 제2의 버터필드로 제1의 버터필드를 비판하거나, 술 취한 버터필드 교수를 맑은 정신의 버터필드 교수와 대

---

8) H. Butterfield, *The Whig Interpretation of History* (1931) ; 버터필드는 이 책의 p. 67에서 '실체 없는 논의'에 대한 '일종의 건강한 불신'을 표명하고 있다.
9) H. Butterfield, 같은 책, pp. 11, 31-32.
* 윈스턴 처칠을 가리킨다.
10) H. Butterfield, *The Englishman and His History* (1944), pp. 2, 4-5.

결시키려는 데에 있지 않다. 나로서도 잘 알고 있는 것이지만, 만일 누군가가 그 전쟁 이전이나 그 전쟁 중에 또는 그 전쟁 이후에 내가 썼던 글 중의 일부를 수고스럽게 정독한다면, 그 사람은 나에게도 내가 다른 사람에게서 찾아낸 것에 못지않은 명백한 모순과 비일관성이 있음을 전혀 어렵지 않게 확인할 수 있을 것이다. 지난 50년 동안에 세계를 뒤흔든 사건들을 겪었지만 자신의 세계관에는 그다지 근본적인 변화가 없었다고 솔직하게 주장할 수 있는 역사가가 있다면, 과연 그를 부러워해야 할 것인지 나로서는 자신이 없다. 나의 목적은 다만 사회 안에서 연구하고 있는 역사가가 그 사회를 자신의 연구에 얼마나 면밀하게 반영하는가를 보여주는 데에 있다. 흐름 속에 있는 것은 단지 사건만이 아니다. 역사가 자신도 그 속에 있다. 여러분이 어떤 역사책을 집어들 때, 책 표지에 있는 저자의 이름을 살펴보는 것만으로는 충분하지 않다 : 출간일자나 집필일자—그것은 때때로 훨씬 더 많은 것을 누설한다—도 살펴보아야 한다. 똑같은 강물에 발을 두 번 담글 수는 없다는 한 철학자*의 말이 옳다면, 한 역사가가 똑같은 책을 두 권 쓸 수 없다는 말도 어쩌면 마찬가지로, 그리고 똑같은 이유에서, 진리일 것이다.

게다가 역사가 개인으로부터 역사서술의 주요한 경향들이라고 할 수 있는 것으로 잠깐이라도 눈을 돌려보면, 역사가가 어느 정도까지 사회의 산물인가는 훨씬 더 분명해진다. 19세기에 영국의 역사가들은 거의 예외 없이 역사과정이 진보의 원리를 증명해준다고 생각했다 : 그들은 대단히 신속하게 진보할 수 있는 그런 조건하에 있었던 한 사회의 이데올로기를 표현했던 것이다. 역사가 우리에게 유리하게 진행되고 있

---

* 변화 속에서도 통일이 유지되는 것을 헤라클레이토스는 인생과 강의 유명한 비유로 보여주었다. '사람들은 같은 강에 발을 담그지만, 흐르는 물은 늘 다르다.' 뒷날 플라톤은 우리의 감각에 어떻게 나타나든 상관없이 만물은 끊임없이 변화한다는 것을 나타내기 위해서 이 원리를 채택했다.

는 것처럼 보였던 동안에는, 영국의 역사가들에게 역사는 충분히 의미 있는 것이었다 ; 그런데 역사가 잘못된 방향으로 접어들게 되자, 역사의 의미에 대한 믿음은 이단이 되어버렸다. 제1차 세계대전 이후에 토인비는 직선적인 역사관을 순환론—쇠퇴하는 사회에 특유한 이데올로기—으로 대체하려고 필사적으로 노력했다.[11] 토인비가 실패한 후, 영국의 역사가들 대부분은 그런 노력을 포기하고 역사에는 일반적인 패턴이 결코 존재하지 않는다고 선언하는 것으로 만족스러워했다. 그렇게 선언했다고 볼 수 있는 피셔의 진부한 말[12]은 지난 세기의 랑케의 격언에 못지않은 큰 인기를 얻었다. 만일 누군가가 최근 30년 동안 영국의 역사가들이 이러한 심경의 변화를 경험하게 된 것은 심원한 개인적인 성찰의 결과이며 각자의 연구실에서 밤늦도록 불을 밝히고 연구한 결과라고 말하더라도, 나는 그 사실 여부에 대해서 시비를 걸 필요는 없다고 생각한다. 그러나 나는 여전히 그 모든 개인적인 사색과 밤샘 연구를 하나의 사회적인 현상으로, 즉 1914년 이래 우리 사회의 성격과 사고방식에서 나타난 근본적인 변화의 산물이자 표현으로 생각할 것이다. 한 사회가 서술하거나 서술하지 못하는 역사는 어떤 종류의 역사인가 하는 문제보다 그 사회의 성격을 더 의미심장하게 지시해주는 것은 없다. 네덜란드의 역사가 가일(1887–1966)은 『나폴레옹의 공과(功過)(Napoleon For and Against)』라는 제목으로 영역된 그의 매력적인 글에서, 나폴레옹에 관한 19세기 프랑스 역사가들의 일련의 평가들이 그 세

---

11) 로마 제국의 몰락기에 마르쿠스 아우렐리우스 황제는 '정말이지 지금 일어나고 있는 모든 일들은 과거에도 일어났고, 또 미래에도 일어날 것'이라고 생각하면서 스스로를 위로했다(*To Himself*, x, p. 27) ; 잘 알려진 것처럼 토인비는 슈펭글러(1880–1936. 독일의 작가, 역사가)의 『서양의 몰락(*Der Untergang des Abendlandes*)』을 읽고 이러한 생각을 받아들였다.

12) *A History of Europe*의 "서문"(1934년 12월 4일).

기에 프랑스의 정치적 상태와 정치사상에서 나타난 변화와 갈등의 패턴을 어떻게 반영했는가를 보여준다. 역사가들의 사유도 다른 사람들의 그것과 마찬가지로 시대와 장소라는 환경에 의해서 형성된다. 이 진리를 충분히 깨달았던 액턴은 그 환경으로부터의 탈출구를 역사 그 자체 안에서 찾았다 :

역사[그는 이렇게 썼다]는 다른 시대의 부당한 영향에서 우리를 구제해야 할 뿐 아니라, 우리 자신의 시대의 부당한 영향에서도, 환경의 억압과 우리가 숨쉬는 대기의 압력에서도 우리를 구제해야 한다.[13]

이 말은 역사의 역할에 대한 지나치게 낙관적인 평가처럼 들릴 수 있다. 그러나 나는 자기는 한 사람의 개인이지 사회적 현상은 아니라고 큰 소리로 항의하는 역사가보다는 자기 자신의 상황을 최대한 의식하고 있는 역사가가 자신의 상황을 더 잘 극복할 수 있고, 또한 자신의 사회와 자신의 사고방식이 다른 시대, 다른 나라에 속한 사회와 사고방식과 본질적으로 어떻게 다른지를 더 잘 평가할 수 있다고 감히 확신한다. 자신의 사회적, 역사적 상황을 넘어설 수 있는 인간의 능력은 그 상황에 자신이 어느 정도 포박되어 있는지를 깨닫게 해주는 그 분별성 (sensitivity)에 의해서 결정된다고 생각된다.

첫 번째 강연에서 나는 이렇게 말했다 : 여러분은 역사를 연구하기에 앞서 역사가를 연구하라. 이제 나는 이렇게 덧붙이려고 한다 : 여러분은 역사가를 연구하기에 앞서 그의 역사적, 사회적 환경을 연구하라. 역사가는 개인이면서 또한 역사와 사회의 산물이다 ; 그러므로 역사를 공부하는 사람은 바로 이 두 가지의 관점에서 역사가를 바라보는 법을 배

---

13) Acton, *Lectures on Modern History* (1906), p. 33.

워야만 한다.

이제 역사가에 대한 이야기는 그만하고 나의 등식의 다른 항—역사의 사실—을 동일한 문제 틀에 비추어 고찰해보도록 하자. 역사가의 연구대상은 개인의 행동인가 아니면 사회적인 힘의 작용인가? 이 문제에 서라면 나는 이미 잘 다져진 땅 위로 걸어가볼 생각이다. 이사야 벌린 경(1909-1997. 영국의 철학자)은 몇 년 전에 『역사적 필연성(*Historical Inevitability*)』이라는 제목의 재기 넘치고 대중적인 글—이 글의 중심 주제에 관해서는 나중에 이 강연에서 다시 다루어보겠다—을 발표 했는데, T. S. 엘리엇의 작품에서 뽑아낸 '거대한 비인격적인 힘들(vast impersonal forces)'이라는 구절을 그 글의 첫머리에 적어넣었다 ; 그리고 나서 그는 역사의 결정적인 요소는 개인이 아니라 '거대한 비인격적인 힘'이라고 믿고 있는 사람들을 그 글의 곳곳에서 조롱하고 있다. 내가 '나쁜 존 왕* 역사이론(the Bad King John theory of history)'—역사에서 중요한 것은 개인의 성격과 행동이라는 견해—이라고 부르려고 하는 역사이론은 유구한 족보를 가지고 있다. 개인의 천재성을 역사의 창조 력으로 간주하려는 욕망은 역사의식의 원시적인 단계에서 나타나는 특 징이다. 과거의 업적물에다 그것을 이룩했다고 생각되는 으뜸가는 영 웅의 이름을 붙이기 좋아한 고대 그리스인들은 그들의 서사시를 호메 로스라고 불리는 어느 음유시인의 업적으로, 그들의 법률과 제도는 리 쿠르고스(기원전 9세기경의 전설상의 인물. 스파르타의 법제를 만들었 다고 함)나 솔론(기원전 630?-560?. 고대 아테네의 정치가)이라는 사람 의 업적으로 돌렸다. 이와 똑같은 경향은 르네상스에서도 다시 나타나 는데, 그 시기에 고전 문헌연구가 부흥하자 전기작가이자 철학자인 플

* 흔히 실지왕(失地王) 존(John Lackland)으로 불리는 영국의 왕. 재위기간 1199-1216.

루타르코스(46-119?. 그리스 출신의 전기작가)가 고대의 역사가들보다 훨씬 더 인기 있고 영향력 있는 인물이 되었다. 특히 이 나라에서 우리 모두는 그 역사이론을, 말하자면 어머니의 무릎 위에서 배웠다 : 그리고 오늘날 우리는 거기에 무엇인가 유치한, 아니면 어쨌든 어린아이다운 점이 있다는 것을 인정해야만 할 것 같다. 그 이론은 사회가 보다 단순했던, 그리고 공적인 일들을 소수의 유명한 개인들이 수행하는 것처럼 보였던 시절에는 어느 정도 그럴듯했다. 그러나 그것은 우리 시대의 더욱 복잡한 사회에 대해서는 분명히 들어맞지 않는다 ; 그리고 19세기에 사회학이라는 새로운 학문이 탄생한 것은 이 증대하는 복잡성에 대한 하나의 응답이었다. 그러나 오래된 전통은 쉽게 사라지지 않는다. 20세기 초에 이르러서도 '역사란 위인들의 전기이다'라는 말은 여전히 존중받는 금언(金言)이었다. 10년 전만 해도 어느 저명한 미국의 역사가가, 아마 지나치게 심각한 뜻으로 그런 말을 한 것은 아니겠지만, 자신의 동료들을 '역사적 인물들의 대량 학살자'라고 부르면서 그 인물들을 '사회경제적 힘의 꼭두각시들'로 취급하는 것에 대해서 비난한 일이 있다.[14] 나쁜 존 왕 역사이론의 애호가들도 오늘날에 와서는 그것을 부끄러워하고는 한다 ; 그러나 나는 웨지우드(1910-1997. 영국의 여류 역사가)의 책들을 얼마간 자세히 검토해본 결과, 그중 한 권의 서문에서 그 이론의 훌륭한 현대판을 찾아냈다.

　개인으로서의 인간의 행동[그녀는 이렇게 쓰고 있다]은 집단이나 계급으로서의 행동보다 나에게 더욱 흥미롭다. 역사는 이런저런 편견으로 쓰일 수 있다 ; 그렇다고 해서 더 잘못될 것도, 덜 잘못될 것도 없다.……이 책은……그 인물들이 어떻게 느꼈는지를, 그리고 어째서 그들 자신의 판

---

14) *American Historical Review*, lvi, No. 1(January 1951), p. 270.

단에 따라서 그렇게 행동했는지를 이해해보려고 한 것이다.[15]

이 말은 틀린 데가 없다 ; 게다가 웨지우드는 인기 있는 필자이므로 틀림없이 많은 사람들이 그녀처럼 생각할 것이다. 예컨대, 로즈 박사의 말에 따르면, 엘리자베스 체제는 제임스 1세(튜더 왕조 뒤에 들어섰던 스튜어트 왕조의 첫 번째 왕, 재위기간 1603-1625)가 그 체제를 이해할 수 없었기 때문에 무너졌고, 17세기의 영국 혁명은 스튜어트(Stuart) 왕조의 처음 두 왕*의 어리석음 때문에 일어난 '우연한(accidental)' 사건이었다는 것이다.[16] 로즈 박사보다 더욱 엄격한 역사가인 제임스 닐 경 (1890-1975. 영국의 역사가)조차 튜더(Tudor) 왕정의 성격이 어떠했는지를 설명하는 일보다 엘리자베스 여왕에 대한 그의 존경심을 표시하는 일에 더 열중하는 것처럼 보일 때가 있다 ; 게다가 이사야 벌린 경도, 내가 방금 앞에서 인용한 글에서, 역사가들이 칭기즈칸과 히틀러를 나쁜 인간들이라고 비난하지 못하면 어쩌나 하고 미리부터 굉장히 걱정하고 있다.[17] '나쁜 왕 존과 좋은 여왕** 베스 이론(Bad King John and Good Queen Bess theory)'은 최근의 시대로 내려올수록 특히 유행하고 있다. 공산주의의 기원과 성격을 분석하는 것보다는 그것을 '카를 마르크스의 창작품(the brain-child of Karl Marx)'(나는 이 수사적 표현을 최

---

15) C. V. Wedgwood, *The King's Peace* (1955), p. 17.

* 제임스 1세와 찰스 1세.

16) A. L. Rowse, *The England of Elizabeth* (1950), pp. 261-262, 382. 로즈가 그 이전에 쓴 한 논문에서 '부르봉(1589-1792년의 프랑스 왕가) 가문이 1870년 이후에 프랑스에서 왕정을 재건하지 못한 이유는 바로 앙리 5세가 흰색 깃발(흰색은 부르봉 가문을 상징하는 색깔임)과 같은 사소한 문제에 집착했기 때문이라고 생각하는 역사가들'을 비난한 적이 있었다는 사실을 지적해야 공정할 것이다(*The End of an Epoch*, 1949, p. 275) ; 아마 그는 그런 식의 개인중심적인 설명을 영국사에 대해서만 허용하고 있는 것 같다.

17) I. Berlin, *Historical Inevitability* (1954), p. 42.

** 엘리자베스 여왕을 가리킴.

근 증권 브로커들이 돌린 어떤 안내광고지에서 뽑아냈다)이라고 부르는 것이, 볼셰비키 혁명의 깊은 사회적 원인을 연구하는 것보다는 그 혁명이 니콜라이 2세(러시아의 황제. 재위기간 1894-1917)의 어리석음 때문에 또는 독일의 자금(資金)* 때문에 발생했다고 보는 것이, 그리고 20세기의 두 세계대전을 국제관계 체제에서의 어떤 근원적인 붕괴가 빚어낸 것으로 생각하기보다는 빌헬름 2세와 히틀러의 개인적인 사악함이 빚어낸 것으로 보는 것이 더 쉬울 수 있다.

그런데 웨지우드의 말에는 두 가지 주장이 결합되어 있다. 첫째, 개인으로서의 인간의 행동은 집단이나 계급의 성원으로서의 행동과 구별되는데, 역사가는 그 두 가지 중에서 어느 쪽이든 정당하게 선택하여 고찰할 수 있다는 것이다. 둘째, 개인으로서의 인간의 행동에 대한 연구는 그 행위의 의식적인 동기를 연구하는 것으로 이루어진다는 것이다.

첫 번째의 주장에 대해서는 내가 이미 말했기 때문에 상세히 논의할 필요는 없을 것이다. 문제는 인간을 개인으로 보는 견해가 인간을 집단의 성원으로 보는 견해보다 다소간 잘못된 것이라는 데에 있지 않다 ; 잘못된 것은 그 둘 사이를 구별하려는 그 시도이다. 개인은 당연히 한 사회의 혹은 하나—그 하나를 집단, 계급, 종족, 민족 등으로 부르건, 아니면 그 밖의 무엇으로 부르건 상관없이—이상의 사회의 성원이다. 예전의 생물학자들은 새장이나 어항이나 진열장 속에 들어 있는 새, 짐승, 물고기의 종(種)을 분류하는 일에 만족하면서 생물체를 그것이 처해 있는 환경과 연관시켜 연구하려고 하지 않았다. 아마 오늘

---

* 서구의 일부 역사학자들은 1917년 4월 스위스에 망명하고 있던 레닌이 밀봉 열차를 타고 러시아로 들어가 혁명을 이끌 수 있었던 것은 제1차 세계대전이 벌어지고 있던 당시 서쪽에서는 영국과 프랑스의 공격을, 동쪽에서는 러시아의 공격을 받고 있었던 독일이 즉각적인 평화를 요구하고 있던 레닌을 귀국시킴으로써 러시아를 연합군의 전선에서 이탈시키려고 그에게 자금을 지원해주었기 때문이라고 주장한다.

날 사회과학도 그런 원시적인 단계에서 아직 완전히 벗어나 있지 못할 것이다. 어떤 사람들은 개인에 관한 학문으로서의 심리학과 사회에 관한 학문으로서의 사회학을 구별하고 있다 ; 또한 모든 사회적 문제들을 궁극적으로 개별적인 인간의 행동으로 환원시켜 분석할 수 있다는 견해에는 '심리주의(psychologism)'라는 이름이 붙어 있다. 그러나 개인의 사회적 환경을 연구하지 않는 심리학자는 큰 성과를 얻지 못할 것이다.[18] 인간을 개인으로 취급하는 것은 전기(傳記)이며 인간을 전체의 일부로 취급하는 것은 역사라고 하면서 그 둘을 구별하는 것은, 그리고 훌륭한 전기는 나쁜 역사를 만든다고 주장하는 것은 솔깃한 이야기이다. 언젠가 액턴은 '인간의 역사관에서 개별적인 인물들이 유발시키는 관심보다 더 많은 오류와 불공정을 가져다주는 것은 없다'고 말했다.[19] 그러나 이러한 구별 역시 비현실적이다. 그렇다고 해서 나는 G. M. 영 (1882-1959. 영국의 역사가)이 그의 책 『빅토리아 시대의 영국(*Victorian England*)』의 속표지에 적어넣은 빅토리아 시대의 격언, 즉 '하인은 사람에 관해서 말하고, 신사는 세상사에 관해서 토론한다'는 격언 뒤로 도피하고 싶지도 않다.[20] 전기들 중의 일부는 진정으로 역사에 기여한

---

18) 그럼에도 불구하고, 근대의 심리학자들은 그와 같은 오류를 저질러왔다 ; '전체적으로 볼 때 심리학자들은 개인을 기능하고 있는 사회체제 안의 한 단위로 다루지 않고, 먼저 존재하고 난 다음에 사회체제를 형성하기 시작한다고 생각되는 구체적인 인간으로 다루어왔다. 따라서 그들은 자신들이 사용하는 범주들이 특수한 의미에서 추상적이라는 점을 충분히 고려하지 못했다'(Max Weber, *The Theory of Social and Economic Organization*, 1947, p. 27의 파슨스의 서문). 또한 이 책의 p. 206 이하의 프로이트에 관한 부분도 참고할 것.

19) *Home and Foreign Review*, January 1863, p. 219.

20) 허버트 스펜서는 이 생각을 『사회학 연구(*The Study of Sociology*)』 제2장에서 다음과 같이 대단히 엄숙한 문체로 상술했다 : '만일 대략적이나마 누군가의 정신적 능력을 평가하기를 원한다면, 그 사람의 말 속에서 개인적인 것에 대한 일반적인 것의 비율을— 즉 개인들에 관한 단순한 진리가 인간의 사물에 대한 무수한 경험에서 추상되는 진리들에 의해서 어느 정도까지 대체되고 있는가를—헤아려보는 것이 가장 좋은 방법이다. 그

다 : 내 전공분야에서는 아이작 도이처가 쓴 스탈린과 트로츠키의 전기들이 그 두드러진 사례이다. 그런 전기들을 제외한 다른 것들은 역사소설과 마찬가지로 문학에 속한다. 트레버-로퍼 교수는 '리턴 스트레이치에게 역사적인 문제란 언제나 그리고 오로지 개인적인 행동과 개인적인 기행(奇行)의 문제였다.……그는 역사적인 문제, 정치와 사회의 문제에 대해서는 결코 대답하려고 하지 않았으며 심지어는 물어보려고조차 하지 않았다'고 쓰고 있다.[21] 역사를 쓰거나 읽어야 할 의무는 아무에게도 없다 ; 그리고 역사가 아니더라도 과거에 관한 훌륭한 책들이 쓰일 수 있다. 그러나 우리는 관례상 '역사'라는 단어를 사회 안에 있는 인간의 과거에 대한 연구과정이라는 뜻으로만 사용할—나도 이 강연에서는 그런 뜻으로 사용할 생각이지만—자격이 있다고 생각한다.

두 번째의 주장, 즉 역사는 개인들이 어째서 '그들 자신의 판단에 따라서 그렇게 행동했는지'에 관해서 연구하는 것이라는 주장은 얼핏 보더라도 몹시 기묘한 것 같다 ; 다른 사람들처럼 분별력이 있다면, 웨지우드는 자신이 주장하고 있는 것을 실행에 옮기지 않을 것으로 생각된다. 만일 그녀가 실행에 옮긴다면, 그녀는 틀림없이 무엇인가 매우 괴상한 역사를 쓸 것이다. 오늘날 누구나 알고 있듯이 인간은 반드시 자신들이 완전히 의식하거나 기꺼이 인정하는 동기에 따라서 행동하지는 않으며, 또는 습관적으로라도 그렇게 행동하는 일은 아마 없을 것이다. 따라서 무의식적인 동기나 본인이 인정하지 않으려는 동기를 통찰하지 않겠다는 것은 일부러 한쪽 눈을 감고서 일하겠다는 식이라고 해도 틀린 말은 아니다. 그러나 어떤 사람들에 따르면 역사가들은 그렇게 해야

리고 그런 식으로 수많은 사람들을 측정해본다면, 인간의 문제에 관하여 전기적(傳記的)인 견해 이상의 것을 가지고 있는 사람이 극히 드물다는 것을 발견하게 될 것이다.'
21) H. R. Trevor-Roper, *Historical Essays* (1957), p. 281.

만 한다는 것이다. 문제는 여기에 있다. 존 왕이 나쁜 것은 그의 탐욕이나 어리석음 또는 폭군이 되고자 한 그의 야망에서 비롯되었다고 말하는 데에 만족하는 한, 여러분은 아이의 역사 수준에서도 이해될 수 있는 개인의 성질에 관한 이야기를 하는 것이라고 말할 수 있다. 그러나 일단 존 왕은 봉건귀족들의 권력 장악에 반대한 기득권 세력의 무의식적인 도구였다고 말하기 시작한다면, 그것은 존 왕의 나쁨에 대한 더욱 복잡하고 세련된 견해를 제시하는 것이라고 할 수도 있지만, 또 한편으로는 역사적 사건이 개인들의 의식적인 행동에 의해서 결정되지 않고 그들의 무의식적인 의지를 이끄는 외부의 어떤 전지전능한 힘에 의해서 결정된다는 점을 주장하는 것이라고 생각할 수도 있다. 물론 그런 주장은 터무니없다. 나로서는 신의 섭리(Divine Providence)를, 세계정신(World Spirit[Weltgeist])*을, 명백한 운명(Manifest Destiny)**을, 대문자 H로 시작되는 역사(History)***를, 아니면 때때로 사건의 경로를 이끄는 것이라고 인식되어온 또다른 모든 추상적인 힘들을 믿지 않는다 ; 그러므로 나는 다음과 같은 마르크스의 견해에 무조건 찬성하겠다 :

　역사란 아무 일도 하지 않는다. 그것은 엄청난 재산을 소유하지도 않으며 전투를 벌이지도 않는다. 모든 일을 행하는 것은, 소유하고 싸우는 것은 오히려 인간, 즉 현실의 살아 있는 인간이다.[22]

---

* 헤겔이 사용한 개념으로서, 그는 세계정신 또는 절대이념과 같은 정신적 원리가 스스로를 외화(外化)하여 자연과 사회 속에 나타난다고 보고, 그런 의미에서 세계정신은 자연현상과 사회현상을 규정하고 만드는 본질이라고 파악함.
** 영토를 북아메리카 전체로 확대하여 미국의 영향력을 강화함으로써 주변의 약소 민족을 돕는 것이 미국 백인의 임무라는, 주로 19세기 후반의 주의와 신념.
*** 어떤 초월적이고 추상적인 힘이나 보편적인 법칙에 의해서 이끌리는 역사—그런 의미에서 거대(巨大) 역사—를 가리킬 때 흔히 이런 식으로 표현됨.
22) Marx-Engels : *Gesamtausgabe*, I, iii, p. 625.

이 문제에 관해서 나는 두 가지 견해를 제시해야만 하는데, 그것들은 모든 추상적인 역사관과는 아무런 관계가 없고 순전히 경험적인 관찰에 기초하고 있다.

첫째, 역사란 상당한 정도까지 수(數)의 문제라는 것이다. 칼라일은 '역사란 위인들의 전기'라고 하는 유감스러운 주장에 책임을 져야 할 사람이었다. 그러나 그가 자신의 가장 위대한 역사책에서 이야기한 가장 감동적인 말에 귀를 기울여보자 :

2,500만 명의 가슴을 무겁게 짓누르는 굶주림과 헐벗음과 악몽 같은 억압 : 바로 이것이, 철학자인 체하는 변호사나 부유한 상인이나 지방귀족의 상처 입은 자만심이라든가 퇴짜맞은 철학이 아닌 바로 이것이 프랑스 혁명의 주요한 동인이었다 ; 어느 나라에서든 그와 같은 혁명들이 모두 마찬가지일 것이다.[23]

혹은 레닌은 이렇게 말했다 : '정치는 대중이 있는 곳에서 시작된다. 수천 명이 있는 곳이 아니라 수백만 명이 있는 곳, 그곳이 진정한 정치가 시작되는 곳이다.'[24] 칼라일과 레닌이 말하는 수백만은 수백만의 개인들이었다 : 거기에는 비인격적인 것이란 전혀 없었다. 이런 문제에 관한 논의에서는 익명성(匿名性)과 비인격성이 혼동되는 경우가 가끔 있다. 우리가 그들의 이름을 모른다고 해서 사람이 사람이기를, 또는 개인이 개인이기를 그만두는 것은 아니다. 엘리엇이 말한 '거대한 비인격적인 힘'은 더욱 대담하고 솔직한 보수주의자인 클래런던(1609~1674. 영국의 정치가, 역사가)이 '이름도 없는 비천한 인간들'이라고 부른 그

23) *History of the French Revolution*, III, iii, ch. 1.
24) Lenin, *Selected Works*, vii, p. 295.

런 개인들이었다.[25] 이 이름 없는 수백만은 다소간에 무의식적으로 함께 행동함으로써 하나의 사회세력을 형성했던 개인들이었다. 역사가는 일상적인 상황 속에서라면 불만을 품고 있는 한 사람의 농민이나 하나의 촌락에 관해서 알 필요가 없을 것이다. 그러나 수천 개의 촌락에서 수백만 명의 농민들이 불만을 품고 있다는 사실은 어떤 역사가라도 무시할 수 없는 요소가 된다. 가령 존스라는 사람의 결혼을 가로막고 있는 이유들은, 만일 바로 그 똑같은 이유들이 존스와 같은 세대에 속하는 수천 명의 다른 개인들의 결혼까지도 가로막아 혼인율의 실제적인 저하를 초래하는 것이 아니라면, 역사가의 관심을 끌지 못한다 : 그러나 혼인율의 저하를 초래하는 경우라면, 그 이유들은 당연히 역사적으로 중요한 것이 될 수 있다. 운동이 소수에 의해서 시작된다는 그 진부한 말에 대해서도 혼란스러워할 필요는 없다. 모든 효과적인 운동에는 소수의 지도자들과 다수의 추종자들이 있다 ; 그러나 다수가 운동의 성공에 필수적이지 않다는 뜻은 아니다. 역사에서 수는 중요하다.

　나의 두 번째 견해는 훨씬 잘 입증되어 있다. 생각을 달리하는 여러 학파의 저자들은 한결같이 인간의 개인적인 행위가 초래하는 결과는 흔히 그 행위자가 의도하거나 요구한 것이 아니며, 더구나 다른 어떤 개인이 의도하거나 요구한 것이 아니라고 밀해왔다. 크리스트교도들은, 개인은 의식적으로 자신만의 이기적이기 쉬운 목적을 위해서 행동하지만 실은 신의 목적을 무의식적으로 대행한다고 믿고 있다. '사적인 악행은 곧 공적인 이익'이라는 맨더빌(1670-1733. 네덜란드 출신의 영국 작가)의 말은 이러한 생각을 포착하고 그것을 일찌감치 그리고 일부러 역설적으로 표현한 것이다. 애덤 스미스의 보이지 않는 손(hidden

---

25) Clarendon, *A Brief View & Survey the Dangerous & Pernicious Errors to Church & State in Mr. Hobbes' Book entitled Leviathan* (1676), p. 320.

hand)이라든가 헤겔의 '이성의 간계(cunning of reason)'가 말하고 있는 것은, 비록 개인 스스로는 자신의 개인적인 욕망을 성취하고 있다고 믿겠지만 실은 그 보이지 않는 손이나 이성을 위해서 일하게 되고 그것들의 목적에 봉사하게 된다는 것인데, 이에 관해서는 너무나 잘 알려져 있으므로 인용할 필요가 없을 것이다. 마르크스는 그의 『정치경제학 비판(*Zur Kritik der politischen Ökonomie*)』 서문에서 '인간은 자신의 생산수단을 사회적으로 생산하는 가운데 자신의 의지와는 무관한, 일정한 필연적인 관계 속에 들어간다'고 말했다. 톨스토이는 『전쟁과 평화(*War and Peace*)』에서 애덤 스미스를 본떠서 '인간은 의식적으로는 자신을 위해서 살고 있지만, 역사에 남을 인류의 보편적인 목적을 성취하는 일에서는 무의식적인 도구가 된다'고 말했다.[26] 그러면 이쯤에서 지금까지 이미 충분히 길게 소개한 명언들을 버터필드 교수의 다음과 같은 말로 끝마치기로 하자 : '역사적 사건들의 성격에는 아무도 의도하지 않았던 방향으로 역사의 경로를 틀어버리는 무엇인가가 존재한다.'[27] 1914년 이전의 100년 동안에는 국지적인 소규모 전쟁만 있었으나, 그 후 우리는 두 차례의 거대한 세계대전을 경험했다. 이러한 현상에 대해서 19세기의 마지막 75년 동안에 비해서 20세기의 처음 50년 동안에 전쟁을 원했던 개인들이 더 많았고 평화를 원했던 개인들이 더 적었다고 주장하는 것은 그럴듯한 설명이 될 수 없을 것이다. 어떤 개인이 1930년대의 대공황을 일으키려고 했다거나 혹은 그것을 원했다고 믿기란 어려운 일이다. 그러나 비록 개인들 각각은 전혀 다른 어떤 목적을 의식적으로 추구하고 있었더라도, 그들의 행동에 의해서 그 공황이 발생했다는 것은 의심의 여지가 없다. 또한 개인의 의도와 그의 행동의 결과 사이의

26) L. Tolstoy, *War and Peace*, ix, ch. 1.
27) H. Butterfield, *The Englishman and His History* (1944), p. 103.

불일치를 진단하는 일이 과거를 돌이켜보는 역사가에게 항상 맡겨지는 것은 아니다. 1917년 3월에 로지(1850-1924. 미국의 정치가, 작가)는 우드로 윌슨(1856-1924. 미국의 28대 대통령)에 관해서 '그는 전쟁에 나설 뜻은 없지만, 나는 그가 여러 사건들에 의해서 떠밀리게 될 것이라고 생각한다'고 말했다.[28] '인간의 의도에 관한 설명'이나 행위자 자신이 부여한 동기에 관한 설명, 즉 어째서 그들은 '그들의 판단에 따라 그렇게 행동했는지'에 관한 설명에 기초하여 역사가 쓰일 수 있다고 주장하는 것은 모든 증거들을 무시하겠다는 것이다.[29] 역사의 사실은 분명히 개인에 관한 사실이지만, 고립된 채 행한 개인의 행동에 관한 사실, 또는 실제적인 동기든 상상적인 동기든 개인 스스로가 자신들을 움직이게 했다고 생각하고 있는 그런 동기에 관한 사실은 역사의 사실이 아니다. 역사의 사실이란 사회 속에 있는 개인의 상호관계에 관한 사실, 그리고 개인의 행동에서 본인들이 의도했던 것과 자주 모순되거나 가끔 상반되는 결과를 생겨나게 하는 사회적 힘들에 관한 사실인 것이다.

나는 바로 앞의 강연에서 콜링우드의 역사관에 관해서 이야기했는데, 그의 역사관에서 중대한 오류 중의 하나는 행동의 이면에 있는 생각에 대해서 역사가의 연구가 필요한데도 그것을 그냥 행위자 개인의 생각이라고 가정한다는 점이었다. 이것은 잘못된 가정이다. 역사가에게 요구되는 것은 그 행동의 배후에 있는 것을 연구하는 일이다 ; 그런데 그것은 행위자 개인의 의식적인 생각이나 동기와는 전혀 무관할 수 있다.

여기에서 나는 역사에서의 반역자나 반항자의 역할에 관해서 몇 마디 덧붙여야겠다. 사회에 저항하는 개인이라는 그 통속적인 그림을 내

---

28) B. W. Tuchman, *The Zimmermann Telegram* (N.Y., 1958), p. 180에서 인용.
29) 이 구절은 I. Berlin, *Historical Inevitability* (1954), p. 7에서 인용한 것인데, 거기에서는 이러한 의미에서의 역사서술이 권유되고 있는 것 같다.

거는 것은 사회와 개인 간의 그릇된 대립항을 다시 *끄*집어내는 것이다. 완전히 동질적인 사회란 없다. 모든 사회는 사회적 갈등의 장소이며, 현존하는 권위에 반대입장을 취하는 개인은 그것을 지지하는 개인만큼이나 그 사회의 산물이자 반영물이다. 리처드 2세와 예카테리나 대제는 14세기의 영국과 18세기의 러시아의 강력한 사회적 힘을 대변했다 : 그러나 거대한 농노반란의 지도자인 와트 타일러(?-1381. 영국 에식스 주에서 일했던 기와공)와 푸가초프(1742-1775. 러시아의 카자흐 기병대 출신으로서 1773년에 카자흐와 농민의 반란을 이끎) 역시 그러했다. 군주와 반역자는 똑같이 그들 시대와 나라의 특정한 조건의 산물이었다. 와트 타일러와 푸가초프를 사회에 저항하는 개인으로 묘사하는 것은 잘못된 단순화이다. 만일 그들이 단지 그런 개인에 불과했다면, 역사가는 결코 그들에게 귀를 기울이지 않았을 것이다. 그들이 역사 속에서 자신들의 역할을 수행할 수 있었던 것은 그들을 추종한 대중 덕분이며, 따라서 그들은 사회적 현상들로서 중요한 것이지, 그렇지 않다면 전혀 중요하지 않을 것이다. 혹은 좀더 고차적인 수준의 걸출한 반역자이자 개인주의자였던 한 인물을 생각해보자. 자기가 살고 있던 시대나 자신이 살고 있던 국가의 사회에 대해서 니체보다 더 격렬하고 더 철저하게 반항했던 인물은 찾아보기 힘들다. 그러나 니체는 유럽 사회의, 보다 특수하게는 독일 사회의 직접적인 산물—중국이나 페루에서는 일어날 수 없었던 현상—이었다. 이 개인이 표현했던 유럽의 사회세력, 특히 독일의 사회세력이 얼마나 강력한 것이었는지는 그의 동시대인들보다는 그가 죽은 지 한 세대 후의 사람들에게 더욱 분명해졌다 ; 그래서 니체는 그 자신의 세대보다도 후세 사람들에게 더 중요한 인물이 되었던 것이다.

역사에서의 반역자의 역할은 위인의 역할과 상당히 유사하다. 역사

위인설(great-man theory of history)―그 각별한 예가 '좋은 여왕 베스' 학설인데―은 최근에 들어와서는 유행에 뒤지게 되었지만 그래도 여전히 이따금씩 그 흉물스런 머리를 치켜들고 있다. 제2차 세계대전 이후에 발간되기 시작한 대중적인 역사책 시리즈의 편집자는 필자들에게 '위인전을 쓰겠다는 생각으로 중요한 역사적 주제를 개발해달라'고 부탁했다 ; 또한 A. J. P. 테일러(1906-1990. 영국의 역사가) 씨는 그의 가벼운 글 중의 하나에서 '유럽 근대사는 나폴레옹, 비스마르크, 레닌이라는 세 사람의 거인들을 중심으로 쓰일 수 있다'고 말했다.[30] 비록 보다 무게 있는 글에서는 그런 식의 경솔한 구상을 시도하지 않았지만 말이다. 역사에서 위인의 역할은 어떤 것인가? 위인은 한 사람의 개인이지만, 탁월한 개인이기 때문에 현저히 중요한 사회적 현상이기도 하다. 기번은 '그 시대에 어울리게 마련인 비범한 인물이 있다는 것, 그리고 크롬웰이나 레츠(본명은 Jean-François-Paul de Gondi, 1613-1679. 프랑스의 정치가, 성직자) 같은 천재도 오늘날이라면 눈에 띄지 않은 채 사라질 수도 있다는 것은 명백한 진리이다'라고 말했다.[31] 그 상반되는 현상에 관해서 마르크스는 『루이 보나파르트의 브뤼메르 18일(*Der 18te Brumaire des Louis Napoleon*)』에서 이렇게 진단했다 : '프랑스에서의 계급전쟁은 천박한 소인배가 영웅의 옷을 입고 으스댈 수 있는 상황과 관계를 만들었다.' 비스마르크가 18세기에 태어났다면―그렇게 되었더라면 그는 비스마르크가 될 수 없었을 것이기 때문에 이는 어리석은 가정이겠지만―독일을 통일시키지 못했을 것이고, 따라서 결코 위인이 될 수 없었을 것이다. 그러나 톨스토이처럼 위인을 '사건에 이름을 붙여주는 꼬리표'에 불과한 존재로 취급하면서 평가절하할 것까지는 없다고

---

30) A. J. P. Taylor, *From Napoleon to Stalin* (1950), p. 74.

31) Gibbon, *Decline and Fall of the Roman Empire*, ch. lxx.

생각한다. 물론 때때로 위인 숭배는 불행한 의미를 지닐 수 있다. 니체가 말한 초인(超人, übermensch)은 냉혹한 인물이다. 굳이 히틀러의 경우나 소련에서의 '개인 숭배'의 잔인한 결과를 되돌아볼 필요는 없을 것이다. 그러나 위인의 위대함을 폄하하려는 것이 나의 목적은 아니다 : 또한 나는 '위인은 거의 대부분 악인'이라는 명제를 인정하고 싶지도 않다. 내가 반대하고 싶은 견해는, 위인을 역사의 밖에 놓아둔 채 그들은 위대하기 때문에 역사에 간섭할 수 있다고 생각하는, 즉 그들을 마치 '알 수 없는 곳에서 느닷없이 튀어나와 역사의 진정한 연속성을 방해하는 요술상자 속의 소년 잭'[32]과 같은 존재인 양 생각하는 그런 견해이다. 나는 지금까지도 다음과 같은 헤겔의 고전적인 정의에 더 고칠 만한 것이 있다고는 생각하지 않는다 :

그 시대의 위인이란 자기 시대의 의지를 표현할 수 있고, 그 의지가 무엇인지를 그 시대에 전달할 수 있고, 또한 그것을 완성할 수 있는 사람이다. 그가 행하는 것은 그의 시대의 정수(精髓)이자 본질이다 ; 그는 자신의 시대를 실현한다.[33]

리비스(1895–1978. 영국의 평론가) 박사가 위대한 작가는 '인간의 깨달음을 촉진시켜준다는 점에서 중요하다'고 말할 때,[34] 그는 얼마간 위와 비슷한 뜻으로 말하고 있는 것이다. 위인은 항상 기존 세력의 대변자이거나, 아니면 현존하는 권위에 도전할 생각으로 그가 힘을 쏟아 형성시키려는 세력의 대변자이다. 그러나 보다 높은 수준의 창조성은, 나

32) V. G. Childe, *History* (1947), p. 43.

33) *Philosophy of Right* (영역판, 1942), p. 295.

34) F. R. Leavis, *The Great Tradition* (1948), p. 2.

폴레옹이나 비스마르크처럼 기존 세력의 등에 업혀 위대해진 그런 사람들에게서가 아니라, 크롬웰이나 레닌처럼 자신들을 위대하게 만들어준 세력을 형성하는 데에 힘을 쏟은 그런 위대한 인물에게서 발휘될 것이다. 또한 우리는 자신의 시대보다 훨씬 더 앞서 갔기 때문에 그 이후의 세대에 의해서만 그 위대함이 인정되었던 위인들을 잊어서는 안 된다. 내가 가장 중요하다고 생각하는 것은 위인을 역사적 과정의 산물이자 대리인이면서 이와 동시에 세계의 모습과 인간의 사유를 변화시키는 사회 세력의 대변자이자 창조자인 탁월한 개인으로 인식하는 일이다.

그렇기 때문에 역사는 그 말의 두 가지 의미에서—역사가가 수행하는 연구와 그가 연구하는 과거의 사실이라는 두 가지 뜻에서—하나의 사회적인 과정이며, 개인은 그 과정에 사회적인 존재로서 참여한다 ; 그러므로 사회와 개인의 대립을 가정하는 것은 우리의 관심을 다른 데로 돌리게 하여 우리의 사고를 혼란시키려는 미끼에 불과하다. 역사가와 그의 사실 사이의 상호작용의 과정, 즉 내가 현재와 과거 사이의 대화라고 불렀던 그 과정은 추상적이고 고립적인 개인들 사이의 대화가 아니라 오늘의 사회와 어제의 사회 사이의 대화이다. 부르크하르트의 말을 빌리면, 역사란 '한 시대가 다른 시대 속에서 찾아내는 주목할 만한 것에 관한 기록'이다.[35] 과거는 현재에 비추어질 때에만 이해될 수 있다 ; 또한 현재도 과거에 비추어질 때에만 완전히 이해될 수 있다. 인간이 과거의 사회를 이해할 수 있도록 해주는 것, 그리고 현재의 사회에 대한 인간의 지배력을 증대시키는 것, 이것이 역사의 이중적인 기능이다.

---

35) J. Burckhardt, *Judgements on History and Historians* (1959), p. 158.

3
역사, 과학 그리고 도덕

나는 아주 어렸을 적에 고래가 그 겉모습과는 달리 어류가 아니라는 사실을 배우고서는 깊은 인상을 받았다. 지금에 와서는 그런 분류 문제에 별로 자극받지 않는다 ; 그러므로 나는 역사가 과학이 아니라는 것을 확인하게 될 경우라도 지나치게 신경 쓰지 않는다. 이 용어의 문제는 영어에만 특이한 것이다. 다른 모든 유럽어에서는 '과학(science)'의 동의어에 어김없이 역사가 포함된다. 그러나 영어 사용권 세계에서 이 문제는 그 배후에 오랜 역사를 가지고 있으며, 그로부터 제기된 논쟁들은 역사에서의 방법의 문제에 대한 편리한 입문(入門)의 역할을 한다.

과학이 세계에 관한 인간의 지식에 대해서도, 인간 자신의 육체적인 속성에 관한 지식에 대해서도 눈부시게 기여했던 18세기 말, 그 과학이 사회에 관한 인간의 지식까지도 진전시킬 수 있는지에 관한 질문이 제기되기 시작했다. 사회과학의 개념, 그리고 사회과학 중의 하나인 역사의 개념은 19세기를 거치면서 점차 발전했다 ; 그리고 자연계의 연구에 적용되었던 과학의 방법론이 인간의 문제에 대한 연구에도 직용되었다. 이 시기의 전반부에는 뉴턴적 전통이 우세했다. 사회는 자연계와 마찬가지로 기계적인 어떤 것으로 생각되었다 ; 우리는 1851년에 출간된 허버트 스펜서의 책 제목이 『사회 정학(靜學)(Social Statics)』이라는 것을 아직도 기억하고 있다. 버트런드 러셀도 이 전통 속에서 성장했는데, 후일 그는 '기계수학만큼이나 정확한 인간 행동의 수학'이 조만간 나타나리라고 기대했던 시절을 회상한 적이 있다.[1] 그 시절에 다윈은 또 하나의 과학혁명을 이룩했다 ; 그리하여 생물학에서 단서를 얻은 사회과학자들은 사회를 하나의 유기체로 간주하기 시작했다. 그러나 다윈의 혁명에서 진짜 중요한 것은 다윈이 이미 라이엘(1787-1875. 영국의 지질학자)에 의해서 지질학에서 시작된 것을 완성시키는 가운데 역사를 과학 안으로 끌어들였다는 점이다. 과학은 더 이상 정적이고 초시간적인 어떤 것을 다루는 것이 아니라,[2] 변화와 발전의 과정을 다루는 것이 되었다. 과학에서의 진화는 역사에서의 진보를 확증했고 보완했다. 그러나 내가 첫 번째 강연에서 설명한 귀납적인 역사방법에 관한 견해, 즉 먼저 사실을 수집하고 나서 그 다음에 그것들을 해석하라는 견해를 바꾸게 할 만한 일은 전혀 일어나지 않았다. 그것도 의심의 여지없이 과학의 방법으로 여겨졌다. 베리가 1903년 1월에 있었던 교수 취임강연을 마무리하면서 역사를 '그 이상도 그 이하도 아닌 과학(a science, no more and no less)'이라고 표현했을 때, 그가 분명히 염두에 두었던 견해도 바로 이것이었다. 베리의 취임강연이 있은 후 50년 동안에 이러한 역사관에 대한 강력한 반발이 일어났다. 콜링우드는 1930년대에 저술활동을 하는 동안 과학적 연구의 대상인 자연 세계를 역사 세계와 뚜렷이 구분하는 일에 특히 열심이었다 ; 그리고 이 시기 동안, 비웃기 위해서가 아니라면, 베리의 견해는 거의 인용되지 않았다. 그러나 역사가들이 당시에 깨닫지 못한 것은 과학 그 자체가 심원한 혁명을 경험했다는

---

1) B. Russell, *Portraits from Memory* (1958), p. 20.
2) 바로 그 무렵인 1874년까지도 브래들리는 과학을 역사와 구별하면서 초시간적이고 '영속적인(abiding)' 것을 다루는 것으로 보았다(F. H. Bradley, *Collected Essays*, 1935, i, p. 36).

점이었는데, 그 때문에 베리는, 비록 그 논거는 잘못되었지만, 우리가 생각했던 것보다는 훨씬 더 옳았을 수 있다고 여겨진다. 라이엘이 지질학에서 수행한 것과 다윈이 생물학에서 수행한 것은 이제 천문학에서도 수행되고 있으며, 따라서 천문학은 우주는 어떻게 하여 지금의 모습이 되었는가를 다루는 과학이 되었다 ; 게다가 현대의 물리학자들은 끊임없이 우리에게 자신들이 조사하는 것은 사실(fact)이 아니라 사건(event)이라고 말하고 있다. 역사가가 100년 전보다는 오늘날에 과학의 세계에서 더 편안함을 느끼는 것은 그럴 만한 이유가 있다.

우선 법칙(法則, law)이라는 개념부터 살펴보자. 18세기와 19세기 동안 과학자들은 자연에 관한 여러 법칙들—뉴턴의 운동법칙, 중력의 법칙, 보일의 법칙, 진화의 법칙 등등—이 발견되어 명확하게 확립되었다고 생각했고, 과학자의 직무는 관찰된 사실로부터 귀납적인 추론과정을 통해서 그러한 법칙들을 더 많이 발견하고 확립하는 것이라고 생각했다. '법칙'이라는 용어는 구름의 꼬리처럼 영광스러운 흔적을 길게 남기면서 갈릴레이와 뉴턴에게서 전해내려왔다. 사회를 연구하는 사람들은, 의식적으로든 무의식적으로든, 자신들의 연구가 과학적인 지위를 가진다는 점을 주장하고 싶은 마음에서 과학에서 사용하는 것과 똑같은 용어를 사용했고, 자기들도 과학에서와 똑같은 연구방법을 따르고 있다고 믿었다. 정치경제학자들이 그레셤(1519-1579. 영국의 금융가)의 법칙과 애덤 스미스의 시장법칙을 가지고 가장 먼저 무대에 등장한 것처럼 보인다. 버크(1729-1797. 영국의 정치가, 정치사상가)는 '자연의 법칙이며 따라서 신의 법칙인 상업의 법칙'에 호소했다.[3] 맬서스는 인구법

---

3) *Thoughts and Details on Scarcity* (1795) in *The Works of Edmund Burke* (1846), iv, p. 270 ; 버크는 '빈민들에게는 얼마 동안 생활필수품을 주지 않아야 한다는 것이 신의 섭리에 따르는 일이었으므로, 정부라고 해서 또는 심지어 부자라고 해서 그들에게 그것을 제공할 수 있는 권한을 가진 것은 아니라는 결론을 이끌어냈다.

칙을 제시했다 ; 라살레(1825-1864. 독일의 사회주의자)는 임금 철칙(鐵則)을 제시했다 ; 그리고 마르크스는 『자본(*Das Kapital*)』의 서문에서 '근대 사회의 경제적 운동법칙'을 발견했다고 주장했다. 버클(1821-1862. 영국의 정치가, 정치사상가)은 그의 『문명사(*History of Civilization*)』의 결론에서 인간사의 행로에는 '보편적이고 일관된 규칙성이라는 영광스러운 원리가 스며들어 있다'는 확신을 표명했다. 오늘날, 이러한 말투는 거만할 뿐만 아니라 낡아빠진 것이라고 생각된다 ; 그러나 그것은 사회과학자들에게서와 마찬가지로 자연과학자들에게도 대체로 낡아빠진 것으로 생각되고 있다. 베리가 취임강연을 하기 바로 전 해에, 프랑스의 수학자 앙리 푸앵카레(1854-1912)는 『과학과 가설(*La Science et l'hypothèse*)』이라는 제목의 작은 책을 출간했는데, 그 책은 과학적 사유에서 하나의 혁명을 일으켰다. 푸앵카레의 주요한 논지는, 과학자들이 제출한 일반명제들은 그것들이 단순한 정의(定義)이거나 또다른 형태의 용어 사용에 관한 규칙이 아닌 한, 사유의 진전을 구체화하고 체계화하기 위해서 만들어진 가설이며, 따라서 증명과 수정과 반론을 필요로 한다는 것이었다. 이 모든 것이 지금에 와서는 제법 상식처럼 되어버렸다. '나는 가설을 세우지 않는다(Hypotheses non fingo)'는 뉴턴의 자랑은 오늘날에는 공허하게 들린다 ; 그리고 과학자들은 물론 사회과학자들조차도, 말하자면 즐거웠던 옛날을 추억하면서 때때로 법칙에 관해서 여전히 이야기하고 있지만, 그들은 더 이상 18세기와 19세기의 과학자들이 보편적으로 법칙을 믿으면서 생각했던 대로 그것의 현존을 믿고 있는 것은 아니다. 과학자들의 발견과 새로운 지식의 획득이 정확하고 포괄적인 법칙의 확립에 의해서가 아니라 새로운 연구를 향해 길을 열어주게 될 가설의 제기에 의해서 이루어진다는 사실은 이미 인정되어 있다. 과학적 방법에 관해서 두 명의 미국인 철학자가 쓴

표준적인 교과서는 과학의 방법을 '본질적으로 순환적인 것'으로 설명하고 있다 :

> 우리는 경험자료, 즉 '사실'이라고 추정되는 것의 도움을 빌려서 원리들을 위한 증거를 획득한다 ; 또한 우리는 원리들을 기초로 하여 경험자료를 선택하고, 분석하고, 해석한다.[4]

어쩌면 '순환적(circular)'이라는 말보다는 '상호적(reciprocal)'이라는 말이 더 적절했을지 모른다 ; 왜냐하면 그 결과는 동일한 장소로 되돌아가는 것이 아니라, 원리와 사실 사이의, 이론과 실천 사이의 상호작용 과정을 거쳐 새로운 발견으로 나아가는 것이기 때문이다. 모든 사유는 관찰에 기초하는 일정한 전제를 받아들이게 마련인데, 그 전제는 과학적 사유를 가능하게 하지만 그 사유에 비추어 수정되기 마련이다. 이 가설은 어떤 맥락에서는 혹은 어떤 목적에 대해서는 유용할 수 있지만, 다른 맥락에서는 쓸모없는 것이 된다. 검증이란 어떠한 경우든 그 가설들이 새로운 통찰을 진전시키고 우리의 지식을 증가시키는 데에서 실제로 유효한지 여부를 가려내는 경험적인 검증이다. 러더퍼드(1871-1937. 영국의 물리학자)의 방법에 관해서 최근 그의 가장 뛰어난 제자이자 동료 연구자 중의 한 사람은 이렇게 말했다 :

> 그는 핵현상이 어떻게 일어나는지 알고 싶은 맹렬한 충동을 느꼈는데, 그것은 마치 누구나 부엌에서 무슨 일이 일어나는지를 알면 그것에 관해서 말할 수 있다는 식이었다. 나는 그가, 고전적인 방식대로 일정한 기본 법칙들을 이용하는 이론에 관해서 설명하고 싶었다고는 믿지 않는다 ; 그

---

4) M. R. Cohen and E. Nagel, *Introduction to Logic and Scientific Method* (1934), p. 596.

는 무엇이 일어나고 있는지를 알 수 있는 한 그것으로 만족했다.[5]

이것은 기본적인 법칙의 추구를 포기한, 따라서 사태가 어떻게 돌아가는지를 연구하는 데에만 만족하는 역사가에게 꼭 들어맞는 말이다.

연구과정에서 역사가가 이용하는 가설의 지위는 과학자가 이용하는 가설의 지위와 대단히 유사한 듯이 보인다. 예컨대 프로테스탄티즘과 자본주의의 관계에 대한 막스 베버의 유명한 분석을 검토해보자. 예전에는 그 둘의 관계를 법칙이라고 부르며 환영했을지 몰라도, 오늘날에는 아무도 그것을 법칙이라고 부르지는 않는다. 그것은, 비록 그것이 고무시킨 연구의 진행과정에서 어느 정도 수정되기는 했어도, 의심할 바 없이 프로테스탄티즘과 자본주의 운동에 대한 우리의 이해를 넓혀준 하나의 가설이다. 또는 과연 마르크스다운 이런 말을 들어보자 : '맷돌은 우리에게 봉건영주의 사회를 가져다주며, 증기제분기는 우리에게 산업자본가의 사회를 가져다준다.'[6] 마르크스는 이것을 법칙이라고 주장했을지 모르겠으나, 근대적인 용어로 말하자면 그것은 법칙이 아니라 연구를 진전시키거나 새로운 이해를 증진시키는 방법을 제시해주는 유효한 가설이다. 그 같은 가설들은 사유의 필수불가결한 도구들이다. 1900년대 초 유명한 경제학자인 베르너 좀바르트(1863-1941. 독일의 경제학자)는 마르크스주의를 포기해버린 사람들에게 덮쳐온 '불안감'을 이렇게 털어놓았다.

　복잡한 현실 속에서 이제껏 우리의 안내자가 되어준 편안한 공식들을 상실했을 [그는 이렇게 썼다] 때……우리는 새로운 발판을 발견하거나 수영

---

5) 찰스 엘리스 경의 글, *Trinity Review*(Cambridge, Lent Term, 1960), p. 14에서.
6) Marx-Engels : *Gesamtausgabe*, I, vi, p. 179.

하는 법을 배우기 전까지는 사실의 바다 속에 빠져버린 듯한 느낌을 가지게 된다.[7]

역사에서의 시대 구분에 관한 논쟁도 이 범주에 들어간다. 역사의 시대 구분은 사실에 해당하는 것이 아니라 필요한 가설 또는 사유의 도구에 해당한다. 그것은 무엇인가를 설명해줄 수 있는 한에서 유효하며, 그 유효성은 해석에 좌우된다. 중세가 언제 끝났는가 하는 문제에 관해서 의견을 달리하는 역사가들은 어떤 사건에 대한 해석에서도 의견을 달리한다. 그 문제는 사실의 문제가 아니다 ; 그렇다고 해서 무의미한 것도 아니다. 역사의 지역별 구분도 마찬가지로 사실이 아니라 가설이다 : 유럽사에 관해서 말한다는 것은 어떤 맥락에서는 타당하고 유효한 가설일 수 있지만, 다른 맥락에서는 잘못되고 해로운 가설일 수 있다. 대부분의 역사가들은 러시아가 유럽의 일부라고 생각한다 ; 그러나 일부의 역사가들은 그것을 강력히 부정한다. 역사가의 편향은 그가 채택하는 가설로 판단될 수 있다. 나는 사회과학의 방법에 관한 하나의 일반적인 견해를 꼭 인용하고 싶은데, 왜냐하면 그 견해는 자연과학자로서 수련을 쌓았던 어느 위대한 사회과학자가 제시하고 있기 때문이다. 40대에 들어와서 사회문제에 관한 글을 쓰기 시작하기 전까지 기술자로 일했던 조르주 소렐(1847-1922. 프랑스의 무정부주의적 생디칼리스트)은 과도한 단순화의 위험을 초래할 수조차 있는 상황에서도 특수한 요소들을 분리시킬 필요가 있음을 강조했다 :

누구나 신중하게 [그는 이렇게 썼다] 전진해 나가야만 한다 ; 누구나 그럴듯해 보이는 부분적인 가설들을 철저히 시험해야 하고, 점진적으로 수정

7) W. Sombart, *The Quintessence of Capitalism* (영역판, 1915), p. 354.

할 수 있는 여지를 항상 남길 수 있도록 일시적인 근사치인 것들에 만족해야만 한다.[8]

이것은 19세기와는 거리가 먼 이야기이다. 그때는 과학자들이나 액턴과 같은 역사가들이 잘 검증된 사실을 축적하면 논쟁거리가 되고 있는 모든 문제를 한꺼번에 해결해줄 광범한 지식을 언젠가는 확립할 수 있으리라고 기대하고 있었다. 오늘날 과학자나 역사가 모두 더욱 겸손한 희망, 즉 자신의 해석을 매개로 사실을 추려내고 그 사실로 자신의 해석을 검증하는 가운데 하나의 단편적인 가설로부터 또 하나의 단편적인 가설로 점차 나아갈 수 있다는 희망을 품고 있다 ; 그러므로 나에게는 그들의 연구방법이 근본적으로 다르다고 생각되지 않는다. 나는 첫번째 강연에서 역사란 '결코 사실 그것이 아니라, 널리 승인된 일련의 판단들'이라는 배러클러프 교수의 말을 인용했다. 내가 이 강연을 준비하고 있는 동안, 이 대학교 출신의 어느 물리학자는 BBC 방송의 한 프로그램에서 과학적 진리를 '전문가들에 의해서 널리 인정되어온 견해'라고 정의했다.[9] 이 공식들 중 그 어느 것도 완전히 만족스럽지는 못하다— 그 이유는 객관성의 문제를 토의하게 될 때 드러날 것이다. 그러나 역사가와 물리학자가 똑같은 문제를 거의 정확히 똑같은 용어로 제각기 정식화하고 있다는 것을 알게 된 것은 뜻밖의 일이었다.

그러나 닮은 점들이란, 누구나 알고 있듯이, 부주의한 사람이 걸려드는 함정이다 : 나는, 수학과 자연과학 사이에 또는 자연과학 영역 내에서의 상이한 학문분야 사이에 큰 차이가 있듯이, 그 학문들과 역사 사이에 근본적인 차이가 존재한다고 믿고 있는, 그리고 그 차이 때문에

8) G. Sorel, *Matériaux d'une théorie du prolétariat* (1919), p. 7.
9) Dr. J. Ziman in *the Listener*, 1960년 8월 18일.

역사를—어쩌면 여타의 이른바 사회과학들까지도—과학이라는 이름으로 부르는 것이 잘못이라고 믿고 있는 논의들을 정중하게 고찰하고 싶다. 그 반론들—그것들 중 어떤 것은 다른 것보다 더 설득력이 있지만—은 이렇게 요약된다 : (1) 역사는 오로지 특수한 것만을 다루며, 과학은 일반적인 것을 다룬다 ; (2) 역사는 교훈을 가르치지 않는다 ; (3) 역사는 예언할 수 없다 ; (4) 역사는 인간이 인간 자신을 관찰하는 것이므로 필연적으로 주관적이다 ; 그리고 (5) 역사는 과학과는 달리 종교와 도덕의 문제를 포함한다. 나는 이 논점들 각각을 차례로 검토해보도록 하겠다.

첫째, 역사는 특수하고 특정한 것을 다루며 과학은 일반적이고 보편적인 것을 다룬다고들 한다. 이 견해는 시(詩)는 일반적 진리에 관한 것이고 역사는 특수한 진리에 관한 것이기 때문에 시가 역사보다 '더 철학적'이며 '더 심오하다'고 공언한 아리스토텔레스에서 시작된다고 할 수 있을지도 모르겠다.[10] 콜링우드에 이르기까지[11] 후대의 수많은 저자들도 과학과 역사를 이와 비슷하게 구분했다. 이런 구분은 하나의 오해에 근거하고 있는 듯이 보인다. 홉스의 다음과 같은 유명한 말은 지금도 유효하다 : '이 세계에는 이름 이외에 보편적인 것이란 아무것도 없는데, 왜냐하면 이름 붙여진 것들은 모두 그 하나하나가 개별적이고 유일한 것이기 때문이다.'[12] 이것은 자연과학에 관해서는 확실히 진리이다. 똑같은 두 개의 지층(地層), 동일한 종(種)에 속하는 똑같은 두 마리의 동물, 똑같은 두 개의 원자(原子)란 존재하지 않는다. 마찬가지로 똑

---

10) *Poetics*, ch. ix.

11) R. G. Collingwood, *Historical Imagination* (1935), p. 5.

12) *Leviathan*, I. iv.

같은 두 개의 역사적 사건들이란 없다. 그러나 역사적 사건들의 특수성에 관한 주장은 무어(1873-1958. 영국의 철학자)가 버틀러 주교(1692-1752. 영국의 신학자, 성직자)로부터 이어받았고 한동안 언어철학자들이 특히 애호한, '모든 것은 바로 그것일 뿐, 다른 어떤 것이 아니다'라는 그 말과 마찬가지로 마비효과가 있다. 그 방향을 따라간다면 곧 일종의 철학적 해탈의 경지에 이를 것인데, 거기에서 여러분은 그 어떤 것에 관해서도 전혀 할 말이 없을 것이다.

역사가는 언어를 사용한다는 바로 그것으로 인해서 과학자들처럼 일반화에 관여한다. 펠로폰네소스 전쟁과 제2차 세계대전은 매우 달랐고, 그렇기 때문에 그 두 가지는 모두 특수한 것이었다. 그러나 역사가는 양쪽 모두를 전쟁이라고 부르며, 따라서 오직 현학적인 사람만이 이의를 제기할 것이다. 기번이 콘스탄티누스 대제의 기독교 공인과 이슬람교의 발흥을 혁명(revolution)이라고 말했을 때,[13] 그는 두 개의 특수한 사건들을 일반화하고 있었다. 근대의 역사가들이 영국과 프랑스와 러시아와 중국의 혁명에 관해서 서술할 때에도 마찬가지이다. 역사가의 진정한 관심은 특수한 것에 있는 것이 아니라 특수한 것 안에 있는 일반적인 것에 있다. 1914년에 발발한 세계대전의 원인에 관한 1920년대 역사가들의 논의는 대개 그 전쟁이 비밀리에 활동했기 때문에 여론의 통제를 받지 않았던 외교관들의 실책에서 비롯되었다는, 아니면 불행하게도 세계가 영토주권(領土主權)을 가진 국가들로 나누어진 데에서 비롯되었다는 가정 위에서 진행되었다. 1930년대의 논의들은 그 전쟁이 쇠퇴하고 있는 자본주의의 압박에 밀려 세계를 자기들끼리 분할하려고 한 제국주의 열강 사이의 경쟁에서 비롯되었다는 가정 위에서 진행되었다. 이 모든 논의에는 전쟁의 원인에 대한, 또는 적어도 20세기의

---

13) *Decline and Fall of the Roman Empire*, ch. xx, ch. 1.

조건들 속에서의 전쟁의 원인에 대한 일반화가 포함되어 있었다. 역사가는 항상 자신의 증거를 검증하기 위해서 일반화를 이용한다. 만일 리처드(영국의 국왕 리처드 3세를 말함. 재위기간 1483-1485)가 런던 탑의 감옥에 있는 왕자들을 살해했는지 그 증거가 분명하지 않다면, 역사가는 자기 왕위를 노릴 가능성이 있는 경쟁자들을 제거하는 것이 그 시대의 지배자들의 버릇이었는지를―아마 의식적이라기보다는 무의식적으로―자문해볼 것이다 ; 그리고 그의 판단에는, 아주 당연하게도 그 일반화가 영향을 미칠 것이다.

역사책의 필자뿐만 아니라 독자도 그 역사가가 관찰한 것을 자기가 익히 알고 있는 또다른 역사적 맥락에―아마도 자기 시대에―적용해보려고 하기 때문에, 일반화의 상습적인 실행자라고 할 수 있다. 나는 칼라일의 『프랑스 혁명(French Revolution)』을 읽을 때, 그의 설명들을 러시아 혁명에 대한 나 자신의 특별한 관심사에 적용해보게 되는데, 그렇게 함으로써 나는 나 자신이 일반화하고 있다는 것을 거듭해서 깨닫게 된다. 테러에 관한 칼라일의 설명을 들어보자 :

공정한 정의를 알고 있던 나라에서는 무시무시한 것이지만―그것을 결코 알지 못한 나라에서는 그렇게까지 부자연스러운 것은 아니다.

아니면, 더 의미심장하게는 이런 설명이 있다 :

이 시대의 역사가 거의 대부분 히스테릭하게 쓰였다는 것은, 매우 당연하기는 해도, 불행한 일이다. 그렇게 쓰인 역사는 과장으로, 저주와 울부짖음으로 가득 차 있다 ; 그래서 전체적으로 음울하다.[14]

14) *History of the French Revolution*, I, v, ch. 9 ; III, i, ch. 1.

아니면 또 하나, 이번에는 16세기의 근대 국가의 성장에 관한 부르크하르트의 설명을 들어보자 :

보다 최근에 생겨난 권력일수록 정지해 있기란 더욱 어려운 법이다.―첫째, 그 권력을 창출한 자들은 신속한 전진운동에 익숙해져 있는 데다가 본질적으로 혁신가들이며 또 계속해서 혁신가들일 것이기 때문이다 ; 둘째, 그들이 일으키거나 제압한 세력은 더 심한 폭력행동을 통해서만 이용될 수 있기 때문이다.[15]

일반화가 역사와는 관계없다고 하는 것은 몰상식한 말이다 ; 역사는 일반화 위에서 번성한다. 엘턴(1921-1994. 영국의 역사가)이 『케임브리지 근대사』 신판의 어느 한 권에서 산뜻하게 지적하고 있듯이, '역사가를 역사적 사실의 수집가와 구별해주는 것은 일반화'이다[16] ; 엘턴은 자연과학자를 박물학자나 표본수집가와 구별해주는 것도 바로 그 일반화라고 덧붙였어도 좋았을 것이다. 그러나 일반화가 어떤 거대한 역사의 도식을 구축할 수 있게 해주며 특수한 사건들은 그 구도 안에 꼭 끼워맞추어진다고 생각해서는 안 된다. 그런데 마르크스는 그러한 도식을 구축했거나 믿었다고 흔히 비난받고 있는 사람 중의 한 명이기 때문에, 나는 그의 편지들 중 하나에서 이 문제를 올바른 관점에서 제시하고 있는 구절을 요약해서 인용해보겠다.

놀라울 만큼 유사하더라도 상이한 역사적 환경 속에서 발생하는 사건들은 완전히 다른 결과에 이르게 된다. 이러한 발전의 결과들을 따로 따

---

15) J. Burckhardt, *Judgements on History and Historians* (1959), p. 34.
16) *Cambridge Modern History*, ii(1958), p. 20.

로 연구하고 난 후에 그것들을 비교한다면, 그 현상을 이해하는 열쇠를 쉽게 발견할 수 있다 ; 그러나 역사의 초월을 위대한 미덕으로 삼고 있는 몇몇 역사철학 이론의 만능열쇠를 사용해서는 지금 말한 것을 결코 이해할 수 없다.[17]

역사는 특수한 것과 일반적인 것의 관계를 다룬다. 여러분이 역사가라면 사실과 해석을 분리시킬 수 없듯이, 그 두 가지를 분리시키거나 어느 하나를 다른 하나보다 우월한 것으로 취급할 수 없다.

어쩌면 여기가 역사학과 사회학의 관계에 대해서 간략하게 언급할 적당한 지점인 것 같다. 현재 사회학은 두 가지의 서로 상반되는 위험— 지나치게 이론적인 것으로 되어가는 위험과 지나치게 경험적인 것으로 되어가는 위험—에 직면해 있다. 첫 번째의 것은 사회 일반에 대한 추상적이고 무의미한 일반화에 몰두하는 위험이다. 대문자 S로 시작되는 사회(Society)란 대문자 H로 시작되는 역사(History)와 마찬가지로 잘못된 생각이다. 이 위험은 역사가 기록한 특수한 사건들로부터 일반화하는 것을 사회학만의 독점적인 임무로 삼고 있는 사람들 때문에 더욱 가깝게 다가와 있다 : 심지어 사회학은 '법칙'이 있기 때문에 역사학과 구별된다는 주장마저 제기되어왔다.[18] 거의 한 세대 전에 카를 만하

---

17) Marx and Engels, *Works*(러시아어 역), xv, p. 378. 지금 인용된 이 구절을 담고 있는 편지는 1877년에 발행된 『조국의 기록(*Otechestvennye Zapiski*)』이라는 러시아 잡지에 실려 있다. 포퍼 교수는 이른바 '역사주의의 가장 중요한 오류', 즉 역사적 경향이나 조류는 '오로지 보편적인 법칙에서만 직접 도출될 수 있다'는 신념을 마르크스와 연관시키고 있는 것 같다(*The Poverty of Historicism*, 1957, pp. 128-129) : 그러나 마르크스가 부정하고자 했던 것은 바로 그런 신념이었다.

18) 포퍼 교수의 견해도 이런 것이라고 생각된다(*The Open Society*, 제2판, 1952, ii, p. 322). 유감스럽게도 그는 사회학적 법칙에 관한 하나의 사례를 이렇게 제시해주고 있다 : '사상의 자유와 사상의 전달의 자유가 법적인 제도에 의해서 그리고 토론의 공개성을 보장해주는 제도에 의해서 효과적으로 보호받는 곳이라면 어디에서든 과학적인

임(1893-1947. 독일의 사회학자)이 예견했고 지금도 상당히 만연해 있는 또 하나의 위험은 사회학을 '일련의 개별적이고 기술적인 사회적 재조정의 문제들로 분해시키고 있는' 그런 위험이다.[19] 사회학은 역사적 사회들을 다루며, 그 사회들 하나하나는 특정한 역사적 내력(來歷)과 조건에 의해서 형성된 특수한 것들이다. 그러나 사례 나열과 분석에 관한 이른바 '기술적인' 문제들에 틀어박힘으로써 일반화와 해석을 피하려고 하는 것은 단지 정지된 사회의 무의식적인 옹호자가 되겠다는 것일 뿐이다. 사회학이 쓸모 있는 연구분야가 되려면, 역사학과 마찬가지로, 특수한 것과 일반적인 것의 관계에 관심을 가져야만 한다. 그러나 사회학은 또한 역동적인—정지하고 있는 사회를 연구하는 것이 아니라 (왜냐하면 그런 사회는 존재하지 않으므로), 사회의 변화와 발전을 연구하는—학문이 되어야만 한다. 그 밖의 점에 관해서는, 역사학이 더욱 사회학적이 될수록 또한 사회학이 더욱 역사학적이 될수록, 양쪽 모두에게 더 나을 것이라는 점만을 말해두겠다. 서로 간의 교류를 위해서 양쪽의 경계를 넓게 펼쳐놓도록 하자.

일반화의 문제는 내가 지적한 두 번째 문제인 역사의 교훈이라는 문제와 밀접하게 연관되어 있다. 일반화의 진정한 핵심은 우리가 그것을 통해서 역사로부터 가르침을 얻고자 한다는 것, 즉 어떤 일련의 사건들에서 이끌어낸 교훈을 다른 일련의 사건들에 적용하고자 한다는 것에 있

진보가 이루어질 것이다.' 이 글은 1942년 아니면 1943년에 쓰였는데, 이런 글을 쓰도록 고무시킨 것은 서구의 민주주의가 그 제도적인 장치 덕분에 계속해서 과학적 진보의 선두에 서게 될 것이라는 신념—나중에 소련에서의 발전 때문에 사라지게 된 혹은 현저하게 약화된 그런 신념—이었음이 분명하다. 그러나 그것은 법칙은커녕 유효한 일반화라고도 할 수 없는 것이었다.

19) K. Mannheim, *Ideology and Utopia* (영역판, 1936), p. 228.

다 : 우리는 일반화를 할 때 의식적으로든 무의식적으로든 그렇게 해보려고 시도하고 있다. 일반화를 거부하면서 역사는 오로지 특수한 것에만 관계한다고 주장하는 사람들은 논리적으로 볼 때 대개 역사에서 무엇인가를 배울 수 있다는 것을 거부하는 사람들이다. 그러나 인간이 역사에서 아무것도 배우지 않는다는 주장은 관찰 가능한 수많은 사실들로 보더라도 옳지 않다. 경험만큼 일반적인 것은 없다. 1919년 나는 파리 강화회의(講和會議)*에 영국 대표단의 젊은 멤버로 참석했다. 대표단원들은 누구나 100년 전에 있었던, 최후의 거창한 유럽 강화회의인 빈회의**에서 교훈들을 얻을 수 있으리라고 믿었다. 당시에 육군성에서 근무한 웹스터 대위라는 사람이, 즉 지금은 저명한 역사가인 찰스 웹스터 경이 한 편의 글을 써서 그 교훈들이 어떤 것인지를 우리에게 알려주었다. 그 교훈들 중에서 두 가지가 내 기억 속에 남아 있다. 하나는 유럽의 지도를 다시 만들 때 민족자결의 원칙을 무시하는 것은 위험하다는 교훈이었다. 다른 하나는 비밀문서들을 휴지통에 던져버리는 것은, 그 내용이 틀림없이 누군가 다른 나라 대표단의 첩보원에 의해서 입수될 것이므로, 위험하다는 교훈이었다. 이러한 역사의 교훈들은 금과옥조처럼 믿어졌고 우리의 행동에 영향을 미쳤다. 지금 말한 것은 최근에 있었던 사소한 사례에 불과하다. 그러나 비교적 먼 시대의 역사에서 그보다도 더욱 먼 과거의 교훈이 미친 영향을 찾아내기란 쉬울 것이다. 누구나 고대 그리스가 로마에 영향을 미쳤다는 것을 알고 있다. 그러나 나는 로마인들이 헬라스***의 역사에서 얻어낸, 또는 얻어냈다고 스스로 생각한 교훈들을 꼼꼼하게 분석하려고 한 역사가가 있는지 잘 알지 못

* 1919년 1월 18일 제1차 세계대전에서 승리한 27개국이 모여 전후문제를 논의한 회의.
** 유럽을 점령했던 나폴레옹이 몰락한 후, 1814-1815에 유럽 각국의 대표들이 유럽의 구(舊)질서의 회복을 위해서 개최한 회의.
*** Hellas : 그리스의 또다른 이름.

한다. 17세기, 18세기, 19세기의 서유럽이 구약성서 시대의 역사로부터 이끌어낸 교훈들을 검토한다면 상당한 성과를 얻을 수 있을 것이다. 그러한 검토 없이 영국의 청교도 혁명은 충분히 이해될 수 없다 ; 그리고 근대 민족주의의 성장에서 선민(選民) 관념이 하나의 중요한 요소였다는 점도 이해될 수 없다. 고전 교육의 각인(刻印)은 19세기 영국의 새로운 지배계급에 깊은 흔적을 남겼다. 내가 이미 말했듯이, 그로트는 아테네를 새로운 민주정의 본보기라고 지적했다 ; 그래서 나는 대영제국 건설자들이 의식적으로든 무의식적으로든 로마 제국의 역사로부터 전해받은 광범위하고 중요한 교훈에 대해서 연구한 것을 보았으면 한다. 나의 전공분야의 경우, 러시아 혁명을 실현시킨 사람들은 프랑스 혁명과 1848년의 혁명들과 1871년의 파리 코뮌*의 교훈에서 깊은 감명을 받았던―사로잡혀 있었던이라고까지 말해도 좋다―것이다. 그러나 이쯤에서 나는 역사의 이중적인 성격이 부여하는 그 능력을 상기시켜야겠다. 역사에서 배운다는 것은 결코 단순한 일방적인 과정이 아니다. 과거에 비추어 현재를 배운다는 것은 또한 현재에 비추어 과거를 배운다는 것을 의미한다. 역사의 기능은 과거와 현재의 상호관계를 통해서 그 두 가지 모두에 대한 보다 깊은 이해를 진전시키는 데에 있다.

내가 지적한 세 번째 논점은 역사에서의 예언의 역할이다 : 그런데 역사란 과학과 달리 미래를 예언할 수 없으므로 역사로부터는 어떠한 교훈도 얻을 수 없다는 말이 있다. 이 문제는 오해투성이로 에워싸여 있다. 우리가 살펴보았듯이, 이제 과학자들은 예전에 그랬던 것만큼 열심히

---

* Paris Commune : 1870년에 시작된 프랑스와 독일의 전쟁 기간 중에 파리 시민들이 독일의 침략과 프랑스 부르주아 정부의 억압에 맞서 건설한 민주주의 정부 혹은 의회를 가리킴. 1871년 3월 18일부터 5월 28일까지 존속했다.

자연의 법칙에 관해서 이야기하지 않는다. 우리의 일상생활에 영향을 주는 이른바 과학의 법칙이란 실제로는 경향에 관한 설명, 즉 여타의 조건들이 동일할 경우에 또는 실험실의 상태에 있을 경우에 무엇이 발생할 것인가에 관한 설명이다. 과학의 법칙은 구체적인 경우에 무엇이 일어날 것인지 예언할 수 있다고 공언하지는 않는다. 중력의 법칙은 저 특정한 사과가 땅에 떨어질 것임을 보증해주지 않는다 : 누군가가 그 사과를 따서 광주리에 넣을 수도 있다. 빛은 직진한다는 광학(光學)의 법칙은 어느 특정한 광선이 어떤 방해물에 의해서도 굴절되거나 흩어지지 않을 것임을 보증해주지 않는다. 그러나 지금 말한 것이 그 법칙들은 가치가 없다거나 원칙적으로 타당하지 않다는 것을 뜻하지는 않는다. 현대 물리학 이론은 사건이 발생할 수 있을 개연성만을 취급한다고들 말한다. 오늘날의 과학에서는 귀납법이 논리적으로 이끌어낼 수 있는 것이란 그저 개연성이나 합리적인 신념일 뿐이라는 점을 잊지 않으려는 경향이 더욱더 증대하고 있으며, 또한 과학상의 성과들을 오직 특수한 작용에서만 그 타당성이 검증될 수 있는 일반적인 규칙이나 지침으로 간주하려는 생각도 더욱더 강해지고 있다. 콩트(1798-1857. 프랑스의 철학자)가 지적하고 있듯이 '과학에서 예견이 나오고, 예견에서 행동이 나오는 것'이다.[20] 역사에서의 예언의 문제에 관한 실마리는 이렇게 일반적인 것과 특수한 것, 보편적인 것과 유일한 것을 구별하는 데에서 찾을 수 있다. 우리가 살펴본 것처럼, 역사가는 일반화를 하지 않을 수 없다 ; 그리고 그렇게 하면서 역사가는, 비록 특정한 예언은 아니더라도, 미래의 행동에 대한 타당하고도 유용한 일반적인 지침을 제공한다. 그러나 그는 특정한 사건들을 예언할 수 없는데, 그 이유는 특정한 것은 유일하기 때문이며 또한 거기에 우연이라는 요소가 개입하기

---

20) *Cours de philosophie positive*, i, p. 51.

때문이다. 이러한 구별은 철학자들에게는 성가시겠지만 보통사람에게는 완전히 명백하다. 만일 한 학교에서 2–3명의 아동이 홍역에 걸린다면, 여러분은 그 유행병이 퍼질 것이라고 추정할 것이다 ; 그리고 여러분이 그것을 예언이라고 부르기로 한다면, 그 예언은 과거의 경험으로부터의 일반화에 근거하는 것이며 타당하고도 유용한 행동의 지침이 된다. 그러나 여러분은 찰스나 메리가 홍역에 걸릴 것이라는 식의 특정한 예언을 할 수는 없다. 역사가가 하는 일도 이와 똑같다. 사람들은 역사가가 다음 달에는 루리타니아*에서 혁명이 발생할 것이라고 예언하기를 기대하지 않는다. 역사가들이 어느 정도는 루리타니아 사회에 관한 특정한 지식으로부터, 어느 정도는 역사연구로부터 이끌어내고자 하는 결론은 루리타니아는 누군가가 촉발시키기라도 한다면 혹은 정부 쪽에서 손을 써서 막아내지 못한다면, 가까운 장래에 혁명이 발생할 것 같은 그런 상태에 있다는 식의 결론이다 ; 그리고 이런 결론은 여러 부문의 주민들이 취하리라고 예상되는 태도에 대한 판단을 동반할 수도 있는데, 그 판단은 어느 정도까지는 다른 혁명과의 비교를 토대로 해서 내려진다. 이런 것을 예언이라고 부를 수 있다면, 그 예언은 개별적인 사건들이 발생해야만 실현될 수 있는데, 하지만 그 개별 사건들 자체가 예언될 수 있는 것은 아니다. 그렇다고 해서 이 말이 역사로부터 이끌어낸 미래에 관한 추론은 가치가 없다거나, 또는 그 추론은 잠정적으로 행동의 지침으로써뿐만 아니라 사건이 어떻게 발생하는지를 이해하게 하는 열쇠로서의 타당성을 지니고 있지 않다는 것을 의미하지는 않는다. 나는 사회과학자와 역사가의 추론이 정확성의 측면에서 자연과학자의 추론에 견줄 만하다고 주장하거나, 그 측면에서 사회과학자나 역

---

* Ruritania : 동화나 사극 따위에서 자주 등장하는 가상의 왕국(A. Hope의 공상 소설 *The Prisoner of Zender*가 그 출전이다).

사가가 뒤떨어지는 이유는 그저 사회과학이 훨씬 더 후진적이기 때문이라고 주장하고 싶지는 않다. 인간은 어디로 보나 우리가 알고 있는 가장 복잡한 자연의 존재물이며, 그래서 당연히 인간의 행위에 대한 연구에는 자연과학자들이 직면하는 어려움과는 다른 종류의 어려움이 포함되어 있다. 내가 확인하고 싶은 것은 사회과학자, 역사가, 자연과학자의 목표와 방법이 근본적으로 다르지 않다는 점일 뿐이다.

내가 지적한 네 번째 문제에서는 역사를 포함하는 사회과학과 자연과학 사이의 구분선을 긋기 위한 훨씬 더 설득력 있는 논법이 동원되고 있다. 그것은 사회과학에서는 주체와 객체가 동일한 범주에 속하며 또한 서로에게 상호작용을 한다는 논법이다. 인간은 자연적 존재물 중에서 가장 복잡하고 변화무쌍할 뿐만 아니라, 다른 종(種)에 속하는 독립적인 관찰자들에 의해서가 아니라 다른 인간들에 의해서 연구되어야만 하는 존재물이기도 하다. 이 때문에 인간은 생물학에서 그러는 것처럼 자신의 신체 구조와 신체적 반응을 연구하는 것으로는 더 이상 만족스러워하지 않는다. 사회학자나 경제학자나 역사가는 의지가 발휘되는 인간 행동의 여러 형태들을 통찰하고, 어째서 자기의 연구대상인 인간들이 그렇게 행동하려고 했는지 알아낼 필요가 있다. 이로부터 역사와 사회과학에 고유한, 관찰하는 사람과 관찰되는 것 사이의 관계가 형성된다. 역사가의 관점은 그가 행하는 모든 관찰에 불가피하게 개입하며, 그래서 역사는 그야말로 상대성으로 가득 차 있다. 카를 만하임의 말대로, '경험을 포괄하고 수집하고 정리하는 범주마저도 관찰자의 사회적 위치에 따라서 달라지는 것이다.'[21] 그러나 사회과학자의 모든 관찰에는 반드시 그의 편견이 개입한다는 것만이 진리는 아니다. 관찰

---

21) K. Mannheim, *Ideology and Utopia* (1936), p. 130.

의 과정이 관찰되고 있는 것에 영향을 미치고 그것을 변화시키기도 한다는 것 또한 진리이다. 게다가 지금 말한 것은 서로 반대되는 방향에서 이루어질 수 있다. 인간의 행동은 분석과 예언의 대상이 되는데, 인간은 자신에게 달갑지 않은 결과들이 예견되면 미리 조심할 수 있고 그에 따라서 자신의 행동을 수정하기도 하므로, 결국 그 예언은 아무리 정확한 분석에 기초하는 것이라고 해도 저절로 오류가 된다. 역사의식이 있는 사람들 사이에서 역사가 거의 반복되지 않는 하나의 이유는 두 번째로 공연할 때의 등장인물들은 첫 번째 공연의 결말을 알고 있고, 따라서 그에 관한 지식이 그들의 행동에 영향을 미치기 때문이다.[22]

볼셰비키[*]는 프랑스 혁명이 결국 나폴레옹이라는 인물에게서 끝장났다는 것을 알았으며, 그래서 자신들의 혁명도 똑같은 방식으로 끝나지나 않을까 두려워했다. 그러므로 그들은 자신의 지도자들 중에서 나폴레옹이라는 인물을 가장 닮은 트로츠키를 불신했고, 나폴레옹이라는 인물을 가장 닮지 않은 스탈린을 신뢰했던 것이다. 그러나 이 과정은 반대의 방향으로 전개될 수 있다. 현재의 경제 상태를 과학적으로 분석함으로써 다가올 호경기나 불경기를 예언하는 경제학자는, 그의 권위가 대단하고 그의 주장에 설득력이 있다면, 예언했다는 사실 바로 그것을 통해서 예언된 현상의 발생에 기여한다. 역사적인 관찰에 근거하여 전제정(專制政)은 단명한다는 신념을 확산시키는 정치학자는 독재자의 몰락에 기여할 수 있다. 누구나 선거에 입후보한 사람들의 행동을 잘 알고 있겠지만, 입후보자들이 승리를 예언하는 것은 그 예언의 실현을 더 가능성 있게 만들려는 의식적인 목적에서 비롯되는 것이다 ; 그

---

22) 필자는 『볼셰비키 혁명, 1917-1923(The Bolshevik Revolution, 1917-1923)』, i, (1950), p. 42에서 이러한 논의를 전개한 적이 있다.

* Bolsheviks : 1898년에 결성된 러시아 사회민주주의노동자당 내에서 레닌이 이끌던 다수파를 가리킨다.

러므로 경제학자들과 정치학자들 그리고 역사가들이 과감하게 예언을 할 경우, 그 예언의 실현을 앞당기려는 무의식적인 소망이 이따금씩 그들을 그렇게 하도록 마음먹게 한 것은 아닐까 하는 생각이 든다. 이러한 복잡한 관계들에 관해서 확실하게 말할 수 있는 것은 그저 관찰자와 관찰되는 것 사이의, 사회과학자와 그의 자료 사이의, 역사가와 그의 사실 사이의 상호작용이 지속적이며 끊임없이 변한다는 점일 뿐이다 ; 또 이것이야말로 역사와 사회과학의 남다른 특징으로 생각된다는 점일 뿐이다.

아마도 여기에서 나는 최근에 일부 물리학자들이 자연계와 역사가의 세계 사이에는 더욱 두드러진 유사성이 있다는 것을 시사하는 듯한 용어들로 자신들의 학문에 관해서 이야기하고 있다는 점을 지적해야 할 것 같다. 첫째, 그들의 연구결과에는 불확실성(uncertainty) 또는 불확정성(indeterminacy)의 원리가 포함되어 있다고들 말한다. 역사에서의 이른바 결정론(determinism)의 성격과 한계에 관해서는 다음번 강연에서 이야기하겠다. 그러나 현대 물리학에서 말하는 불확정성이 우주의 성질에 내재하는 것인지 아니면 단지 우주의 성질에 대한 지금까지의 우리의 이해가 불완전하다는 것을 가리키는 하나의 징표인지 모르겠으나 (이 문제는 여전히 논쟁 중에 있다), 몇 년 전에 일부 광신자들이 우주 안에 자유의지가 작용하고 있다는 증거들을 불확정성의 원리에서 찾아보려고 한 시도에 대해서 누구나 의심했듯이, 나는 그 불확정성에서 우리의 역사 예언능력과의 의미 있는 유사성을 찾으려는 것에 대해서 똑같이 의심하지 않을 수 없다. 둘째, 현대 물리학에서는 공산상의 거리와 시간의 흐름을 재는 척도가 '관찰자'의 움직임에 좌우된다고들 말한다. 현대 물리학에서는 '관찰자'와 관찰대상 사이에 어떤 고정적인 관계를 확립하는 것이 불가능하므로 모든 측정이 원래부터 유동적일 수밖

에 없다 ; '관찰자'와 관찰되는 것 양쪽—주체와 객체 양쪽—모두가 최
종적인 관찰결과에 개입하는 것이다. 이러한 설명은 아주 조금만 바꾸
어놓더라도 역사가와 그의 대상의 관계에 대해서 적용될 수 있겠지만,
그러나 나로서는 그 관계의 본질이 얼마간 진정한 의미에서 물리학자
와 그의 우주와의 관계의 성격과 비슷하다는 것에 대해서는 납득할 수
가 없다 ; 원칙적으로 나는 역사가의 연구방법과 과학자의 연구방법을
갈라놓고 있는 그 차이들을 넓히기보다는 좁히기를 바라고 있지만, 그
렇더라도 불완전한 유사성에 의존하여 이 차이들을 감쪽같이 감추려고
하는 것은 도움이 되지 않을 것이다.

사회과학자나 역사가가 자신의 연구대상에 연루되는 것은 자연과
학자가 연루되는 것과는 종류가 다르며 주체와 객체의 관계가 제기하
는 문제들도 훨씬 더 복잡하다고 말하는 것은 온당하다고 생각하지
만, 그러나 그렇게 말한다고 해서 문제가 끝나는 것은 아니다. 17세기
와 18세기 그리고 19세기 내내 지배적이었던 고전적인 인식론들은 모두
인식하는 주체와 인식되는 객체라는 뚜렷한 이분법을 전제했다. 철학
자들이 구성한 모델은 인식의 과정이야 어떻든지 간에, 주체와 객체, 그
리고 인간과 외부세계가 분리되어 있다는 것을 보여주었다. 당시는 과
학이 탄생하여 발전했던 위대한 시대였다 ; 따라서 인식론은 과학의 선
구자들의 견해로부터 강한 영향을 받았다. 인간은 분명하게 외부세계
의 반대편에 놓였다. 인간은 다루기 힘들고 장차 적대적일 수 있는—이
해하기 어렵기 때문에 다루기 힘들고, 정복하기 어렵기 때문에 장차 적
대적일 수 있는—어떤 것과 싸우듯이, 외부세계와 싸웠다. 이러한 견
해는 현대 과학의 성공에 힘입어 근본적으로 수정되었다. 오늘날 과학
자는 대체로 자연의 힘을 맞서 싸워야 할 어떤 것으로 생각하기보다는
협력해야 할, 그리고 자신의 목적에 이용해야 할 어떤 것으로 생각하는

것 같다. 이제 고전적인 인식론은 보다 새로워진 과학, 그중에서도 특히 물리학에는 적합하지 않다. 지난 50년 동안 철학자들이 그 인식론에 의문을 제기하기 시작하여, 인식과정은 주체와 객체를 뚜렷하게 분리시키는 과정이 아니라 그것들의 상호관계와 상호의존을 일정한 정도까지 포함하는 과정이라고 인정하기 시작한 것은 놀라운 일이 아니다. 그러나 이것은 사회과학에 대해서는 대단히 중요하다. 나는 맨 처음의 강연에서 역사연구는 전통적인 경험주의의 인식론과는 조화되기 힘들다고 주장했다. 이제 나는 사회과학 전체는 주체이면서 동시에 객체인, 검사자이면서 동시에 검사대상인 인간과 관계하므로, 주체와 객체의 엄격한 분리를 선언하는 어떤 인식론과도 양립할 수 없다고 주장하고 싶다. 사회학이 일관된 학설체계로서 자립하고자 노력하는 가운데 지식사회학(sociology of knowledge)이라고 불리는 한 분야를 설정한 것은 지극히 당연한 일이었다. 그러나 그 분야는 아직은 그렇게까지 발전하지는 않았다―그 주된 이유는 그것이 전통적인 인식론의 울타리 안에서 맴도는 데에 만족했기 때문이 아닌가 생각된다. 만일 철학자들이 현대 물리학의 충격을 받아서 그리고 오늘날에는 현대 사회과학의 충격을 받아서 그 울타리를 뚫고 나와 수동적인 의식에 관찰자료가 충격을 가한다는 식의 낡아빠진 당구공 모델이 아니라 그보다 훨씬 더 현대적인 인식과정 모델을 구축하기 시작하고 있다면, 이는 사회과학에 대해서 그리고 특히 역사에 대해서 좋은 조짐이다. 이것은 상당히 중요한 문제이므로, 나중에 역사에서의 객관성이란 무엇을 의미하는가를 고찰하게 될 때에 다시 그 문제로 되돌아가겠다.

마지막으로, 그렇다고 해서 가장 소홀하지는 않게 논의해야만 하는 것은 역사는 종교와 도덕의 문제에 밀접하게 연관되어 있기 때문에 과학

일반과는 구별되며 심지어는 다른 사회과학과도 구별될지도 모른다는 견해이다. 역사와 종교의 관계에 대해서는 나 자신의 입장을 밝히는 데에 필요한 만큼만 조금 이야기하겠다. 진지한 천문학자가 된다는 것과 우주를 창조하고 정돈한 어떤 신을 믿는다는 것은 양립할 수 있다. 그러나 그것은 제멋대로 행성의 경로를 변경시키고, 일식이나 월식을 지연시키려고, 우주의 운동규칙을 바꾸려고 끼어드는 어떤 신을 믿는다는 것과는 양립할 수 없다. 이와 마찬가지로, 때때로 언급되고 있는 것처럼, 진지한 역사가라면 역사 전체의 경로를 지시하고 거기에 의미를 부여한 어떤 신은 믿을 수 있지만, 구약성서에 나오는 것처럼 아말렉인들(Amalekites)을 학살하는 데에 개입하거나 여호수아의 군대를 위해서 낮시간을 늘임으로써 날짜를 속이는 그런 부류의 신을 믿을 수는 없다. 혹은 개개의 역사적 사건을 설명하기 위해서 신을 불러낼 수도 없다. 다시 신부(1888-1976. 영국의 가톨릭 신학자)는 최근의 어떤 책에서 이렇게 구별하려고 했다.

어떤 연구자든 그것은 신의 뜻이었다고 말함으로써 역사의 모든 문제에 대답하려고 해서는 안 된다. 현세의 사건들과 인간의 드라마를 최대한 말끔하게 정돈한 후에야 비로소 더 폭넓게 성찰하는 것이 허용된다.[23]

이러한 견해를 받아들이기 어려운 것은, 그 견해가 종교를 도저히 다른 방법으로는 불가능한 진짜 중요한 속임수를 쓰기 위해서 남겨둔 트럼프 카드의 조커처럼 취급하고 있다고 생각되기 때문이다. 신의 역사

---

23) M. C. D'Arcy, *The Sence of History : Secular and Sacred* (1959), p. 164. 그에 앞서 다음과 같이 말한 인물은 폴리비우스였다. '발생하고 있는 것의 원인을 찾아낼 수 있는 경우라면, 절대로 신에게 의지해서는 안 된다'(K. von Fritz, *The Theory of the Mixed Constitution in Antiquity*, N.Y., 1954, p. 390에서 인용).

와 세속의 역사의 완전한 분리를 선언하고, 후자를 세속권력에 넘겨주었던 루터파 신학자 카를 바르트(1886-1968. 스위스 신학자)가 차라리 더 낫다고 할 수 있다. 내가 이해하는 바로는, 버터필드 교수도 이와 똑같은 의미로 '기술적인(technical)' 역사를 이야기하고 있다. 기술적인 역사란 여러분이나 내가 언제나 쓸 수 있을 것 같은, 혹은 버터필드 자신이 늘 써온 유일한 종류의 역사이다. 그러나 그는 이 특별난 명칭을 사용함으로써 일종의 비법(秘法)의 역사 혹은 섭리의 역사를 믿을 권리를 남겨두는데, 우리로서는 거기에 관심을 가질 필요는 없다. 베르댜예프(1874-1948. 러시아의 반공주의 종교철학자), 니부어(1892-1971. 미국의 목사, 신학자) 그리고 마리탱(1882-1973. 프랑스의 철학자)과 같은 저자들은, 역사의 자율적인 지위를 옹호하려는 의도에서이기는 하지만, 역사의 목적이나 목표가 역사 밖에 있다고 주장한다. 나는 개인적으로 역사의 완결성은 역사의 의미와 중요성을 좌우하는 어떤 초역사적인 힘—그 힘이 선택받은 사람들의 신이건, 기독교의 신이건, 이신론자(理神論者)들의 보이지 않는 손이건, 아니면 헤겔의 세계정신이건 간에—에 대한 신념과 조화되기 어렵다고 본다. 나는 이 강연의 목적을 위해서라도 역사가는 그와 같은 신의 힘(deus ex machina)에 전혀 의존하지 않고 자신의 문제를 해결해야만 한다는 것을, 역사란 말하자면 조커 카드가 없는 트럼프 게임과 같다는 것을 전제하고자 한다.

역사와 도덕의 관계는 더욱 복잡하며, 그것에 관한 과거의 논의들도 몇 가지 애매모호한 문제들로부터 벗어나지 못했다. 역사가는 자기 이야기 속의 수인공들의 사생활에 대해서 노덕석 판난을 내리시 않아노 된다고 주장하는 것은 오늘날 거의 불필요하다. 역사가와 도덕가의 입장은 똑같은 것이 아니다. 헨리 8세는 나쁜 남편이면서도 훌륭한 왕이었을지 모른다. 그러나 역사가는 그의 남편으로서의 자격이 역사적 사건에 영향을 미친 한에서만 남편으로서의 헨리 8세에게 관심을 가진다. 만일 그의 부도덕한 행위가 헨리 2세의 경우에서처럼 공적인 일에 대해서 눈에 띌 만한 영향을 거의 주지 않았다면, 역사가는 그 행위에 관해서 신경 쓸 필요가 없을 것이다. 이것은 악행에 대해서뿐만 아니라 덕행에 대해서도 마찬가지이다. 파스퇴르와 아인슈타인은 사생활에서는 성스럽다고까지 할 만큼 모범적인 인물이었다고 한다. 그러나 그들이 불성실한 남편, 잔혹한 아버지, 파렴치한 동료였다고 가정한들, 그들의 역사적 업적이 조금이라도 폄하될 것인가? 그러므로 역사가가 우선 관심을 두어야 하는 것은 그들의 업적이다. 스탈린은 두 번째 부인에게 잔인하고 냉담했다고 한다 ; 그러나 나는 소련 문제를 연구하는 한 사람의 역사가로서 거기에 큰 관심을 두었다고는 생각하지 않는다. 이 말은 개인적인 도덕성이 중요하지 않다거나 도덕의 역사는 역사의 정통에 속하지 않는다는 뜻이 아니다. 그런 것이 아니라, 역사가는 자신의 책에 등장하는 개인의 사생활에 대해서 도덕적인 판단을 내리기 위해서 옆길로 새지 않는다는 뜻이다. 역사가가 해야 할 일은 다른 것이다.

더 심각한 애매모호함은 공적인 행위에 대한 도덕적 판단이라는 문제를 둘러싸고 나타난다. 역사가가 자신의 주인공에 대해서 도덕적인 판단을 내려야 할 의무가 있다는 신념은 오랜 연원을 가지고 있다. 그러나 그 신념은 19세기의 영국에서 가장 강력했는데, 그때에는 그 시대의 도덕주의적인 경향과 개인주의에 대한 무조건적인 숭배가 다같이 그 신념을 강화시켰던 것이다. 로즈버리(1847-1929. 영국의 정치가)는 영국인이 나폴레옹에 관해서 알고 싶어한 것은 그가 '좋은 사람'이었는가 아니었는가 하는 점이었다고 말했다.[24] 액턴은 크레이턴(1843-1901. 영국의 역사가)에게 보낸 편지에서 '도덕적 규범의 불변성이야말로 역

---

24) Rosebery, *Napoleon : The Last Phase*, p. 364.

사의 권위와 위엄과 유용성의 비밀'이라고 하면서, 역사를 '분쟁의 중재자, 길 잃은 자의 안내자, 세속권력은 물론이고 종교적 권력마저도 끊임없이 억누르고 싶어하는 저 도덕적 규준의 지지자'로 만들어야 한다고 주장했다[25]—이는 역사적 사실들의 객관성과 우월성에 대한 액턴의 거의 신비스럽기까지 한 신념에 기초하고 있는 견해로서, 그것은 역사가에게 일종의 초역사적 힘으로서의 대문자 역사(History)의 이름으로 역사적 사건에 참여하는 개인들에 대해서 도덕적 판단을 내릴 것을 요구하는 그리고 역사가에게 그렇게 할 자격을 부여하고 있는 그런 견해임이 분명하다. 이러한 태도는 예상치 못한 형태로 아직까지도 이따금씩 다시 나타나고 있다. 토인비 교수는 1935년의 무솔리니의 아비시니아(Abyssinia, 에티오피아의 옛 이름) 침공을 '계획된 개인적인 범죄'라고 말했다[26] ; 또한 이사야 벌린 경도 이미 인용한 바 있는 글에서 '샤를마뉴, 나폴레옹, 칭기즈칸, 히틀러, 스탈린 등을 대량학살자들로 심판하는 것'이 역사가의 의무라고 아주 맹렬히 주장하고 있다.[27] 이런 견해를 충분히 논박한 것은 놀즈(1896-1974. 영국의 역사가) 교수였는데, 그는 교수 취임강연에서 모틀리(1814-1877. 미국의 역사가)의 필리프 2세

---

25) Acton, *Historical Essays and Studies* (1907), p. 505.

26) *Survey of International Affairs*, (1935), ii, 3.

27) I. Berlin, *Historical Inevitability*, pp. 76~77. 이사야 경의 입장은 19세기의 완고한 보수주의 법률가 피츠제임스 스티븐의 다음과 같은 견해를 떠올리게 한다. '따라서 형법은 범죄자들을 증오하는 것이 도덕적으로 정당하다는 원칙에 의거하여 적용된다.…… 범죄자들이 증오를 받아야만 한다는 것, 그리고 그들에게 가해지는 처벌은, 건강한 자연감정을 표현해주고 만족시켜주는 수단에 관한 공적(公的)인 법규정이 그 증오를 정당화하고 장려하는 한, 그 증오를 표현하고 또한 정당화할 수 있도록 고안되어야만 한다는 것은 매우 바람직한 일이다'(*A History of the Criminal Law of England*, 1883, ii, pp. 81~82. L. Radzinowicz, *Sir James Fitzjames Stephen*, 1957, p. 30에서 인용). 이런 견해는 범죄학자들에게서 더 이상 폭넓은 지지를 받지 못하고 있다. 그러나 여기에서 내가 그 견해들을 받아들일 수 없는 이유는, 그것들이 다른 분야에서는 어떠한 유효성이 있는지 몰라도, 역사의 판단에는 적용될 수 없다는 점 때문이다.

(프랑스의 왕, 재위기간 1180-1223)에 대한 비난('만일 그에게도 벗어날 수 있는······악이 있다면, 인간의 본성이 완전한 악에 도달하는 것까지는 허락하지 않기 때문이다')과 스텁스(1825-1901. 영국의 역사가)의 존왕에 대한 묘사('인간이라는 것을 부끄럽게 할 모든 범죄로 얼룩진')를 개인에 대한 도덕적 판단의 사례들로 인용하면서 역사가의 발언권에는 포함되지 않는 것으로 보았다 : '역사가는 재판관이 아니며, 더구나 교수형을 내리기 좋아하는 재판관은 아니다'라는 것이다.[28] 그러나 크로체도 이 문제에 관해서는 내가 인용하고 싶은 훌륭한 글을 남기고 있다:

> 그 고발은, 우리의 법정(사법적인 것이건 도덕적인 것이건)이 살아서 활동하고 있는 위험한 인간들을 상대로 설치한 현재의 법정이라는 것, 그리고 그 밖의 다른 위험한 인물들은 이미 그들의 시대의 법정 앞에 세워졌기 때문에 두 번씩 유죄판결을 받거나 용서받을 수 없다는 것, 이 둘의 커다란 차이를 잊고 있다. 어떤 법정이든 간에 그 앞에 서야 할 책임을 그들에게 지울 수 없는 이유는 그들이 과거의 판사들에게 배당되는 과거의 인물들이라는 것, 그렇기 때문에 오직 역사의 신민들일 뿐이라는 것, 따라서 그들은 그들의 행위의 참뜻을 통찰하고 이해하는 판결 이외의 다른 판결을 받지 않는다는 것 때문이다.······역사를 쓴다는 구실로 재판관처럼 부산을 떨면서 여기에서는 유죄판결을 내리고 저기에서는 용서를 해주는 사람들, 그런 것이 역사의 직무라고 생각하기 때문에 그렇게 하는 사람들은······일반적으로 역사감각이 없는 자들이라고 인정된다.[29]

그런데 만일 누군가가 히틀러나 스탈린―혹은 여러분들이 좋다면 매

---

28) D. Knowles, *The Historian and Character* (1955), pp. 4-5, 12, 19.
29) B. Croce, *History as the Story of Liberty* (영역판, 1941), p. 47.

카시 상원의원—에 대해서 도덕적 판단을 내리는 것은 우리가 할 일이 아니라는 주장에 트집을 잡는다면, 그 이유는 그 인물들이 우리들 중의 많은 사람들과 동시대인이기 때문이며, 그들의 행위로부터 직접적으로든 간접적으로든 고통을 받은 수십만 명이 아직도 살아 있기 때문이며, 또한 바로 이런 이유들 때문에 우리가 역사가의 자격으로 그들에게 접근하는 것이 어렵고 게다가 그들의 행위에 대한 판단을 내리는 것을 정당화시켜줄 다른 자격들을 포기하기도 어렵기 때문이다 : 이것이 오늘날의 역사가가 처해 있는 하나의 곤경—나로서는 주요한 곤경이라고 말하고 싶지만—인 것이다. 그러나 누군가가 오늘날 샤를마뉴나 나폴레옹의 죄를 고발한들 누가 어떤 이득을 보겠는가?

  그러므로 역사가는 교수형을 내리기 좋아하는 재판관이라는 생각일랑 버리고, 개인에 대해서가 아니라 과거의 사건이나 제도나 정책에 대해서 도덕적 판단을 내린다고 하는, 더욱 어렵지만 더욱 유용한 문제로 눈을 돌려보도록 하자. 그런 판단이 역사가의 중요한 판단이다 ; 그렇기 때문에 개인에 대해서 도덕적인 유죄를 매우 열렬히 주장하는 사람들은 때로는 무의식적으로 집단과 사회 전체에 대해서 면죄부를 주고 있는 것이다. 프랑스 역사가 르페브르(1874-1959)는 프랑스 혁명이 나폴레옹 전쟁의 참화와 유혈과 무관함을 증명하기 위해서 그 참화와 유혈이 '화해와 타협을 쉽게 받아들일 수 없는……기질을 가진……한 장군의 독재'에서 비롯되었다고 보았다.[30] 오늘날 독일인들이 히틀러의 개인적인 사악함에 대한 비난을 환영하는 것은 그 비난이 히틀러를 낳은 사회에 대한 역사가의 도덕적 판단을 만족스럽게 대체하기 때문이다. 러시아인, 영국인, 미국인들은 스탈린, 네빌 체임벌린(1869-1940. 제2차 세계대전 발발 당시 영국의 수상으로서 히틀러의 침략정책을 방조

---

30) *Peuples et civilisations*, vol. xiv : *Napoléon*, p. 58.

했음), 매카시 등의 개인을 공격하는 일에 기꺼이 가담함으로써 이들을 자신들이 저지른 집단적 범죄의 희생양으로 삼고 있다. 뿐만 아니라, 개인을 찬양하는 도덕적 판단도 개인에 대한 도덕적인 비난만큼이나 그릇되고 해로운 것일 수 있다. 일부 노예 소유주들이 개인적으로는 고결한 사람들이었다고 인정하는 일은 노예제를 비도덕적인 것이라고 힐난하지 않기 위한 변명 거리로 끊임없이 이용되었다. 막스 베버는 '자본주의 때문에 노동자나 채무자들이 빠져들고 있는 주인 없는 노예제'를 말하면서, 역사가는 그 제도에 대해서 도덕적 판단을 내려야지 제도를 만든 개인들에 대해서 도덕적 판단을 내려서는 안 된다고 지당한 주장을 하고 있다.[31] 역사가는 동양의 전제군주 개인에 대한 판단에는 가담하지 않는다. 그러나 이를테면 동양의 전제주의와 페리클레스 시대의 아테네의 제도 사이에서 무관심하거나 공평무사한 태도를 가져서는 안 된다. 역사가는 노예 소유주 개인에 대해서는 판단을 내리지 않을 것이다. 그러나 이것이 노예 소유제 사회를 비난하는 것을 방해하지는 않는다. 우리가 살펴보았듯이, 역사적 사실은 상당한 정도로까지 해석을 전제로 한다 ; 그리고 역사적 해석은 항상 도덕적 판단—또는, 더 중립적인 어감의 용어가 좋겠다면, 가치판단—을 포함하는 것이다.

그러나 지금까지 말한 것은 우리의 어려움이 시작되었음을 보여줄 뿐이다. 역사란 투쟁의 과정이며 그 과정 속에서의 결과는, 우리가 그것을 좋다고 판단하건 나쁘다고 판단하건, 직접적으로 또는 간접적으로— 그러나 간접적인 경우보다는 직접적인 경우가 더 많은데—다른 집단들을 희생시킨 어떤 집단들이 성취한다. 패배자들은 대가를 치른다. 재난은 역사에 고유한 것이다. 역사의 모든 위대한 시대에는 그 시대의 승리자뿐만 아니라 희생자도 있다. 이것은 굉장히 복잡한 문제인데, 왜냐하

31) *From Max Weber : Essays in Sociology* (1947), p. 58에서 인용.

면 우리에게는 어떤 이들의 보다 큰 행복을 타인의 희생과 견주어볼 수 있게 하는 척도가 없기 때문이다 : 그러나 어느 정도 그런 식의 비교 검토는 있어야 한다. 이는 오로지 역사의 문제만은 아니다. 일상생활에서 우리는 때때로 인정하고 싶어하는 경우보다 더 자주 더 작은 악을 선택하는 일에, 혹은 어쩌면 선을 낳을지도 모를 악을 행해야 하는 일에 불가피하게 말려들고 있다. 역사에서는 이 문제가 '진보의 비용'이라든가 '혁명의 대가'라는 특별한 제목 아래 종종 토의되고 있다. 이것은 잘못이다. 베이컨이 『혁신론(On Innovations)』이라는 논설집에서 말하고 있듯이, '인습의 완강한 유지는 혁신만큼이나 난폭한 것이다.' 특권이 없는 사람들이 치러야 할 보수(保守)의 비용은 특권을 빼앗긴 자들이 치러야 할 혁신의 비용만큼이나 크다. 누군가의 행복은 다른 누군가의 재난을 정당화한다는 명제는 모든 통치형태에 잠재하고 있으며, 그래서 그것은 급진적인 것만큼이나 보수적인 교리이다. 존슨(1709-1784. 영국의 문학가) 박사는 더 작은 악이라는 논거를 거침없이 내세워 현존하는 불평등의 존속을 정당화했다.

　보편적인 평등 상태에서는 아무도 행복하지 않을 터이므로, 그것보다는 누군가가 불행한 것이 더 낫다.[32]

그러나 이 문제가 가장 극적인 형태로 나타나는 때는 급격한 변화의

---

32) Boswell, *Life of Doctor Johnson*, 1776(Everyman 편, ii, p.20). 이 글은 솔직하다는 장점이 있다 ; 부르크하르트는 (*Judgements on History and Historians*, p. 85에서) '대체로 자신의 소유물(parta tueri) 이외의 것을 원하지 않았던' 진보의 희생자들의 '묵살 당한 신음소리'에 대해서는 눈물을 흘리고 있지만, 대체로 보존할 것이라고는 아무것도 없었던 구체제(ancien régime : 프랑스 혁명 이전의 봉건체제)의 희생자들의 신음소리에 대해서는 그답게 묵살하고 있다.

시기이다. 우리가 이 문제에 대한 역사가의 태도를 가장 쉽게 연구할 수 있다는 것을 알게 해주는 것도 그 시기이다.

이를테면 1780년 무렵과 1870년 무렵 사이의 영국의 공업화에 관해서 이야기해보자. 실제로 역사가라면 누구나 산업혁명을 아마도 이론의 여지없이 위대하고 진보적인 하나의 업적으로 취급할 것이다. 역사가는 또한 도시로부터의 농민 추방, 더러운 공장과 불결한 거주지로의 노동자들의 집결, 아동 노동의 착취 등을 이야기할 것이다. 짐작컨대 그는 산업혁명 체제의 작용에서 폐해가 발생했다고, 또한 어떤 고용주들은 다른 고용주들보다 더 잔인했다고 말할 것이며, 일단 그 체제가 확립된 이후에는 인도주의적인 양심이라고 할 수 있는 것이 점차 성장했음을 자못 감동적으로 강조할 것이다. 그러나 그는, 다시 한번 짐작컨대 말로 나타내지는 않겠지만, 강제와 착취의 수단들이 적어도 그 최초의 단계에서는 공업화 비용의 불가피한 일부였다고 생각할 것이다. 또한 나는 그 비용이라는 관점에서 볼 때 진보의 손을 붙들어매어 공업화하지 않은 편이 더 나았을 것이라고 말한 역사가가 있다는 소리를 결코 들어본 적이 없다 ; 그런 역사가가 있다면 그는 틀림없이 체스터턴(1874–1936. 영국의 작가, 평론가)과 벨록(1870–1953. 영국의 역사가, 작가)의 학파에 속하는 사람일 것이고, 따라서 진정한 역사가들은—아주 지당하게도—그들을 제대로 상대해주지 않을 것이다. 이러한 사례는 나에게는 특별히 흥미로운데, 왜냐하면 나는 머지않아 나의 소련사 연구에서 농민의 집단화 문제를 공업화 비용의 일부로 다룰 생각이기 때문이다 ; 그런데 내가 만일 영국 산업혁명사가들의 전례에 따라 집단화의 잔인성과 해악을 개탄하면서도 그 집단화 과정을 바람직하고도 필요한 공업화 정책에 뒤따르는 비용의 불가피한 일부로 간주한다면, 나는 냉소적이라는 비난을 그리고 나쁜 짓도 너그럽게 봐준다는 비난을 받게 될 것이다. 역사가들은 19세기 서구 국가들에 의한 아시아와 아프리카의 식민화를 용서하면서, 그 근거로 그것이 세계경제에 미친 직접적인 영향뿐만 아니라 그것이 그 두 대륙의 후진국민들에게 가져다준 장기적인 결과를 들먹이고 있다. 결국 근대 인도는 영국의 지배가 낳은 자식이라는 것이다 ; 그리고 근대 중국은 19세기 서구 제국주의의 산물이며 거기에는 러시아 혁명의 영향도 섞여 있다는 것이다. 중국 혁명이 어떤 영광이나 이익을 가져다주었든지 간에, 그것을 누릴 수 있을 만큼 오래 살아남았던 사람들은 불행하게도 서양인이 소유한 개항장(開港場)의 공장에서 또는 남아프리카의 광산에서 또는 제1차 세계대전의 서부전선에서 일했던 중국인 노동자들이 아니었다. 비용을 지불하는 사람들이 이익을 거두어들이는 경우는 거의 없다. 저 유명한 엥겔스의 화려한 글은 기분 나쁠 만큼 적절하다 :

　역사는 모든 여신들 중에서도 아마 가장 잔인한 여신일 터이니, 그녀는 전쟁의 시기뿐만 아니라 '평화로운' 경제 발전의 시기에도 시체 더미 위로 승리의 전차를 몰아댄다. 그런데 불행하게도 우리 인간은 너무나 어리석은 나머지 거의 견디기 어려울 만큼의 고통을 당하여 내몰리지 않는 한 진정한 진보를 위해서 용기를 내지 않는다.[33]

이반 카라마조프*가 보여준 유명한 저항의 제스처는 일종의 과감한 오류라고 할 수 있다. 우리는 사회 속에서 태어나고 역사 속에서 태어난다. 우리가 그것을 받아들이거나 거부할 수 있는 선택권이 있는 입장

---

33) 1893년 2월 24일자, 다니엘슨(Danielson)에게 보낸 편지. *Karl Marx and Friedrich Engels : Correspondence 1846-95* (1934), p. 510.
* 도스토옙스키의 소설 『카라마조프 가(家)의 형제들』의 주인공.

권을 제공받는 경우란 결코 없다. 역사가는 고통의 문제에 대해서 신학자 이상으로 결정적인 해답을 가지고 있지 않다. 그 역시 더 작은 악과 더 큰 선이라는 명제에 의지한다.

그러나 과학자와 달리 역사가는 그가 다루는 자료의 성격 때문에 이러한 도덕적 판단의 문제들에 빠져들게 된다는 그 사실은 역사가 어떤 초역사적인 가치기준에 예속된다는 것을 의미하지 않을까? 나는 그렇다고 생각하지 않는다. '선'이나 '악'과 같은 추상적인 개념들이, 더구나 거기에서 더 복잡하게 발전한 개념들이 역사의 영역 밖에 있다고 가정해보자. 그러나 그렇게 가정하더라도 그 추상적 개념들은 자연과학에서 수학 공식이나 논리식이 수행하는 역할과 똑같은 역할을 역사의 도덕성에 관한 연구에서 수행한다. 그것들은 사유하는 데에 꼭 필요한 범주들이다 ; 그러나 그것들은 특정한 내용으로 채워지기 전까지는 전혀 의미가 없거나 응용될 수 없다. 달리 비유하기를 원한다면, 우리가 역사나 일상생활에 적용하는 도덕적 교훈들은 은행의 수표와 같다고도 할 수 있다 : 거기에는 인쇄된 부분과 써넣을 부분이 있다. 인쇄된 부분에는 자유와 평등, 정의와 민주주의 같은 추상적인 단어들이 있다. 이 단어들은 필수적인 범주들이다. 그러나 우리가 누구에게 얼마나 많은 자유를 배당하려고 하는가, 우리가 누구를 우리와 동등한 사람들로 인정하며, 어느 정도까지 인정하는가 등을 말해주는 또다른 부분을 채워넣을 때까지, 그 수표는 아무런 가치도 없다. 우리가 때때로 수표에 기재하는 방식이야말로 역사에 관한 문제이다. 추상적인 도덕적 개념에 특정한 역사적 내용이 담겨지는 그 과정은 하나의 역사적 과정이다 ; 실제로 우리의 도덕적 판단은 그 자체가 역사의 산물인 어떤 개념적 틀 안에서 내려진다. 오늘날 도덕적인 문제들에 관한 국제적인 논쟁이 선호하는 형식은 자유와 민주주의에 대한 일종의 청구권 다툼이다. 개념들은 추상적이며 보편적이다. 그러나 그것들에 담기는 내용은 역사가 흐르는 동안 시간과 장소에 따라서 내내 변해왔다 ; 따라서 그것의 적용에 관한 모든 실제적인 문제는 오로지 역사적 조건 속에서만 이해될 수 있고 논의될 수 있다. 그다지 평이하지 않은 사례이지만, 경제정책의 타당성을 검증하고 판단할 수 있는 객관적이고도 이론의 여지가 없는 기준으로서 '경제적 합리성(economic rationality)'이라는 개념을 이용해보려는 시도가 있어왔다. 그 시도는 이내 실패하고 만다. 고전경제학의 법칙들 위에서 성장한 이론가들은 원칙적으로 계획이란 합리적인 경제과정에 대한 비합리적인 침범이라고 비난한다 ; 예를 들면, 계획의 입안자들은 그들의 가격정책에서 공급과 수요의 법칙을 따르지 않으려고 하고, 따라서 계획 아래에서는 가격이 합리적인 근거를 가질 수 없다는 것이다. 물론 계획의 입안자들이 자주 비합리적으로, 따라서 어리석게 행동한다는 것은 사실일 수도 있다. 그러나 그들에 대한 판단기준이 고전경제학의 낡은 '경제적 합리성'일 수는 없다. 개인적으로 나는, 본질적으로 비합리적이었던 것은 통제되지 않고 조직되지 않은 자유방임경제였다는, 계획이란 경제과정에 '경제적 합리성'을 도입하려는 시도라는 그 반대편의 주장에 더 공감하고 있다. 그러나 내가 바로 여기에서 지적하고자 하는 단 한 가지 논점은 역사적 행위를 판단하게 해줄 수 있는 추상적이고 초역사적인 기준을 세우는 일은 불가능하다는 점이다. 틀림없이 양쪽 모두가 자신들이 생각하는 역사적 조건과 열망에 알맞은 특정한 내용을 그 같은 기준으로 삼을 것이기 때문이다.

　이것은 초역사적 기준이나 잣대―그 기준이 신학자들이 신봉하는 어떤 신성한 권위에서 나온 것이건, 아니면 계몽주의 철학자들이 신봉하는 정적(靜的)인 이성(理性)이나 자연에서 나온 것이건―를 세워놓고는 그것에 비추어 역사적 사건이나 상황에 대해서 판단하려는 사람들에 대한 실제적인 고발이다. 기준을 적용하는 데에 부족한 점이 있다든가 기준 자체에 결함이 있다는 말은 아니다. 그러한 기준을 세우려는 시도가 비역사적이며 역사의 본질 바로 그것과 모순된다는 말이다. 그 시도는 역사가가 직업상 끊임없이 제기할 수밖에 없는 문제들에 대해서 독단적인 답변을 제공한다 : 그 문제들에 대한 답변을 미리 받아들이는 역사가는 눈을 가린 채 일하려고 하는 것이며 자신의 직무를 포기하는 것이다. 역사란 운동이다 ; 그리고 운동은 비교를 의미한다. 역사가들이 '선'이나 '악'처럼 타협이 불가능한 적대적인 용어보다는 '진보적'이라거나 '반동적'이라는 말과 같이 비교할 수 있는 성질의 용어로 자신들의 도덕적인 판단을 표현하려고 하는 것은 그 때문이다 ; 그런 식의 판단은 상이한 사회나 역사적 현상을 어떤 절대적 기준과의 연관 속에서가 아니라 서로 간의 연관 속에서 규정하려는 시도인 것이다. 게다가 절대적이고 역사 외적(extra-historical)이라고 생각되는 가치들을 검토할 때, 우리는 그것들도 역시 실제로는 역사에 뿌리를 두고 있음을 알게 된다. 일정한 시간에 혹은 일정한 장소에서 특정한 가치나 이상이 출현하는 것은 장소와 시간의 역사적 조건들로 설명할 수 있다. 평등, 자유, 정의, 자연법 등과 같이 절대적이라고 추정되는 것들의 실제적인 내용은 시대 혹은 지역에 따라서 변한다. 모든 집단은 그 자신만의 가치가 있으며, 그 가치는 역사에 뿌리를 두고 있다. 모든 집단은 낯설고 거북스런 가치의 침입에 맞서 스스로를 보호하며, 그런 가치에 대해서 부르주아적이고 자본주의적이라는, 또는 비민주적이고 전체주의적이라는, 아니면 더욱 유치하게는 비영국적이고 비미국적이라는 무례한 형용사들을 가져다붙인다. 사회로부터 유리되고 역사로부터 유리된 추상적인 기준이나 가치는 추상적인 개인만큼이나 일종의 환상이다. 진정한 역사가란 모든 가치의 성격이 역사적으로 조건 지어진 것임을 인정하는 사람이지, 자기가 생각하는 가치야말로 역사를 초월하는 객관성을 가진다고 주장하는 사람이 아니다. 우리가 가진 신념과 우리가 설정하는 판단의 기준은 역사의 일부이며, 따라서 인간 행위의 모든 다른 측면들과 똑같이 역사적 탐구의 대상이 되는 것이다. 오늘날 완전한 자립성을 주장할 수 있는 학문은—무엇보다도 사회과학은—거의 없다. 그러나 역사는 자신의 외부에 있는 어떤 것에 근본적으로 의존하지 않으며, 이 점에서 역사는 다른 학문과 구별될 것이다.

역사가 과학에 포함되어야 한다는 주장에 관해서 내가 말하고자 한 것을 요약해보자. 이미 과학이라는 용어에는 수많은 다양한 방법과 기술을 이용하는 다양한 지식 분야들이 포괄되어 있으므로, 역사를 과학에 포함시키려고 하는 사람들보다는 역사를 배제시키려고 하는 사람들이 자신들의 주장에 책임을 져야 할 것으로 보인다. 의미심장한 것은 그 배제해야 한다는 주장이 자기들만의 특별한 동아리에서 역사가들을 배제시키고 싶어하는 과학자들에게서가 아니라 인문학의 한 분야로서 역사의 지위를 옹호하고 싶어하는 역사가들이나 철학자들에게서 나오고 있다는 점이다. 그 논란은 인문학과 과학 사이의 낡아빠진 구분이 보여주었던 편견을 반영하고 있는데, 그 편견에 따르면 인문학은 지배계급의 폭넓은 교양을 일컫는 것으로, 그리고 과학은 그 계급에게 봉사하는 기술자의 기능을 일컫는 것으로 생각되었다. 이런 맥락에서, '인문학(humanities)'과 '인문적(humance)'이라는 용어들 자체가 낡은 편견의 유물이다 ; 게다가 과학과 역사의 대립이라는 것이 영어를 제외한 어떤 언어에서도 전혀 이해되지 않는다는 사실은 그 편견이 얼마나 옹졸한 섬나라 근성에서 나온 것인지를 시사한다. 역사가 과학이 아니라는 주장에 대해서 내가 반대하는 주요한 이유는 그런 주장이 이른바 '두

문화' 사이의 틈새를 정당화하고 영속화하기 때문이다. 그 틈새 자체가 앞에서 말한 편견의 산물로서, 그 편견은 본래 과거에 속하는 영국 사회의 계급구조에 기초하고 있다 ; 그러므로 나 자신은 역사가를 지질학자와 분리시키고 있는 간격이 지질학자를 물리학자와 분리시키고 있는 간격보다 더 깊거나 더 메우기 어렵다고 믿지 않는다. 그러나 내 생각에는 역사가들에게 기초과학을 가르치거나 과학자들에게 기초적인 역사를 가르치는 것이 그 틈새를 메우는 방법일 수는 없다고 본다. 그런 것은 우리가 혼란스러운 사고 때문에 들어서게 되는 막다른 골목이라고 할 수 있다. 어쨌든 과학자들 자신은 그런 식으로는 행동하지 않는다. 나는 기술자들이 식물학 기초반에 들어가라고 권유받는다는 이야기를 결코 들어본 적이 없다.

　내가 제안하려는 하나의 해결책은 우리 역사학의 수준을 향상시키는 것, 역사학을—감히 말하건대—더 과학적으로 만드는 것, 역사를 연구하는 사람들에게 우리의 요구사항들을 더 엄격하게 제시하는 것이다. 이 대학교에서도 분과학문으로서의 역사학이 고전은 너무 어렵고 과학은 너무 딱딱하다고 생각하는 학생들을 위한 잡학(雜學) 비슷한 것으로 취급되는 경우가 간혹 있다. 나는 이 강연에서 역사란 고전보다 훨씬 더 어려운 과목이고, 어떤 과학 못지않게 정말로 딱딱한 과목이라는 인상을 전달하고 싶다. 그러나 앞에서 말한 해결책은 역사가들 스스로가 자신들이 하고 있는 일에 대해서 더욱 강한 믿음을 가져야 함을 의미한다. 찰스 스노 경(1905-1980. 영국의 평론가)은 이 문제를 다룬 최근의 한 강연에서 과학자들의 '성급한' 낙관주의를 그가 말하는 소위 '문예 지식인(literary intellectual)'의 '나직한 목소리'나 '반사회적 감정'과 대비시켰는데,[34] 그때 그는 정곡을 찔렀던 것이다. 역사가들 중의 일부

---

34) C. P. Snow, *The Two Cultures and the Scientific Revolution* (1959), pp. 4-8.

는—더욱이 역사가가 아니면서도 역사에 관한 글을 쓰고 있는 사람들 중에서는 더 많은 사람들이—이 '문예 지식인'의 부류에 속한다. 그들은 우리에게 역사는 과학이 아니라고 이야기하느라, 역사란 무엇일 수 없고 무엇이 되어서도 안 되며 무엇을 할 수 없고 해서도 안 된다는 것을 설명하느라 너무 바쁜 나머지 역사학의 성과와 가능성을 살펴볼 시간이 도무지 없다.

틈새를 메우기 위한 또 하나의 방법은 과학자들과 역사가들의 목표가 동일하다는 점에 대한 보다 깊은 이해를 촉구하는 것이다 ; 과학사와 과학철학에 대한 새로운 관심의 증대가 지니는 주요한 의의도 거기에 있다. 과학자, 사회과학자, 역사가는 분야는 서로 다르지만 모두가 동일한 연구를 하고 있다 ; 그것은 인간과 환경에 관한, 다시 말해서 환경에 대한 인간의 그리고 인간에 대한 환경의 영향에 관한 연구이다. 연구의 목표도 동일하다 ; 그것은 환경에 대한 인간의 이해와 지배를 증진시키는 것이다. 물리학자, 지질학자, 심리학자, 역사가의 전제와 방법은 세세한 부분에서는 크게 다르다 ; 그렇기 때문에 나는 역사가가 더과학적이기 위해서는 더욱 충실하게 물리학의 방법을 따라야만 한다고 주장하고 싶지 않다. 그러나 역사가와 자연과학자는 설명을 추구한다는 근본적인 목적, 그리고 질문하고 답변한다는 근본적인 절차의 측면에서는 똑같다. 역사가도 여느 다른 과학자처럼 '왜?'라는 질문을 끊임없이 던지는 동물이다. 다음 강연에서 나는 역사가가 문제를 제기하고 그것에 답변하는 방식들을 검토해보겠다.

4
역사에서의 인과관계

우유를 뚜껑이 덮인 냄비 안에서 끓이면 넘치게 된다. 나는 왜 그렇게 되는지 알지 못하며 또 전혀 알려고 하지도 않았다 ; 어쩔 수 없이 대답해야만 한다면, 아마도 나는 그것은 우유의 끓어 넘치는 성질 때문이라고 말할 것인데, 이는 웬만큼 사실이기는 하지만 아무것도 설명하지 못한다. 그러나 그럴 경우에 나는 자연과학자라고 할 수는 없다. 이와 마찬가지로, 누구든지 과거의 사건이 왜 일어났는지 알려고 하지 않으면서도 그것에 관해서 읽거나 심지어는 쓸 수 있고, 혹은 제2차 세계대전은 히틀러가 전쟁을 원했기 때문에 발생했다고 말하고는 만족스러워할 수도 있는데, 그 말도 웬만큼 사실이기는 하지만 아무것도 설명하지 못한다. 그러나 그럴 때는 자신을 역사 연구자라든가 역사가로 부르는 무례를 범해서는 안 된다. 역사 연구는 원인에 관한 연구이다. 내가 바로 앞의 강연 끝머리에서 말했듯이, 역사가는 끊임없이 '왜?'라는 질문을 던진다 ; 그렇기 때문에 답변을 내놓고자 한다면 쉴 수가 없다. 위대한 역사가—혹은 더 폭넓게 말하자면 위대한 사상가—란 새로운 것들에 관해서 또는 새로운 맥락 속에서 '왜?'라는 질문을 제기하는 사람이다.

역사의 아버지 헤로도토스는 그의 책 첫머리에서 자신의 목적을 이렇게 규정했다 : 그리스인들과 야만인들의 행위에 관한 기억을 보존하는 것, '그리고 특히, 무엇보다도, 그들이 서로 싸운 원인을 밝히는 것.' 그의 제자는 고대 세계에서는 거의 없었다. 투키디데스조차도 인과관계를 명백히 인식하지 못했다고 비난받아왔다.[1] 그러나 근대적인 역사서술의 기초가 마련되기 시작했던 18세기에, 몽테스키외는 『로마인의 위대함과 쇠락의 원인에 관한 고찰(*Considérations sur les causes de la grandeur des Romains et de leur décadence*)』이라는 그의 책에서 '모든 군주정에 작용하여 그것을 세우고 유지하고 전복하는 도덕적인 또는 물질적인 일반 원인들이 있다'는 원칙, 그리고 '발생하는 모든 것은 이 원인들에 좌우된다'는 원칙을 자신의 출발점으로 삼았다. 그는 몇 년 뒤 『법의 정신(*Esprit des lois*)』에서 이러한 생각을 발전시켰고 일반화시켰다. '이 세계에서 우리가 보고 있는 모든 결과들이 맹목적인 운명의 산물'이라고 생각하는 것은 어리석은 일이라는 것이다. 인간은 '유일하게 환상에 의해서 지배받지 않는다'는 것이다 ; 인간의 행동은 '사물의 본성'에서 유래하는 어떤 법칙이나 원리를 따른다는 것이다.[2] 그로부터 거의 200년 동안, 역사가들과 역사철학자들은 역사적 사건의 원인과 그것을 지배하는 법칙을 발견함으로써 인류의 과거 경험을 체계화하려는 일에 열심히 매달렸다. 그 원인과 법칙은 때로는 구조적 측면에서, 때로는 생물학적 측면에서, 때로는 형이상학적인 것으로, 때로는 경제적인 것으로, 때로는 심리적인 것으로 생각되었다. 그러나 역사는 과거의 사건을 원인과 결과의 질서정연한 전후관계 속에 배열함으로써 성립한다는 것이 공인된 교리였다. 볼테르는 백과사전의 역사 항목에서 '만일 여러분이 우리에게 옥수스와 야하르테스의 하안(河岸)에서 야만인이 서로 교체되었다는 것 이외에 달리 할 이야기가 없다면, 그것은 우리에게 무슨 소용이

---

1) F. M. Conford, *Thucydides Mythistoricus*, *passim*.
2) *De l'esprit des lois*, Preface and ch. I.

있겠는가?'라고 썼다.* 최근에 들어와 사정은 다소 변했다. 오늘날 우리는 내가 지난번 강연에서 이야기한 이유들 때문에 더 이상 역사의 '법칙'에 관해서 이야기하지 않는다 ; 그리고 '원인(cause)'이라는 말마저 유행에서 사라졌는데, 그 이유는 부분적으로는 어떤 철학적인 모호함 때문이겠으나 이에 관해서는 거론할 필요가 없을 것 같고, 또 부분적으로는 그 말이 아마도 결정론과 결합되어 있기 때문일 터인데, 이 문제에 대해서는 곧 다루겠다. 방금 말한 이유들로 인해서 어떤 사람들은 역사에서의 '원인'이라고 하지 않고 '설명(explanation)'이나 '해석(interpretation)', '상황 논리(logic of the situation)'나 '사건의 내적 논리(inner logic of events)'(이 말을 쓰기 시작한 사람은 다이시[1835-1922. 영국의 법학자]이다)라는 용어를 사용하거나, 아니면 (왜 그것이 발생했는가라는) 인과적 연구방법에 반대하면서 (그것이 어떻게 발생했는가라는) 기능주의적 연구방법에 찬성하고 있다. 물론 기능주의적 연구방법은 필연적으로 그것이 어떻게 발생하기에 이르렀는가라는 질문을 포함하는 것 같고, 따라서 우리를 '왜?'라는 질문으로 되돌아가도록 이끌고 있지만 말이다. 또 어떤 사람들은 원인을—구조적, 생물학적, 심리적 원인 등등—여러 종류로 구별하고는, 역사적 원인도 하나의 독자적인 범주로 간주한다. 이러한 구분법 중의 일부는 어느 정도 유효하지만, 현재 이 강연의 목적을 위해서는 모든 종류의 원인들의 차이점을 강조하기보다는 공통점을 강조하는 것이 더 유익할 것이다. 나로서도 '원인'이라는 용어를 통상적인 의미로 사용하는 데에 만족할 것이므로 앞에서와 같이 세세하게 구별하는 것은 무시하도록 하겠다.

---

* 옥수스 강의 현재 이름은 아무다리야 강이며 야하르테스 강의 현재 이름은 시르다리아 강인데, 둘 다 중앙 아시아에서 가장 긴 강들이다. 이 강들의 유역에서 기마민족들의 역사가 이루어졌으며, 중앙 아시아의 정복자들은 옥수스 강을 건너 서방 세계로 들어갔다. 티무르의 사마르칸트는 옥수스 강의 바로 북쪽에 있다.

사건의 원인을 제시하지 않을 수 없을 때 역사가가 실제로 어떤 일을 하는지에 관한 질문에서부터 시작해보도록 하자. 원인의 문제에 대한 역사가의 연구방법의 첫 번째 특징은 대체로 동일한 사건에 대해서 여러 가지 원인들을 제시하려고 한다는 것이다. 언젠가 경제학자 마셜은 '어느 하나의 원인과 뒤섞여 효과를 발휘하는 다른 원인들을 고려하지 않은 채……그 하나의 원인의 작동만을 고찰하는 일은 가능한 한 반드시 피하도록 주의해야만 한다'고 말했다.[3] '왜 1917년에 러시아에서는 혁명이 발생했는가?'라는 질문에 답변하면서 오로지 하나의 원인만을 제시한 수험생은 운이 좋아야 C 학점을 받을 것이다. 역사가는 여러 가지 원인을 연구한다. 만일 그가 볼셰비키 혁명의 원인을 고찰할 필요가 있다면, 그는 러시아의 잇단 군사적 패배, 전쟁의 압박에 따른 러시아 경제의 붕괴, 볼셰비키의 효과적인 선동, 차르 정부가 농업 문제를 해결하지 못한 것, 빈곤하고 착취당하는 프롤레타리아가 페트로그라드의 공장지대로 몰려든 것, 레닌은 결심이 서 있었으나 반대편 쪽의 인물들은 그렇지 못했다는 사실 등등을 거론할 것이다—요컨대, 경제적, 정치적, 이데올로기적, 개인적 원인 및 장기적 원인과 단기적 원인을 마구 주워 모을 것이다.

그러나 이것은 즉시 우리를 역사가의 연구방법의 두 번째 특징으로 이끈다. 앞에서의 우리의 질문에 대해서 10여 가지나 되는 러시아 혁명의 원인들을 차례로 열거하고 나서 그것으로 그만두는 데에 만족하는 수험생은 B학점을 받을 수는 있겠으나 A학점을 받기는 어려울 것이다 ; 시험관들은 '많이는 알고 있으나 상상력이 부족하다'고 판정할 것이다. 진정한 역사가라면 자신이 수집한 원인들의 목록을 앞에다 놓고서는 그것을 정리해야 한다는, 원인들 간의 상호관계를 결정해줄 일정

3) *Memorials of Alfred Marshall*, ed., A. C. Pigou(1925), p. 428.

한 위계질서를 수립해야 한다는, 아니면 어떤 원인이나 어떤 범주의 원인들이 '결국에 가서는' 또는 (역사가들이 즐겨 쓰는 말투를 따르면) '최종적인 분석에 따라서' 궁극적인 원인, 즉 모든 원인들의 원인으로 간주되어야 하는지를 결정해야 한다는 직업적인 강박감을 느낄 것이다. 그렇게 하는 것이 곧 연구주제에 대한 역사가의 해석이다 ; 역사가가 어떤 사람인지는 그가 이끌어내는 원인을 통해서 알려지게 된다. 기번은 로마 제국의 쇠퇴와 몰락의 원인을 야만성과 종교가 승리한 탓으로 돌렸다. 19세기 영국의 휘그 역사가들은 영국의 힘과 번영이 증대한 것은 입헌적 자유의 원리를 구현하는 정치제도가 발전했기 때문이라고 보았다. 오늘날에 와서 기번과 19세기의 영국 역사가들은 시대에 뒤진 사람들이 되어버렸는데, 그 이유는 그들이 근대 역사가들이 가장 중요시하는 경제적 원인을 무시하고 있기 때문이다. 모든 역사적 논의는 어떤 원인이 우선하는가 하는 문제의 주위를 맴돌고 있다.

앙리 푸앵카레는, 내가 앞의 강연에서 인용한 저작에서, 과학이 '다양성과 복잡성을 향해' 그리고 동시에 '통일성과 단순성을 향해' 전진하고 있으며, 이 이중적이면서 명백히 모순적인 과정은 인식의 필요조건이라고 지적했다.[4] 이것은 역사에 대해서도 마찬가지로 진리이다. 역사가는 자신의 연구를 확장하고 심화시킴으로써 '왜?'라는 질문에 대한 답변을 점점 더 많이 끊임없이 축적한다. 우리의 답변의 수와 범위가 엄청나게 증가된 것은—물론 복잡한 문제들에 대한 정치사의 새로운 통찰이라든가 심리학과 통계학의 새로운 기술 덕분이기도 하지만—최근에 이루어진 경제사, 사회사, 문화사, 법제사 등으로의 분화 덕분이기도 하다. 버트런드 러셀이 '학문에서의 모든 발전은 최초에 관찰된 조야한 통일성으로부터 훨씬 벗어나 원인과 결과의 더욱 큰 분화로, 그리고 관련이

---

4) H. Poincaré, *La Science et l'hypothése* (1902), pp. 202-203.

있다고 인정되는 원인들의 범위의 끊임없는 확장으로 우리를 이끈다'고 말했을 때,[5] 그것은 역사학의 상황을 정확히 표현한 말이었다. 그러나 역사가는 과거를 이해하려는 충동을 가진 까닭에 과학자와 마찬가지로 수많은 답변들을 단순화하는 일, 답변들의 상하관계를 정하는 일, 무질서한 사건들과 무질서한 특수 원인들에 일정한 질서와 통일을 부여하는 일 등을 동시에 하지 않으면 안 된다. '하나의 신, 하나의 법, 하나의 요소, 그리고 저 멀리 있는 하나의 성스러운 사건'; 아니면 헨리 애덤스(1838-1918. 미국의 문학가, 역사가)가 추구한 '모든 이들의 아우성을 끝장내고 길들이게 할 어떤 위대한 일반화'[6]—이런 것들은 오늘날에는 한물간 농담처럼 들린다. 그러나 역사가가 원인을 다양화해야할 뿐만 아니라 단순화하는 작업도 해야만 한다는 사실에는 변함이 없다. 역사도 과학과 마찬가지로 이렇듯 이중적이면서 명백히 모순적인 과정을 통해서 전진하는 것이다.

이쯤에서 나는, 별로 내키지는 않지만, 우리의 길에 가로놓여 있는 두 가지의 향긋한 미끼를 처리하기 위해서 방향을 바꾸어야만 하겠다—그 하나의 미끼는 '역사에서의 결정론; 혹은 헤겔의 간계(奸計)'라는 꼬리표가 붙은 것이고, 다른 하나는 '역사에서의 우연; 혹은 클레오파트라의 코'라는 꼬리표가 붙은 것이다. 먼저 나는 이것들이 어떻게 나타나게 되었는지에 관해서 한두 마디만 더 이야기해보겠다. 1930년대에 빈에서 새로운 과학관에 관해서 중요한 책(최근에 『과학연구의 논리[The Logic of Scientific Enquiry]』라는 제목으로 영역됨)을 쓴 바 있던 칼 포퍼 교수는 제2차 세계대전 기간 중에는 더 대중적인 성격의 두 권의 책을 영어로 출간했다 : 그것들은 『열린 사회와 그 적들(The Open Society

---

5) B. Russell, *Mysticism and Logic* (1918), p. 188.
6) *The Education of Henry Adams* (Boston, 1928), p. 224.

and Its Enemies)』과 『역사주의의 빈곤(*The Poverty of Historicism*)』이다.[7]

이 책들은 플라톤과 함께 나치즘의 정신적 원조로 취급된 헤겔에 대한 반발, 그리고 1930년대 영국 좌파의 지적 분위기를 지배한 다소 피상적인 마르크스주의에 대한 반발로부터 감정적으로 강한 영향을 받고 쓰였다. 그 주요한 공격 목표들은 헤겔과 마르크스의 이른바 결정론적 역사철학들이었는데, 그것들은 '역사주의'라는 무례한 이름으로 한데 묶였다.[8] 1954년 이사야 벌린 경은 『역사적 필연성』이라는 책을 출간했다. 그가 플라톤을 공격하지 않은 이유는 아마도 옥스퍼드 대학교 건물에 있는 고대의 기둥에 대한, 오래도록 간직해온 존경심 때문이었을 것이다[9] ; 그런데 그는 마르크스와 헤겔을 비난하면서 거기에 덧

---

7) 『역사주의의 빈곤』은 1957년에 단행본의 형태로 처음 출간되었으나, 수록된 논문들은 원래 1944년과 1945년에 발표된 것들이다.

8) 나는 정확성이 요구되지 않는 한두 가지 경우를 제외하고 '역사주의(historicism)'라는 단어를 쓰지 않았다. 그 이유는 포퍼 교수가 그 주제에 관해서 쓴 널리 알려진 그의 저작들에서 그 용어의 정확한 의미를 제거했기 때문이다. 용어의 정의를 계속 고집하는 것은 현학적인 태도이다. 그렇지만 누구나 자신이 이야기하고 있는 것이 무엇인지는 알고 있어야만 하는데도, 포퍼 교수는 '역사주의'라는 용어를 논리적으로 옳다고 여겨지는 견해뿐만 아니라 오늘날 전혀 진지하지 못한 저자들이 가지고 있다고 생각되는 견해를 포함하여, 자신이 싫어하는 모든 역사관을 담아내는 일종의 잡동사니 주머니로 사용하고 있다. 본인 스스로 인정하고 있듯이(*The Poverty of Historicism*, p. 3), 포퍼는 그 어떤 유명한 '역사주의자'도 결코 전개해본 적이 없는 '역사주의적인' 주장을 창안하고 있다. 그의 저작 속에서 역사주의는 역사를 과학과 동일시하는 학설뿐만 아니라 그 두 가지를 뚜렷하게 구별하고 있는 학설까지도 모두 포괄하고 있다. 헤겔은 예언을 기피했음에도 불구하고 『열린 사회와 그 적들』에서는 역사주의의 대제사장쯤으로 취급되고 있다 ; 『역사주의의 빈곤』의 서문에 역사주의는 '역사적인 예언(historical prediction)'을 그 주된 목표로 삼는 사회과학의 연구방법'이라고 서술되어 있다. 지금까지 '역사주의'는 흔히 'Historismus'라는 독일어를 영어로 번역한 말로 사용되어왔다. 그런데 포퍼 교수는 'historicism'과 'historism'을 구별하고 있으며, 그에 따라서 그렇지 않아도 혼란스런 그 용어의 사용법에 더 한층 혼란스러운 요소를 덧붙이고 있다. M. C. D'Arcy, *The Sence of History : Secular and Sacred* (1959), p. 11에서는 '역사주의'라는 용어가 '역사철학과 동일한 것'으로 취급되고 있다.

9) 그럼에도 불구하고 플라톤을 최초의 파시스트라고 공격하기 시작한 사람은 "오늘날

붙여 포퍼에게는 없었던 주장, 즉 헤겔과 마르크스의 역사주의에 반대해야 하는 이유는 그것이 인간의 행위를 인과관계로 설명함으로써 인간의 자유의지를 부정하고 있고, 또 샤를마뉴(카를 대제)나 나폴레옹이나 스탈린 같은 역사의 인물들을 단죄해야 하는 것이 역사가들의 의무라고 생각되는데도 (이에 관해서는 지난번 강연에서 말한 적이 있다) 이를 회피하도록 조장하기 때문이라는 주장을 펼쳤다. 그 밖에는 크게 다른 것이 없었다. 그러나 이사야 벌린 경은 당연히 인기도 있고 독자도 많은 저자이다. 지난 5, 6년 동안 영국이나 미국에서 역사에 관해서 한 편의 논문이라도 썼거나 어떤 역사책에 관해서 정식으로 서평이나마 한 편이라도 쓴 사람이라면 거의 모두 헤겔과 마르크스와 결정론을 잘 아는 체하면서 경멸해왔고, 역사에서의 우연의 역할을 인식하지 못하는 것은 어리석은 일이라고 강조해왔다. 이사야에게 그의 제자들에 대한 책임까지 묻는 것은 아마 부당한 일일 것이다. 이사야는 허튼 말을 할 때조차도 그것을 애교 있고 매력적인 방식으로 이야기하기 때문에 우리는 즐겁다. 그 제자들 역시 허튼 말을 되풀이하는데 그것을 매력 있게 이야기하지는 못한다. 어느 경우든, 그 모든 것에는 새로운 것이 전혀 없다. 이 대학교의 근대사 흠정강좌 담당교수들 중에서 가장 뛰어나다고는 할 수 없는 찰스 킹즐리(1819-1875. 영국의 목사, 소설가. 1860-1869년 케임브리지 대학교의 근대사 교수)는 아마 헤겔에 관해서는 읽어본 적이 없고 마르크스에 관해서는 들어본 적도 결코 없었을 터인데, 1860년의 그의 교수 취임강연에서 그는 인간에게는 '자신의 존재법칙을 깨뜨릴 수 있는 신비로운 힘'이 있으며 그것이야말로 역사에는 '필연적인 연쇄(inevitable sequence)'가 존재할 수 없다는 것

의 플라톤(Today Plato)"(1937)이라는 제목으로 일련의 방송강좌를 진행했던 옥스퍼드 대학교 출신인 크로스먼(R. H. Crossman)이었다.

의 증거라고 말했다.[10] 그러나 우리는 다행스럽게도 킹즐리에 관해서는 잊고 있었다. 서로 힘을 합쳐서 킹즐리라는 바로 그 죽은 말의 등에 채 찍질을 가해 살아 있는 말처럼 만든 것은 포퍼 교수와 이사야 벌린 경이다 ; 그러므로 그 혼란을 치워버리기 위해서는 상당한 인내가 필요할 것이다.

그러면 먼저 결정론부터 살펴보겠는데, 나는 결정론이란 모든 사건에는 하나 또는 여러 가지의 원인들이 있고 그 하나 또는 여러 가지의 원인들이 달라질 것이 없었다면, 그 사건은 다른 식으로는 발생할 수 없었을 것이라는 신념―이에 관해서는 논쟁이 없기를 바라면서―이라고 정의할 것이다.[11] 결정론은 역사의 문제가 아니라 모든 인간행위의 문제이다. 원인도 없이 행동하며 따라서 그 행동이 결정되어 있지 않은 인간이란, 우리가 지난번 강연에서 논의한 바 있듯이, 사회의 밖에 존재하는 개인과 마찬가지로 하나의 추상이다. '인간사에서는 모든 것이 가능하다'는 포퍼 교수의 주장은 의미가 없거나 거짓이다.[12] 일상생활에서는 누구도 그 말을 믿지 않으며 믿을 수도 없다. 모든 것에는 원인이 있다는 자명한 명제는 우리 주변에서 무엇이 일어나고 있는지를 이해하기 위한 우리의 능력의 한 조건이다.[13] 카프카 소설의 몽환적(夢幻的)인

10) C. Kingsley, *The Limits of Exact Science as Applied to History* (1860), p. 22.

11) '결정론은……관찰자료가 같다면 틀림없이 같은 일이 일어날 것이고 달리 어떻게 될 수가 없다는 것을……의미한다. 달리 어떻게 될 수가 있다고 주장하는 것은 관찰자료가 다를 경우에는 그럴 수 있다는 것을 의미할 뿐이다'(S. W. Alexander in *Essays Presented to Ernst Cassirer*, 1939, p. 18).

12) K. R. Popper, *The Open Society* (2nd ed., 1952), ii, p. 197.

13) '세계가 우리에게 인과법칙을 부여한 것은 아니지만' 그러나 '그 법칙은 어쩌면 우리가 우리 자신을 세계에 적응시키는 가장 편리한 방법일지 모른다'(J. Rueff, *From the Physical to the Social Sciences*, Baltimore, 1929, p. 52). 포퍼 교수 자신은 『과학연구의 논리(*The Logic of Scientific Enquiry*)』 p. 248에서 인과관계를 믿는다는 것은 '지극히 당

성격은 그 어떤 사건도 무엇인가 명백한 원인 혹은 확인될 수 있는 원인이 없다는 사실에서 비롯된다 ; 이것은 인격을 완전히 분열시키게 되는데, 왜냐하면 인격이란 사건에는 원인이 있다는 전제, 그리고 그 원인들 중 많은 것은 확인 가능하므로 인간의 마음속에는 행동지침이 될 만큼 충분히 일관된 과거와 현재의 패턴이 형성될 수 있다는 전제에 기초하기 때문이다. 인간의 행위가 원칙적으로 확인될 수 있는 원인에 의해서 결정된다고 가정하지 않는다면 일상생활은 불가능할 것이다. 옛날에는 자연현상이 분명히 신의 의지의 지배를 받는다고 보았기 때문에 그 현상의 원인을 탐구하는 것을 불경스럽다고 생각한 사람들이 있었다. 이사야 벌린 경이 인간의 행동은 인간의 의지의 지배를 받는다는 이유를 내세워 인간이 왜 그렇게 행동했는가를 설명하는 것에 반대하는 것도 이와 동일한 사고방식에 속하는 것이라고 할 수 있는데, 그것은 어쩌면 오늘날 사회과학의 발전수준이 이러한 부류의 논의가 자연과학을 퇴행시켰을 때의 그 자연과학의 발전수준과 똑같다는 것을 보여주고 있는 것인지도 모른다.

이제 우리가 일상생활에서 이 문제를 어떻게 다루고 있는지 살펴보도록 하자. 여러분은 날마다 일을 시작할 때 늘상 스미스를 만나곤 한다. 여러분은 그에게, 친절하기는 하지만 별 의미는 없이, 날씨에 관한 이야기를 꺼내거나 학부나 대학교의 사정에 관한 이야기를 꺼내면서 인사를 건넨다 ; 그러면 그도, 마찬가지로 친절하지만 의미 없이, 날씨나 대학 사정에 관한 이야기로 대답한다. 그러나 어느 날 아침, 스미스가 흔히 하던 대로 여러분의 인사말에 대답하는 대신 여러분의 개인적 용모나 성격에 대해서 갑자기 거칠게 욕설을 퍼부었다고 가정해보자. 여러분은 놀라는 표정을 지으면서 그것이야말로 스미스의 의지의 자유로움을 확

연한 방법론상의 규칙을 형이상학적으로 실체화하는 것'이라고 말한다.

인케 해주는, 인간사에서는 모든 것이 가능하다는 사실을 확인케 해주는 증거라고 간주하겠는가? 그렇지는 않을 것이라고 생각한다. 그와는 반대로, 여러분은 아마 이런 식으로 말할지 모른다 : '불쌍한 스미스! 물론 자네 아버지가 정신병원에서 돌아가셨다는 것은 다 아는 일이지'라든가, '불쌍한 스미스! 틀림없이 부인과 대판 싸웠군'이라고 말이다. 달리 말하자면, 여러분은 거기에 틀림없이 무엇인가 원인이 있을 것이라고 굳게 믿으면서, 겉으로는 아무런 이유도 없어 보이는 스미스의 행동의 원인을 진단해보려고 할 것이다. 내가 걱정하는 것은 여러분이 그렇게 함으로써 이사야 벌린 경의 노여움을 사지 않을까 하는 것인데, 그는 여러분이 스미스의 행위를 인과론적으로 설명함으로써 헤겔과 마르크스의 결정론적인 가설을 덥석 받아들였고, 따라서 스미스를 고약한 놈이라고 비난해야 할 여러분의 임무를 회피했다고 몹시 불평할 것이다. 그러나 일상생활에서는 그 누구도 그런 견해를 취하지 않으며, 결정론인가 아니면 도덕적 책임인가라는 것이 문제가 된다고도 생각하지 않는다. 자유의지와 결정론에 관한 논리적인 딜레마는 실제생활에서는 생기지 않는다. 그것은 인간의 이런 행동은 자유롭고 저런 행동은 결정되어 있기 때문이 아니다. 사실 인간의 모든 행동은 그것을 고찰하는 관점에 따라 자유롭기도 하고 동시에 결정되어 있기도 하다. 반면 실제적인 문제에서는 다르다. 스미스의 행동에는 하나 혹은 여러 가지의 원인이 있었다 ; 그러나 그 행동이 어떤 외부적인 강제에 의해서가 아니라 그 자신의 인격의 강제에 의해서 비롯된 것인 한, 그는 도덕적으로 책임을 져야 했는데, 왜냐하면 정상적인 성인이 자신의 인격에 도덕적으로 책임을 지는 것은 사회생활의 한 조건이기 때문이다. 이처럼 특수한 경우에 그에게 책임을 물어야 하는지 묻지 말아야 하는지는 여러분이 실제적으로 판단해야 할 문제이다. 그러나 설령 여러분이 책임을 묻는다고 해도,

그것이 그의 행동에는 아무런 원인도 없다고 보는 것을 의미하지는 않는다 : 원인과 도덕적 책임은 서로 다른 범주이다. 최근 이 대학교에 범죄학 연구소가 설립되었다. 나는 범죄의 원인을 연구하는 사람들 누구나 그 연구가 자신들로 하여금 범죄자의 도덕적 책임을 부인하게 만든다고 생각하지는 않을 것이라고 확신한다.

이제는 역사가에게로 눈을 돌려보자. 보통사람과 마찬가지로 역사가도 인간의 행동에는 원칙적으로 확인될 수 있는 원인이 있다고 믿고 있다. 이러한 전제가 성립되지 않으면 일상생활과 마찬가지로 역사도 불가능할 것이다. 이러한 원인을 연구하는 것이야말로 역사가의 특별한 기능이다. 역사가가 인간의 행위 가운데 결정되어 있는 측면에 대해서 특별한 관심을 가지는 것도 그 때문이라고 생각할 수 있다 : 그렇지만 그는—자발적인 행동에는 어떠한 원인도 없다는 식으로 가당치 않게 전제하는 경우를 제외하고는—자유의지를 거부하지 않는다. 그는 또한 필연성이라는 문제로 골치 아파하지도 않는다. 다른 사람들과 마찬가지로 역사가들도 때때로 과장된 말투에 빠져 어떤 사건을 '필연적인' 것이라고 말하기도 하는데, 그럴 때 그 말은 사람들이 그 사건에 대해서 기대하게 만드는 여러 요인들의 결합이 엄청나게 강력했다는 뜻일 뿐이다. 최근에 나는 그 못마땅한 단어를 찾아내려고 내가 쓴 역사책을 뒤져보았는데, 나 자신도 나에게 완전히 건강하다는 증명서를 내줄 수가 없다 : 어떤 문장에서 나는 1917년 혁명 이후 볼셰비키와 그리스 정교회의 충돌이 '필연적'이었다고 써버렸다. 아마 '가능성이 대단히 컸다'고 썼어야 더 현명했을 것이다. 그러나 굳이 변명하자면, 그렇게 고치는 것은 조금 현학적인 냄새가 나지 않을까? 실제로 역사가들은 사건이 발생하기 전까지는 그것이 필연적이라고 추정하지 않는다. 역사가들은 선택은 자유라는 가정 위에서 이야기 속의 주인공들이 취할 수 있는 여러 대안적 경로들을 논의할 때가 많다. 물론 아주 올바르게도 어째서 결국에는 다른 경로가 아닌 그 경로가 선택되었는지에 관한 설명으로 나아가기는 해도 말이다. 사건이 다르게 발생했다면 그것에 선행하는 원인도 달랐어야만 했다는 형식논리적인 의미에서가 아니라면, 역사에서 필연적인 것이란 없다. 한 사람의 역사가로서 나는 '필연적인(inevitable)', '불가피한(unaviodable)', '도망갈 수 없는(inescapable)' 등의 말이라든가 심지어 '어쩔 수 없는(ineluctable)'이라는 말조차 쓰지 않고서도 살아갈 준비가 완전히 되어 있다. 인생은 더 단조로워질 것 같지만 말이다. 그러나 그런 말들은 시인이나 형이상학자들에게 남겨놓도록 하자.

앞에서 말한 것과 같이 필연성을 비난하는 것은 대단히 무익하고 적절하지 못한 것처럼 보이는데도 최근에 들어와서 대단히 맹렬하게 그런 비난이 일어나고 있으므로, 우리는 그 뒤에 숨겨진 동기를 찾아보아야 한다고 생각한다. 그 비난의 주요한 출처는 굳이 이름을 붙여보자면 '그랬을지도 모른다(might-have-been)'는 식의 사고방식을 가진—보다 정확하게는 그런 식의 감정을 가진—학파가 아닐까 생각된다. 그 학파는 거의 전적으로 현대사 분야에 몰려 있다. 지난 학기에 나는 이 케임브리지 대학교에서 '러시아 혁명은 필연적이었는가?'라는 제목을 내건 어떤 학회의 강연회 공고문을 보았다. 나는 그 강연회가 더할 나위 없이 진지한 목적을 가진 것이었다고 믿는다. 그러나 만일 '장미전쟁*은 필연적이었는가?'라는 제목을 내건 공고문을 보았다면, 여러분은 즉시 무슨 농담이 아닌가 의심했을 것이다. 노르만인의 정복이나 미국 독

---

* Wars of the Roses : 1455-1485년에 영국의 랭카스터 가문과 요크 가문 사이에 벌어진 귀족 간의 왕위쟁탈전쟁. 전쟁의 이름은 전자가 붉은 장미를, 후자가 흰 장미를 가문의 상징으로 삼았던 데에서 유래한다.

립전쟁에 관해서 글을 쓰는 역사가는 발생한 것은 사실상 발생할 수밖에 없었다는 듯이, 또한 단지 무엇이 왜 발생했는지를 설명하는 것만이 자신의 직무인 듯이 서술한다 ; 그래도 그 역사가를 결정론자라고 비난하거나, 정복왕 윌리엄*이나 미국의 반란자들이 패배했을 수도 있을 또다른 가능성을 논의하지 않았다고 비난하는 사람은 없다. 그러나 내가 바로 앞에서 말한 방식—역사가에게 유일하게 타당한 방식—으로 1917년의 러시아 혁명에 관해서 서술하면, 나의 비판자들은 내가 발생한 것을 발생할 수밖에 없었던 것으로 암암리에 묘사했고, 발생했을지도 모를 다른 모든 것들을 검토하지 않았다고 공격한다. 말하자면, 스톨리핀(1862-1911. 러시아의 정치가. 1905년 러시아 혁명이 실패한 후의 차르 정부의 수상)이 그의 농업개혁을 완성할 시간이 있었거나 러시아가 전쟁에 가담하지 않았다고 가정한다면 아마 혁명은 발생하지 않았을 것이 아니겠느냐는 것이다 ; 혹은 케렌스키(1881-1970. 1917년 러시아 2월혁명 후 임시정부의 법무상, 수상. 볼셰비키 혁명으로 쫓겨남) 정부가 성공했다고, 또는 볼셰비키 대신에 멘셰비키**나 사회혁명당***이 혁명을 지도했다고 가정해보라는 것이다. 이러한 가정들은 이론적으로는 생각해볼 수 있다 ; 그리고 누구나 언제든지 역사에서 그랬을지도 모를 것들을 가지고 퀴즈놀이를 할 수 있다. 그러나 그런 것들은 결정론과는 아무런 관계가 없다 ; 왜냐하면 결정론자는 단지 이런 일들이 발생했으려면 그 원인들도 달랐어야만 했을 것이라고 대답할 뿐이

---

* William the Conqueror : 원래 노르만디 공이었으나 1066년에 영국을 정복하고 왕위에 오른 윌리엄을 가리킴. 재위기간 1066-1087.
** Menschevicks : 러시아 사회민주주의노동자당 내에서 다수파인 볼셰비키와 대립했던 소수파.
*** Social Revolutionaries : 러시아 농민을 정치적 기반으로 삼아 볼셰비키의 프롤레타리아 혁명에 반대했던 정당.

기 때문이다. 또한 그것들은 역사와도 아무런 관계가 없다. 문제는 오늘날 그 누구도 정말로 노르만인의 정복이나 미국 독립의 결과를 뒤집으려고 하거나 이러한 사건들에 반대하여 강력한 항의를 표시하려고 하지 않는다는 데에 있다 ; 또한 역사가가 그 사건들을 하나의 완결된 장(章)으로 취급할 경우 그 누구도 반대하지 않는다는 데에 있다. 그러나 직접적으로든 아니면 누구를 대신해서든 볼셰비키의 승리의 결과로부터 고통을 받아왔거나 그 승리가 가져올 더 먼 장래의 결과를 여전히 두려워하고 있는 많은 사람들은 자신들이 그 승리에 대해서 항의한다는 것을 드러내고 싶어한다 ; 따라서 그들이 역사책을 읽을 때, 발생했을지도 모를 기분 좋은 모든 일들에 대해서 제멋대로 상상하는 모습을 보이거나 또는 무엇이 발생했고 그들이 기분 좋아할 소망스런 꿈은 왜 성취되지 못했는지를 담담히 설명해나가는 역사가에게 분개하는 모습을 보이는 것은 그 때문이다. 사람들이 모든 선택의 여지가 여전히 남아 있던 시기를 기억하고 있고, 그래서인지 기정사실(fait accompli)을 다룸으로써 그 선택의 여지를 제거해버린 역사가의 태도를 잘 받아들이려고 하지 않는다는 것, 이것이야말로 현대사의 골칫거리이다. 그것은 순전히 감정적이고 비역사적인 반응이다. 그러나 그것은 '역사적 필연성'을 주장한다고 생각되는 학설에 대한 최근의 반대 캠페인에 가장 강력한 추진력을 제공해왔다. 이 향긋한 미끼를 단호하게 치워버리자.

 필연성에 대한 공격에 또 하나의 근거가 되고 있는 것은 그 유명한 '클레오파트라의 코'라는 어려운 문제이다. 그것은 역사란 전체적으로 우연의 계속이라는, 즉 우연의 일치에 의해서 결정되고 가상 뜻밖의 원인에서만 유래하는 사건들의 연속이라는 이론이다. 악티움 해전의 결과도 역사가들이 공통적으로 주장하는 그런 종류의 원인에서 비롯된 것이 아니라 안토니우스가 클레오파트라에게 얼이 빠진 데에서 비롯되었다는 것이다. 바야지드(1347-1403. 오스만 제국의 술탄)가 관절의 염증 때문에 중앙 유럽으로 진격할 수 없었을 때, 기번은 '한 인간의 단 한 개의 근육을 엄습한 매서운 통증이 여러 민족의 불행을 막거나 지연시킬 수도 있다'고 말했다.[14] 그리스 국왕 알렉산드로스가 1920년 가을에 자신이 애지중지하던 원숭이에게 물려 사망했을 때, 이 우연은 연이어 사건들을 일으켰고, 그로 인해서 윈스턴 처칠은 '그놈의 원숭이가 물었기 때문에 25만 명의 사람들이 죽었다'고 말했다.[15] 혹은 1923년 가을, 지노비예프(1883-1936), 카메네프(1883-1936), 스탈린 등과 논쟁하고 있던 중요한 시기에 오리 사냥을 하다가 열병에 걸려서 움직일 수 없게 된 트로츠키가 그 열병에 관해서 한 말을 다시 들어보도록 하자 : '누구나 혁명이나 전쟁을 예견할 수 있지만, 가을철의 야생오리 사냥 여행의 결과를 예견하기란 불가능하다.'[16] 먼저 분명히 해야 할 점은 이런 문제가 결정론의 문제와는 아무런 관계가 없다는 것이다. 안토니우스가 클레오파트라에게 얼이 빠진 것이나 바야지드가 관절통에 걸린 것이나 트로츠키가 학질을 앓은 것 등은 그 밖의 어떤 사건과도 마찬가지로 인과적으로 결정된 사건들이었다. 안토니우스의 얼빠짐에는 어떠한 원인도 없었다고 주장하는 것은 클레오파트라의 아름다움에 쓸데없이 실례를 범하는 일이 될 것이다. 여성의 아름다움과 남성의 얼빠짐 사이의 연관은 일상생활에서 관찰될 수 있는 가장 정상적인 인과적 전후관계들 중의 하나이다. 이른바 역사에서의 이러한 우연들이 보여주고 있는 인과적 전후관계는 역사가가 주로 관심을 가지고 연구하고자 하는 전후관계를 방해—말하자면 그것과 충돌—한다. 베리가 '두 개의

---

14) *Decline and Fall of the Roman Empire*, ch. lxiv.
15) W. Churchill, *The World Crisis : The Aftermath* (1929), p. 386.
16) L. Trotsky, *My Life* (영역판, 1930), p. 425.

독립적인 인과연쇄의 충돌'을 이야기하는 것은 대단히 올바르다.[17] 이 사야 벌린 경은 『역사적 필연성』이라는 책의 첫머리에서 '우연사관(The Accidental View of History)'에 관해서 버나드 베런슨(1865-1959. 리투아니아 출신의 미술평론가)이 쓴 글을 칭찬하면서 인용하고 있지만, 그는 앞에서 말한 의미에서의 우연을 인과적 결정의 부재(不在)와 혼동하고 있는 사람들 중의 하나이다. 그러나 이런 혼동을 제쳐두고라도, 우리에게는 하나의 실제적인 문제가 있다. 우리가 생각하는 전후관계가 그것과는 다른 전후관계에 의해서, 게다가 우리의 견해로 볼 때는 아무 연관성도 없는 전후관계에 의해서 언제라도 분쇄되거나 굴절되기 쉬울 때, 우리는 어떻게 역사에서 원인과 결과의 일관된 전후관계를 발견할 수 있으며, 또한 어떻게 역사에서 무엇인가 의미를 찾아낼 수 있을까?

여기에서 잠시 걸음을 멈추고, 이렇듯 최근에 널리 퍼져 있는 역사에서의 우연의 역할에 관한 주장의 기원을 알아보도록 하자. 폴리비오스(기원전 205?-125?. 그리스 출신의 로마 역사가)는 얼마간 의도적으로 그런 주장을 펼쳤던 최초의 역사가였다고 생각된다 ; 그리고 영리하게도 그 이유를 밝혀낸 것은 기번이었다. 기번은 '그리스인들은 자신들의 나라가 로마의 한 속주로 전락하게 되자, 로마인의 승리를 로마 공화정의 우월성이 아니라 행운 탓으로 돌렸다'고 말했다.[18] 타키투스 역시 자신의 조국이 쇠퇴하던 시기의 역사가였지만, 그도 우연을 폭넓게

---

17) 이 문제에 대한 베리의 주장에 관해서는 『진보의 이념(The Idea of Progress)』, 1920, pp. 303-304를 볼 것.

18) Decline and Fall of the Roman Empire, ch. xxxviii. 그리스인들 역시 로마인들에게 정복당한 후 역사적으로 '그랬을지도 모른다'고 가정해보는 게임―패배자들이 좋아하는 위안거리―에 빠져들었다는 것은 특히 흥미로운 일이다. 그들은 만일 알렉산드로스 대왕이 젊은 나이에 죽지 않았다면 '서구를 정복했을 것이고 따라서 로마도 그리스 왕들에게 복종하게 되었을 것'이라고 자문자답했다(K. von Fritz, The Theory of the Mixed Constitution in Antiquity, N.Y., 1954, p. 395).

성찰하는 일에 골몰했던 또 한 사람의 고대 역사가였다. 영국의 저술가들이 역사에서의 우연의 중요성을 다시금 주장하게 된 것은 불안과 근심의 분위기가 확산되고 있던 시기부터였는데, 그런 분위기는 20세기와 함께 시작되어 1914년 이후에 뚜렷해졌다. 오랫동안 언급되지 않았던 그 문제에 관해서 최초로 말문을 연 영국의 역사가는 베리였다고 생각되는데, 그는 1909년 「역사에서의 다윈주의(Darwinism in History)」라는 논문에서 '우연의 일치라는 요소'에 주의를 환기시키면서, 그 요소는 상당한 정도까지 '사회가 진화하는 동안의 사건들을 결정하는 데에 기여한다'고 말했다 ; 그리고 1916년에는 「클레오파트라의 코(Cleopatra's Nose)」라는 제목의 또다른 논문에서 이 주제를 다루었다.[19] H. A. L. 피셔는, 이미 인용한 적이 있는 글에서, 제1차 세계대전 이후 자유주의의 꿈이 깨져버린 데에 대한 자신의 환멸을 드러내 보이면서 독자들에게 역사에서 '우연한 일과 뜻밖의 일이 수행하는 역할'을 인정하라고 요구하고 있다.[20] 이 나라에서 역사를 우연의 연속으로 보는 이론이 유행하게 된 것은 실존(實存)은 '어떠한 원인도, 이유도, 필연성도 가지지 않는다'—나는 사르트르의 유명한 『존재와 무(L'Être et le néant)』를 인용하고 있다—고 설파하는 한 무리의 철학자들이 프랑스에서 등장하게 된 시기와 일치했다. 독일에서는 이미 언급된 바 있는 노숙한 역사가인

19) 이 두 논문은 J. B. Bury, *Selected Essays* (1930)에 재수록되어 있다. 베리의 견해에 대한 콜링우드의 논평에 관해서는 *The Idea of History*, pp. 148-150을 볼 것.
20) 이 구절에 관해서는 이 책의 p. 56을 볼 것. 토인비는 *A Study of History*, v., p. 414에서 피셔의 말을 인용하고 있지만, 그의 인용은 완전한 오해를 드러내고 있다 : 토인비는 그 말을 '우연의 전능함을 믿는 근대 유럽 신앙'의 산물로 간주하면서 그 신앙이 자유방임을 '탄생시켰다'고 보았다. 하지만 자유방임 이론가들이 믿은 것은 우연이 아니라 다양한 인간행위에 자비로운 규칙성을 부여해주는 보이지 않는 손이었다 ; 따라서 피셔의 말은 자유방임적 자유주의의 산물이 아니라 1920-1930년대에 진행된 그것의 몰락의 산물이었다.

마이네케가 생애의 끝 무렵에 역사에서의 우연의 역할에 깊은 감동을 받게 되었다. 그는 랑케가 그것에 관해서 충분한 관심을 쏟지 않았다고 비난했다 ; 그리고 제2차 세계대전 이후에 마이네케는 지난 40년 동안의 독일 국가의 재앙은 독일 황제의 허영, 힌덴부르크(1847-1934. 독일의 군인)가 바이마르 공화국 대통령으로 선출된 것, 히틀러의 편집광적인 성격 등 일련의 우연한 사건들에서 비롯된 것으로 간주했다―이는 조국의 불행에 짓눌린 한 위대한 역사가의 정신적 파산을 보여주는 것이었다.[21] 역사에서의 운이나 우연의 역할을 강조하는 이론들이 역사적 사건들의 봉우리가 아니라 골짜기를 지나고 있는 집단이나 국민에게서 널리 퍼져 있다는 것을 알 수 있다. 시험성적이란 모두 운수 나름이라는 생각은 열등반에 배치될 사람들 사이에서 언제나 유행하게 마련이다.

그러나 어떤 신념의 출처를 드러낸다고 해서 그 신념을 해결할 수 있는 것은 아니다 ; 따라서 우리에게는 여전히 클레오파트라의 코가 역사의 기록 속에서 어떤 일을 하고 있는지 정확하게 찾아내야 하는 일이 남아 있다. 이 우연의 침투에 맞서 역사의 법칙을 수호하려고 했던 최초의 인물은 분명히 몽테스키외였다. 그는 로마인들의 위대함과 쇠락에 관해서 쓴 저작에서 '어떤 전투가 특정한 원인이 되어 마치 그 전투의 우연한 결과처럼 한 국가가 멸망했다고 해도, 단 한 번의 전투로 이 국가를 몰락시킨 어떤 일반적인 원인이 있는 것이다'라고 말했다. 이 문제에 관해서는 마르크스주의자들도 역시 상당한 어려움을 겪었다. 마르크스는 이 문제를 오직 한 번, 그것도 그저 어떤 편지에서 언급했을 뿐이다 :

---

21) 이와 관련된 여러 구절들은 F. Meinecke, *Machiavellism*에 붙인 W. Stark의 서문(pp. xxxv-xxxvi)에 인용되어 있다.

세계사는, 만일 그 안에 우연이 들어갈 여지가 없다면, 매우 신비스런 성격을 띠게 될 것이다. 이 우연 자체는 본래 일반적인 발전 경향의 일부이며, 다른 형태의 우연들에 의해서 상쇄된다. 그러나 발전 경향의 가속과 지체는 그러한 '우연들'에 좌우되며, 그 우연들에는 처음부터 어떤 변화의 선두에 있는 개인들의 '우연한' 성격이 포함되어 있다.[22]

따라서 마르크스는 역사에서의 우연을 세 가지 측면에서 해명한 셈이다. 첫째, 우연은 그리 중요하지 않다는 것이었다 ; 말하자면 우연이 사건의 경로를 '가속시키거나' 또는 '지체시킬' 수는 있지만 근본적으로 변경시킬 수는 없다는 점이 암시되어 있는 것이다. 둘째, 하나의 우연은 다른 우연에 의해서 상쇄되며, 그 결과 결국에는 우연이 저절로 소멸된다는 것이었다.[23] 셋째, 우연은 특히 개인의 성격으로 설명된다는 것이었다. 트로츠키는 하나의 기발한 비유를 통해서 우연들이 상쇄되고 스스로 소멸한다는 이론을 재차 강조했다 :

역사의 전 과정은 우연적인 것을 통해서 역사법칙이 굴절되는 그런 과정이다. 생물학 용어를 빌리면, 역사법칙은 우연의 자연도태를 통해서 실현된다고 말할 수 있을 것이다.[24]

솔직히 말하면, 나는 이런 이론이 불만족스럽고 설득력도 없다고 생각한다. 오늘날 역사에서의 우연의 역할은 그것의 중요성을 강조하려는 생각을 가진 사람들에 의해서 지나치게 과장되어 있다. 그렇더라도 우

---

22) Marx and Engels, *Works* (러시아어 역), xxxvi, p. 108.
23) 톨스토이는 『전쟁과 평화』의 "에필로그 i"에서 '우연'이라든가 '천재'라는 말은 궁극적인 원인을 이해할 수 없는 인간의 무능함을 표현해주는 용어들이나 다름없다고 했다.
24) L. Trotsky, *My Life* (1930), p. 422.

연은 존재하는 것이지만, 그렇다고 해서 그것이 단지 가속화시키거나 지체시킬 뿐 변경시키지 않는다고 말하는 것은 말장난이다. 또한 나는 어떤 우연한 사건—이를테면 레닌이 54세의 나이로 일찍 사망한 것—은 다른 어떤 우연에 의해서 자동적으로 상쇄되며 그런 식으로 역사과정의 균형이 회복된다고 하는 말을 믿어야 할 어떤 이유도 찾을 수 없다.

　역사에서의 우연은 단지 우리의 무지(無知)의 표지—그저 우리가 이해하지 못하는 어떤 것에 대한 하나의 명칭—일 뿐이라는 견해도 마찬가지로 적절하지 못하다.[25] 분명히 그런 일은 이따금씩 나타나고 있다. 유성(planet)이란 이름은 물론 '방랑자(wanderer)'를 뜻하는데, 그 이름은 별들이 하늘에서 무작정 떠돌아다닌다고 생각하여 그 운동의 규칙성을 이해하지 못했던 시대에 생겼다. 어떤 일을 불운이라고 말하는 것은 그 원인을 탐구해야 할 귀찮은 의무에서 벗어나고자 할 때 특히 즐겨 쓰는 방법이다 ; 그러므로 누군가가 나에게 역사는 우연의 연속이라고 말한다면, 나는 그가 지적으로 게으르거나 지적인 활동력이 저급한 것이 아닌가 의심하게 된다. 지금까지 우연한 일로 간주되어온 어떤 사건도 결코 우연한 것이 아니라 합리적으로 설명될 수 있고 사건들의 더 폭넓은 패턴에 의미 있게 합치될 수 있다고 지적하는 일은 진지한 역사가들에게서 흔히 찾아볼 수 있다. 그러나 이것 역시 우리의 질문에 대한 충분한 답변이 되지는 못한다. 우연은 그저 우리가 이해하지 못하는 어떤 것이 아니다. 나는 역사에서의 우연의 문제에 대한 해결은 전혀 다른 사고방식 속에서 추구되어야만 한다고 믿는다.

　이미 앞에서 우리는 역사가가 사실을 선택하고 배열하여 역사석 사실

---

25) 톨스토이도 이런 견해를 가지고 있었다 : '우리는 비합리적인 사건, 즉 우리로서는 그 합리성을 이해하지 못하는 사건을 설명할 때 운명론에 빠져들지 않을 수 없다'(*War and Peace*, Bk ix, ch. i). 또한 p. 140의 주 23)에 인용된 구절을 볼 것.

로 만드는 것에서 역사가 시작된다는 것을 알게 되었다. 모든 사실이 역사적 사실인 것은 아니다. 그러나 역사적 사실과 비역사적 사실 사이의 구별은 엄격한 것도 아니고 고정되어 있는 것도 아니다 ; 따라서 어떠한 사실도 일단 그것의 적절성과 중요성이 밝혀지면 역사적 사실의 지위로, 말하자면 승진할 수 있는 것이다. 지금 우리는 원인에 대한 역사가의 연구에서도 어느 정도 그와 비슷한 과정이 진행되고 있음을 보고 있다. 역사가와 그의 원인의 관계는 역사가와 그의 사실의 관계와 똑같이 이중적이고 상호적인 성격을 가진다. 원인은 역사과정에 대한 역사가의 해석을 결정하며, 그의 해석은 원인의 선택과 배열을 결정한다. 원인의 등급화, 즉 어느 하나의 원인이나 어느 일련의 원인들 혹은 또 다른 일련의 원인들의 상대적인 중요성을 가려내는 것이 역사가의 해석의 본질이다. 그리고 이것은 역사에서의 우연의 문제를 이해할 수 있게 하는 실마리를 제공한다. 클레오파트라의 코의 생김새, 바야지드가 관절통에 걸린 것, 원숭이가 알렉산드로스 국왕을 물어 죽인 것, 레닌의 사망—이런 사건들은 역사의 경로를 바꾸게 한 우연들이었다. 이것들을 감쪽같이 감추려고 하거나, 아니면 그것들이 어떤 식으로든 전혀 효과를 발휘하지 않았다고 꾸며대려는 것은 쓸데없는 짓이다. 다른 한편, 그 사건들이 우연적인 것인 한, 그것들은 역사에 대한 합리적인 해석이나 중요한 원인들에 대한 역사가의 순위 부여에 끼어들지 못한다. 포퍼 교수와 벌린 교수—내가 다시 한번 그들을 인용하는 것은 그들이 가장 유명하고 가장 넓은 독자층을 가지고 있는, 우연을 강조하는 학파의 대표자들이기 때문이다 —는, 역사과정에서 중요성을 찾아내고 그것으로부터 결론을 이끌어내려는 역사가의 시도는 '경험 전체'를 하나의 균형 잡힌 질서로 격하시키려는 시도와 같은 것이며, 역사에서의 우연의 존재 때문에 그런 식의 모든 시도는 애당초 실패하게 되어 있다고 주장한다. 그러나 제정신을 가진 역사가라면 감히 '경험 전체'를 망라하겠다는 터무니없는 짓을 하지 않는다 ; 그 역사가는 자신이 선택한 역사 연구분야나 연구영역에서조차 사실들의 근소한 부분만을 망라할 수 있을 뿐이다. 과학자의 세계와 마찬가지로 역사가의 세계도 사진을 찍어놓은 것과 같은 현실세계의 복사판이 아니라, 역사가로 하여금 다소간 효과적으로 현실세계를 이해하고 지배할 수 있게 하는 일종의 작업 모델이다. 역사가는 과거의 경험에서, 즉 그가 입수할 수 있을 만큼의 과거의 경험에서 합리적인 설명과 해석을 가할 수 있다고 인정되는 부분들을 추려내어, 그것으로부터 연구의 지침으로 기여할 수 있는 결론을 이끌어낸다. 최근에 어느 인기작가는 과학의 성과들에 관해서 이야기하는 가운데 인간의 정신과정을 그럴듯하게 묘사했는데, 그에 의하면 인간의 정신은 '관찰된 "사실"이라는 넝마주머니를 샅샅이 훑어보고 나서, 그 관찰된 사실들 중에서 **부적당한** 것은 버리고 **적당한** 것은 골라내어, 그것들을 이어붙이고 본을 떠서 비로소 논리적이고 합리적인 "지식"의 누비이불로 꿰맨다'는 것이다.[26] 과도한 주관주의의 위험에 빠질 수 있는 한계를 어느 정도 보여주고는 있으나, 나는 그의 말을 역사가의 정신이 작용하는 방식을 묘사한 말로 받아들이겠다.

　이러한 과정은 철학자들은 물론 일부의 역사가들마저 곤혹스럽게 만들면서 충격을 줄지도 모른다. 그러나 그것은 실제적인 일상사에 붙들려 살고 있는 보통사람들에게는 전혀 낯선 것이 아니다. 보기를 들어보자. 평상시의 음주량 이상을 마시고 파티에서 돌아오고 있던 존스는 거의 앞을 분간할 수 없는 컴컴한 길모퉁이에서, 나중에 브레이크에 걸함이 있는 것으로 판명된 차로 로빈슨을 치어 죽였는데, 로빈슨은 마침 그 길모퉁이에 있는 가게에서 담배를 사기 위해서 길을 건너던 중이었

26) L. Paul, *The Annihilation of Man* (1944), p. 147.

다. 혼란이 수습된 후, 우리는—말하자면 지방경찰서 같은 곳에—모여서 그 사건의 원인을 조사하게 된다. 그것은 운전자가 반쯤 취한 상태였기 때문이었는가?—그럴 경우 형사소추가 가능할 것이다. 아니면 결함이 있는 브레이크 때문이었는가?—그럴 경우 겨우 1주일 전에 그 차를 정밀검사한 수리점에 대해서 무엇인가 조치가 있을 것이다. 아니면 컴컴한 길모퉁이 때문이었는가?—그럴 경우 도로를 관리하는 당국이 그 문제점에 주의를 기울이도록 소환될 것이다. 우리가 이런 실제적인 문제들을 논의하고 있는 동안, 두 사람의 유명인사—나는 그들의 신원을 밝히지는 않겠다—가 방으로 불쑥 들어와서는 우리에게, 만일 그날 밤 담배갑에 담배만 있었던들 로빈슨은 그 길을 건너지 않았을 것이며 따라서 죽지도 않았을 것이다. 그러므로 로빈슨이 담배를 피우고 싶어한 것이 죽음의 원인이었다, 이 원인을 무시하는 모든 조사는 시간낭비가 될 것이며, 그런 조사에서 이끌어낸 어떠한 결론도 무의미하고 쓸모없는 것이다라고 대단히 유창하고 설득력 있게 말하기 시작한다. 자, 우리는 어떻게 해야 할까? 우리는 재빨리 그 거침없는 웅변을 가로막고 두 방문객을 공손하게 그러나 단호하게 문 쪽으로 밀어내고는, 절대로 그들을 다시 들여보내서는 안 된다고 수위에게 지시한 다음 조사를 계속한다. 그러나 우리는 그 훼방꾼들에게 어떤 답을 줄 수 있을까? 물론 로빈슨은 애연가였기 때문에 죽었다. 역사에서의 우연과 우발성을 신봉하는 자들이 말하는 모든 것은 완전히 사실이며 완전히 논리적이다. 거기에는 우리가 『이상한 나라의 앨리스(*Alice in Wonderland*)』라든가 『거울 속으로(*Through the Looking Glass*)』*에서 발견하는 것과 같은 가차 없는 논리가 있다. 나는 옥스퍼드 대학교 학풍의 원숙한 본

---

* 두 작품 모두 바로 뒤에 나오는 도지슨(Charles Dodgson)이 루이스 캐럴(Lewis Caroll)이라는 필명으로 발표한 것이다.

보기를 보여주는 그 작품들에 대해서는 누구 못지않게 탄복하고 있지만, 그러나 그것들과는 방식을 달리하는 나의 논리는 다른 곳에 간직하고 싶다. 도지슨적 방식은 역사의 방식이 아니다.

결국 역사란 역사적 중요성이라는 측면에서 이루어지는 선택의 과정이다. 다시 한번 탤컷 파슨스의 말을 빌리면, 역사는 실체에 대한 인식적 지향들의 '선택체계(selective system)'일 뿐만 아니라 인과적 지향들의 '선택체계'이다. 역사가는, 끝없는 사실의 바다에서 자신의 목적을 위해서 중요한 것을 선택하는 것과 마찬가지로, 무수한 인과적 전후관계들 중에서 역사적으로 중요한 것을, 오직 그런 것만을 추출해낸다 ; 그리고 역사적 중요성을 가르는 기준이 되는 것은 그 전후관계를 자신의 합리적인 설명과 해석의 패턴에 합치시키는 역사가의 능력이다. 그 밖의 다른 인과적 전후관계들은 우연적인 것으로서 배제되어야만 하는데, 그 이유는 원인과 결과 사이의 관계가 특별하기 때문이 아니라 그 전후관계 자체가 적절하지 못하기 때문이다. 그런 것은 역사가에게 아무 소용도 없다 ; 그것은 합리적인 해석에 적합하지 않으며 과거나 현재에 대해서 아무런 의미도 가지지 않는다. 클레오파트라의 코나 바야지드의 관절통이나 알렉산드로스가 원숭이에게 물린 것이나 레닌의 죽음이나 로빈슨의 흡연 등이 이러저러한 결과들을 낳았다는 것은 사실이다. 그러나 장군들이 전투에서 패배하는 것은 아름다운 여왕들에게 홀렸기 때문이라든가, 왕들이 애완원숭이들을 키우기 때문에 전쟁이 발발한다든가, 사람들은 담배를 피우기 때문에 길을 건너다가 죽는다든가 하는 식으로 말하는 것은 일반적인 명제로서는 성립되지 않는다. 반면에 여러분이 보통사람에게 로빈슨은 운전자가 술에 취했기 때문에, 혹은 브레이크가 작동하지 않았기 때문에, 혹은 도로의 모퉁이가 컴컴했기 때문에 죽었다고 말한다면, 그 사람은 그 말을 완전히 사리에 맞는 합리적인 설명이라고 생각할 것이다 ; 만일 그 사람이 원인을 구별하려고 든다면, 그는 로빈슨이 사망한 '현실적인(real)' 원인은 그와 같은 것이었지 로빈슨이 담배를 피우고 싶어했기 때문은 아니었다고까지 말할 것이다. 마찬가지로, 만일 여러분이 역사학도에게 1920년대 소련에서의 투쟁들은 공업화의 속도에 관한, 혹은 농민들로 하여금 도시에 공급할 곡물을 재배하도록 만들 최선의 방법에 관한 논쟁에서 비롯되었다거나, 심지어 경쟁하고 있던 지도자들의 개인적인 야심에서 비롯되었다고 말한다면, 그는 이런 것들이 다른 역사적 상황에도 마찬가지로 적용될 수 있다는 의미에서 역사적으로 중요한 합리적인 설명이라고 느낄 것이고, 아울러 레닌의 때 이른 사망이라는 우연은 현실적인 원인이 아니라는 의미에서 그런 것들이야말로 사건의 '현실적인' 원인들이라고 느낄 것이다. 만일 그가 이러한 일들에 관해서 곰곰이 생각하기를 좋아한다면, 그는 무수히 인용되고는 있지만 무수히 오해되고 있는 『법철학(*Grundlinien der Philosophie des Rechts*)』 서문에 나오는 헤겔의 격언, 즉 '합리적인 것은 현실적인 것이고 현실적인 것은 합리적인 것(what is rational is real, and what is real is rational)'이라는 격언을 되새겨보기까지 할지도 모른다.

잠시 로빈슨의 사망의 원인에 관한 이야기로 다시 돌아가보도록 하자. 우리는 그다지 어렵지 않게 그 원인들 중 어떤 것들은 합리적이며 '현실적'이라는 것, 그리고 다른 원인들은 비합리적이며 우연적이라는 것을 인정했다. 그러나 우리는 어떤 기준으로 그렇게 구별했을까? 이성적 사고의 능력은 보통 어떤 목적을 위해서 발휘된다. 지식인들은 이따금 재미삼아 사고할 수도 있고 그렇게 한다고 생각할 수도 있다. 그러나 대체로 말하자면, 인간은 어떤 목적을 향해서 사고한다. 그러므로 어떤 설명들은 합리적이라고 인정했고 다른 설명들은 합리적이지 않다고 인정했다면, 우리는 일정한 목적에 기여하는 설명들과 그렇지 못한 설명들을 구별한 것이라고 생각된다. 우리가 이야기하고 있는 사건의 경우, 운전자의 음주벽을 단속하거나 브레이크의 상태를 더욱 엄격하게 검사하거나 도로 구역을 개선한다면 교통사고로 인한 사망자 수의 감소라는 목적에 기여할 수 있으리라고 추정한 것은 이치에 닿는 것이었다. 그러나 사람들에게 담배를 피우지 못하게 하면 교통사고로 인한 사망자 수가 감소될 수 있다고 추정한 것은 도무지 말이 안 되는 것이었다. 우리의 구분기준이란 이런 것이다. 그리고 그것은 역사에서의 원인에 대한 태도에 대해서도 마찬가지로 통용된다. 그 문제에서도 우리는 합리적인 원인과 우연적인 원인을 구별한다. 합리적인 원인은 다른 나라, 다른 시기, 다른 조건에서도 언젠가 적용될 가능성이 있기 때문에 결국 유익한 일반적인 원인이 되며, 따라서 그것으로부터 교훈을 얻을 수 있게 된다 ; 그것은 우리의 이해를 확장시키고 심화시킨다는 그 목적에 기여한다.[27] 우연적인 원인은 일반화될 수 없다 ; 또한 그것은 그야말로 말 그대로 독특한 것이기 때문에, 어떠한 교훈도 가르쳐주지 않으며 어떠한 결론도 가져다주지 못한다. 그러나 여기에서 나는 또 하나의 논점을 지적해야만 한다. 우리가 역사에서의 인과관계를 다루는 데에 열쇠를 제공하는 것은 바로 이렇듯 어떤 목적이 고려되고 있는가 하는 관념이다 : 그리고 이 관념은 필연적으로 가치판단을 포함한다. 우리가

----

27) 포퍼 교수도 이 문제에 걸려 잠시 비틀거리고 있으나, 그것을 이해하지는 못하고 있다. 그는 '근본적으로 암시성(暗示性, suggestiveness) 및 자의성(恣意性, arbitrariness)(그 암시성이나 자의성이 정확히 무엇을 의미하는지는 모르겠지만)과 동일한 수준에 있는 다양한 해석들'을 상정하고 나서는, '그 해석들 중의 일부는──어느 정도 중요한 하나의 사안인──그 풍부함에 의해서 구별될 수 있을 것이다'라는 삽입구를 덧붙이고 있다 (*The Poverty of Historicism*, p. 151). 그것은 어느 정도 중요한 하나의 사안(*a* point)이 아니다 : 그것이야말로 '역사주의'가 (그 용어의 몇 가지 의미들에서는) 결코 빈곤한 것이 아니라는 사실을 입증해주는 바로 그 사안(*the* point)이다.

지난번 강연에서 살펴보았듯이, 역사에서의 해석은 언제나 가치판단과 밀접하게 연관되며, 인과관계는 해석과 밀접하게 연관된다. 마이네케— 1920년대의 마이네케인 그 위대한 마이네케—의 말을 빌리자면, '역사에서의 인과관계에 대한 연구는 가치와의 연관 없이는 불가능하며……인과관계의 연구의 이면에는 직접적으로든 간접적으로든 항상 가치의 추구가 놓여 있다.'[28] 그런데 이 말은 내가 저 앞에서 말한 것, 즉 역사의 이중적이고 상호적인 기능—우리의 과거에 대한 이해를 현재에 비추어서, 그리고 현재에 대한 이해를 과거에 비추어서 심화하는 것—을 상기시킨다. 클레오파트라의 코에 안토니우스가 반했다는 따위의, 그 이중적 목적에 기여하지 못하는 것들 모두는 역사가의 관점에서 볼 때는 죽은 것이고 무익한 것이다.

이쯤에 이르면 내가 여러분에게 사용해온 얼마간 좀스런 속임수를 고백해야 할 때가 된 것 같다. 물론 여러분은 어렵지 않게 그 속임수를 꿰뚫어보았을 것이고, 또한 그것이 몇몇 경우에 내가 말해야만 했던 것을 축약시키고 단순화할 수 있도록 해주었기 때문에, 아마 여러분은 그 속임수가 일종의 편리한 약어(略語)와 같은 것이었다고 관대하게 생각해주겠지만 말이다. 나는 지금까지 일관되게 '과거와 현재'라는 진부한 관용구를 사용해왔다. 그러나 우리 모두가 알고 있듯이 현재는 과거와 미래를 가르는 상상적인 분할선으로서 일종의 관념적인 실재에 불과하다. 현재를 이야기할 때, 나는 이미 또다른 시간의 차원을 몰래 논의에 끌어들인 것이다. 과거와 미래는 동일한 시간대의 일부이기 때문에 과거에 대한 관심과 미래에 대한 관심이 서로 연관되어 있다는 것은 쉽게 설명할 수 있다고 생각한다. 역사 이전시대와 역사시대 사이의

---

28) *Kausalitäten und Werte in der Geschichte* (1928). F. Stern, *Varieties of History* (1957), pp. 268, 273에 번역되어 있음.

경계선은 사람들이 더 이상 현재 속에서만 살려고 하지 않고 그들의 과거와 그들의 미래 모두에 의식적으로 관심을 가지게 될 때 무너지게 된다. 역사는 전통의 계승에서 시작된다 ; 그리고 전통은 과거의 관습과 교훈을 미래로 전달하는 것을 의미한다. 과거의 기록은 미래의 세대를 위해서 보존되기 시작한다. 네덜란드의 역사가 하위징아(1872-1945)는 '역사적 사유란 항상 목적론적이다'라고 말한다.[29] 최근에 찰스 스노 경은 러더퍼드에 관해서 '모든 과학자들과 마찬가지로……러더퍼드는 미래가 무엇을 의미하는지를 거의 생각하지 않으면서도 미래를 뼛속 깊이 느꼈다'고 말했다.[30] 훌륭한 역사가라면 미래에 관해서 생각하든 생각하지 않든 미래를 뼛속 깊이 느끼는 사람이 아닌가 생각된다. 역사가는 '왜?'라는 질문에 더하여 '어디로?'라는 질문도 제기한다.

---

29) J. Huizinga, *Varieties of History*, ed. F. Stern(1957), p. 293에 번역되어 있음.
30) *The Baldwin Age*, ed. John Raymond(1960), p. 246.

5
진보로서의 역사

30년 전 포위크(1879-1963. 영국의 역사가) 교수가 옥스퍼드 대학교의 근대사 흠정강좌 담당교수로 취임하면서 행한 강연 중의 한 구절을 인용하면서 이야기를 시작해보도록 하자 :

> 역사를 해석하려는 열망은 너무도 뿌리 깊은 것이어서, 만일 우리가 과거에 대해서 무엇인가 건설적인 견해를 가지고 있지 않으면 신비주의나 냉소주의에 빠지게 된다.[1]

나는 '신비주의(mysticism)'란 역사의 의미를 역사 밖의 어딘가에서, 즉 신학이나 내세론의 영역에서 찾을 수 있다는 견해—베르댜예프나 니부어나 토인비와 같은 필자들의 견해—를 뜻하리라고 생각한다.[2] '냉소주의(cynicism)'란 역사에는 아무런 의미도 없다는, 혹은 유효하기도 하면서 동시에 쓸모없기도 한 수많은 의미들이 있다는, 혹은 우리가 마음대로 골라잡아 부여한 의미만이 있다는 견해를 뜻하는데, 그 사례들

---

1) F. Powicke, *Modern Historians and the Study of History* (1955), p. 174.
2) 토인비가 의기양양하게 주장했듯이, '역사는 신학(神學)이 되어버린다'(*Civilization on Trial*, 1948, "서문").

에 관해서는 내가 몇 차례 인용한 적이 있다. 이것들이 오늘날 아마 가장 인기 있는 두 가지 역사관일 것이다. 그러나 나는 서슴지 않고 그 두 가지 모두 거부하겠다. 그러면 우리에게는 '과거에 대한 무엇인가 건설적인 견해'라는, 이상하기는 하지만 시사적인 문구가 남게 된다. 포위크 교수가 그 문구를 사용했을 때 어떤 생각을 했는지는 알 도리가 없으므로, 나는 그 문구를 내 나름대로 해석해보겠다.

아시아의 고대문명과 마찬가지로, 그리스와 로마의 고전문명도 기본적으로는 비역사적이었다. 우리가 이미 살펴보았듯이, 역사의 아버지인 헤로도토스에게는 후계자가 거의 없었다 ; 그리고 고전고대(古典古代, calssical antiquity)의 저술가들은 대체로 과거나 미래에 대해서 별로 관심이 없었다. 투키디데스는 자기가 서술한 사건들이 발생하기 전까지는 중요한 일이라고는 없었다고 믿었으며, 또한 그 후에라도 중요한 일이라고는 일어날 것 같지 않다고 믿었다. 루크레티우스(기원전 96?-55, 로마의 철학자, 시인)는 미래에 대한 인간의 무관심이 과거에 대한 무관심에서 나온다고 보면서 이렇게 말했다 :

우리가 태어나기 전에, 영원한 시간을 가진 저 과거의 시대들이 어째서 우리 시대의 관심사가 아니었는지를 생각해보라. 이런 것이야말로 자연이 우리가 죽은 후 미래의 시간에 우리를 비치게 하는 거울이다.[3]

보다 밝은 미래에 대한 시적(詩的)인 전망은 과거의 황금시대로의 복귀에 대한 전망으로 나타났다—이것은 역사과정을 자연과정과 동일시했던 일종의 순환론적 사고였다. 역사는 어딘가를 향해 가고 있는 것이 아니었다 : 당시에는 과거에 대한 감각이 없었기 때문에, 미래에 대

3) *De Rerum Natura*, iii, pp. 992-995.

한 감각도 마찬가지로 없었다. 베르길리우스도 전원시 제4편에서 황금시대로의 복귀를 고전적으로 묘사했지만, 그래도 그만이 『아이네이스(Aeneis)』*에서 잠시나마 용감하게 순환론적인 관념을 극복했을 뿐이다 : 그가 '나는 제왕권(帝王權)을 영원히 물려주었노라'라고 말한 것은 가장 비고전적인 생각이었으며, 그 때문에 후일 베르길리우스는 기독교적인 예언자와 유사한 인물로 인식되었다.

역사과정이 지향하는 어떤 목표를 설정함으로써 완전히 새로운 요소—목적론적 역사관—를 도입한 것은 유대인들이었고, 그 다음으로는 기독교도들이었다. 그리하여 역사는 의미와 목적을 가지게 되었지만, 그 대신 세속적인 성격을 상실했다. 역사의 목적에 도달한다는 것은 자동적으로 역사의 종말을 의미할 것이다 : 그리하여 역사 그 자체가 일종의 신정설(神正說, theodicy)이 되었다. 이것이 중세의 역사관이었다. 르네상스는 인간 중심의 세계와 이성의 우위라는 고전적인 견해를 복원시켰지만, 고전적인 비관적 미래관을 유대-기독교적 전통에서 유래하는 낙관적 미래관으로 대체시켰다. 일찍이 적대적이고 파괴적이었던 시간은 이제 우호적이고 창조적인 것으로 변했다 : '흘러가는 시간과 함께 멸망하지 않는 것은 무엇인가?'라는 호라티우스(기원전 65-8. 고대 로마의 시인, 풍자작가)의 말과 '진리는 시간의 딸이다'라는 베이컨의 말을 비교해보라. 근대 역사학의 창시자들인 계몽주의 시대의 합리주의자들은 유대-기독교적인 목적론적 견해를 견지했지만 그 목적은 세속화시켰다 : 그렇게 함으로써 그들은 역사과정 그 자체의 합리적인 성격을 복원시킬 수 있었다. 역사는 지상에서의 인간세계의 완성이라는 복적을 향해 진보하는 것으로 변했다. 가장 위대한 계몽주의 역사가인 기번은, 그의 연구주제의 성격에도 불구하고, 그가 '유쾌한 결론이라고

*고대 로마의 건국을 노래한 베르길리우스의 대서사시로서 기원전 30-19년에 완성되었다.

말한 것, 즉 세계의 모든 시대는 인류의 실질적인 부와 행복과 지식을, 그리고 어쩌면 덕성까지도 증대시켜왔다는 것'을 거리낌 없이 기록할 수 있었다.[4] 진보의 신앙은 영국의 번영과 힘과 자신감이 최고조에 달했던 시기에 그 절정에 달했다 ; 그리고 영국의 작가들과 역사가들은 그 신앙의 가장 열렬한 숭배자들이었다. 그 모습은 너무 낯익은 것이므로 설명이 필요 없을 것이다 ; 그러므로 나는 그저 한두 구절을 인용하여 진보의 신념이 얼마나 최근까지 여전히 우리의 모든 사고의 전제가 되어 있는지를 설명해보겠다. 액턴은, 내가 맨 처음 강연에서 인용한 『케임브리지 근대사』의 편찬계획에 관한 1896년의 보고서에서, 역사를 '진보적인 학문(a progressive science)'이라고 불렀다 ; 그래서 그는 그 역사책 제1권의 서문에 '우리는 인간세계에서의 진보를 역사서술의 근거가 될 과학적인 가설로 전제해야만 한다'고 쓴 것이다. 내가 학부생이었을 때, 내가 다니던 대학의 지도교수였던 댐피어(1867-1952. 영국의 과학사가)는 1910년에 출간된 『케임브리지 근대사』 마지막 권에서, '미래의 시대에는 자연자원에 대한 인간의 지배력과 인류의 복지를 위한 그 자원의 현명한 이용이 무한히 증대하리라'는 것을 믿어 의심치 않았다.[5] 지금 이야기하려는 것에 비추어볼 때, 나는 내가 교육받았을 때의 분위기가 그러했다는 점과, 또한 나보다 15년 연장자인 버트런드 러셀이 '나는 빅

---

4) Gibbon, *Decline and Fall of the Roman Empire*, ch. xxxviii. 기번이 이런 생각에서 벗어나게 된 것은 서구(西歐) 제국의 몰락 때문이었다. 1960년 11월 18일자 *The Times Literary Supplement*에서 이 구절을 인용하면서 어느 비평가는 기번이 정말로 그렇게 생각했는지 묻고 있다. 물론 그는 그렇게 생각했다. 한 저자의 관점은 그가 쓰고자 하는 시대보다는 그가 살고 있는 시대를 반영하는 법이다―이 진리는 20세기 중반의 자신의 회의주의를 18세기 말의 한 저자에게 이입해보려고 하는 그 비평가에 의해서도 충분히 밝혀지고 있다.

5) *Cambridge Modern History : Its Origin, Authorship, and Production* (1907), p. 13 ; *Cambridge Modern History*, i(1902), p. 4 ; xii(1910), p. 791.

토리아 시대의 낙관주의가 넘쳐흐를 때 성장했으며, 그래서……나에게는 아직도 그 당시의 느긋했던 희망찬 기분이 남아 있다'고 말한 것에 주저 없이 공감할 수 있다는 점을 떳떳하게 인정하는 편이다.[6]

베리가 『진보의 이념(*The Idea of Progress*)』이라는 책을 쓴 1920년에는 이미 더욱 황폐한 분위기가 지배적이었고, 그래서 그도 당시의 풍조에 굴복하여 그것에 대한 책임을 '러시아에서 현재의 공포정치를 확립시킨 교조주의자들'에게 전가시켰지만, 그럼에도 불구하고 그는 여전히 진보를 '서유럽 문명을 활기차게 만들고 그것을 지배하는 이념'이라고 서술했다.[7] 그 이후에는 이런 어조마저 사라졌다. 러시아 황제 니콜라이 1세는 '진보'라는 단어를 쓰지 말라는 명령을 내렸다고 한다 : 오늘날 서유럽의 심지어는 미국의 철학자들과 역사가들은 뒤늦게 그에게 동의하게 되었다. 진보라는 가설은 논박당해왔다. 서구의 쇠퇴라는 말은 너무 낯익은 문구가 되었기 때문에 더 이상 인용부호가 필요하지 않다. 그러나 이 모든 아우성들은 그렇다 치더라도, 정말이지 무슨 일이 일어난 것일까? 그 새로운 여론은 누구에 의해서 형성된 것일까? 불과 며칠 전 나는 이제까지 내가 알고 있는 한 유일하게 날카로운 계급감각을 무심코 드러내고 있다고 간주되는, 버트런드 러셀의 다음과 같은 말을 우연히 발견하고서는 깜짝 놀랐다 : '대체로 오늘날의 세계에는 100년 전보다도 훨씬 적은 자유가 존재한다.'[8] 나는 자유를 계산할 잣대를 가지고 있지 않으며, 소수의 보다 적은 자유를 다수의 보다 큰 자유와 어떻게 견주어보아야 하는지 알지 못한다. 그러나 어떤 계산 기준에 근거하더라도, 나로서는 그의 말이 터무니없이 그릇된 것이라고 생각할 수밖에

---

6) B. Russell, *Portraits From Memory* (1956), p. 17.
7) J. B. Bury, *The Idea of Progress* (1920), pp. vii-viii.
8) B. Russell, 위의 책, p. 124.

없다. 나는 A. J. P. 테일러 씨가 옥스퍼드 학자들의 생활을 들여다보고 때때로 우리에게 전해준 재미있는 일화들 중의 한 가지에 더 흥미를 느낀다. 그는 문명의 쇠퇴에 관한 지금의 모든 이야기는 '그저 대학교 교수들이 옛날에는 하인을 부렸는데 이제는 직접 설거지를 한다는 것을 의미할 뿐'이라고 말했다.[9] 당연히 옛날의 하인들에게 교수들의 설거지는 진보의 상징일 수 있다. 아프리카에서의 백인 지배의 상실은 대영제국의 옹호자들, 남아프리카의 백인 공화주의자들, 금광이나 동광(銅鑛) 분야의 주식 투자자들에게는 근심스러운 일이지만 다른 사람들에게는 진보처럼 보일 수 있다. 나는 이 진보의 문제에 관해서 볼 때, 어째서 1890년대의 판단보다는 1950년대의 판단을, 러시아, 아시아, 아프리카의 판단보다는 영어 사용권 세계의 판단을, 맥밀런(1894-1986, 영국의 정치가) 씨의 말마따나 결코 좋은 처지에 있어본 적이 없었던 보통사람의 판단보다는 중산계급 지식인의 판단을 사실상 더 선호해야만 하는지 그 이유를 전혀 알지 못한다. 우리가 진보의 시대에 살고 있는지 아니면 쇠퇴의 시대에 살고 있는지의 문제에 대한 판단은 잠시 미루어 놓고, 진보의 개념에는 무엇이 함축되어 있고 그 이면에는 어떠한 전제들이 놓여 있는지, 그리고 그 전제들은 어느 정도까지 인정될 수 없는지 등을 좀더 자세히 검토해보도록 하자.

첫째로, 나는 진보(progress)와 진화(evolution)에 관한 혼란스런 생각부터 제거하고 싶다. 계몽주의 사상가들은 명백히 모순되는 두 개의 견해들을 취했다. 그들은 인간의 위치를 자연계 안에서 해명하려고 애썼다 : 역사의 법칙이라는 것도 자연의 법칙과 동일시되었다. 다른 한편, 그들은 진보를 믿었다. 그러나 자연을 진보하는 것으로, 즉 끊임없이

9) *The Observer*, 21 June 1959.

어떤 목적을 향해 전진하는 것으로 받아들인 데에는 어떤 근거가 있었던가? 헤겔은 역사는 진보하는 것이고 자연은 진보하지 않는 것이라고 뚜렷이 구분하는 바람에 어려움에 봉착했다. 다윈의 혁명은 진화와 진보를 동일시함으로써 모든 혼란을 제거하는 것처럼 보였다 : 자연도 역사와 마찬가지로 결국 진보하는 것이 되어버렸다. 그러나 이것은 진화의 원천인 생물학적인 유전(biological inheritance)을 역사에서의 진보의 원천인 사회적인 획득(social acquisition)과 혼동함으로써 훨씬 더 심각한 오해에 이를 수 있는 길을 열어놓았다. 익히 알려져 있듯이 그 둘은 분명히 구별된다. 어떤 유럽의 아이를 중국인 가족에게 맡기면, 그 아이는 피부는 희지만 중국말을 하는 사람으로 성장할 것이다. 피부색의 형성은 생물학적인 유전이며, 언어는 인간의 두뇌를 매개로 하여 전승되는 사회적인 획득물이다. 유전에 의한 진화는 수천 년 또는 수백만 년 단위로 측정되어야만 한다 ; 역사가 쓰이기 시작한 이래, 인간에게 중요한 생물학적인 변화는 일어나지 않았다고들 한다. 획득을 통한 진보는 세대 단위로 측정될 수 있다. 이성적인 존재로서의 인간의 본질은 과거세대의 경험을 축적하여 자신의 잠재능력을 발전시킨다는 데에 있다. 5,000년 전의 조상보다 현대인의 두뇌가 더 크지도 않으며 타고난 사고능력이 더 큰 것도 아니라고 한다. 그러나 현대인은 그동안 여러 세대의 경험을 습득하여 그것을 자신의 경험에 합체시킴으로써 사고의 유효성을 몇 배나 증가시켜왔다. 생물학자들이 거부하고 있는 획득형질(獲得形質, acquired characteristics)의 전승이야말로 사회적 진보의 바로 그 기조인 것이다. 역사란 획득된 기술이 한 세대에서 다음 세대로 전승되는 것을 통해서 이루어지는 진보라고 할 수 있다.

둘째로, 우리는 진보에 일정한 출발점이나 종점이 있다고 생각할 필요가 없으며 그렇게 생각해서도 안 된다. 기원전 4000년대에 나일 강

유역에서 문명이 만들어졌다는 확신은, 오늘날에 와서는 50년 전에 비해서 인기가 떨어지기도 했지만, 세계가 창조된 해를 기원전 4004년에 두고 있는 연대기만큼이나 믿을 수 없다. 우리는 문명의 탄생을 진보에 관한 우리의 가설의 출발점으로 삼으려고 할지도 모르겠으나, 문명은 결코 어떤 발명품이 아니라 아마도 때때로 발생했을 극적인 비약이 수반된 무한히 점진적인 발전의 과정이었다. 우리는 진보가―또는 문명이―언제 시작되었는지의 문제로 고민할 필요가 없다. 이보다 더 심각한 오해를 초래한 것은 진보에 일정한 종점이 있다는 가설이었다. 헤겔이 프로이센 군주국가에서 진보의 종점을 찾은 것―이것은 분명 예언은 불가능하다는 자신의 견해를 지나치게 무리하게 해석한 결과였다―때문에 비난받아온 것은 정당했다. 그러나 헤겔의 탈선도 저 빅토리아 시대의 유명인사인 럭비(Rugby) 학교의 교장 아널드(1795–1842, 영국의 교육자, 역사가인 토머스 아널드를 가리킴)에는 미치지 못하는 것이었으니, 그는 1841년 옥스퍼드 대학교의 근대사 흠정강좌 담당교수로서 행한 취임강연에서 근대사는 인류 역사의 최종 단계일 것이라고 생각하면서 이렇게 말했다 : '근대사를 보면, 마치 그 다음에는 미래의 역사가 없을 것처럼, 시간이 꽉 차 있는 듯이 보인다.'[10] 프롤레타리아 혁명으로 계급 없는 사회라는 궁극적인 목표가 실현될 것이라는 마르크스의 예언은 논리적으로나 도덕적으로나 비난받을 점이 더 적었다 ; 그러나 역사의 종점을 가정하는 것은 역사가보다는 신학자에게나 더 어울릴 법한 종말론의 냄새를 풍기며, 역사의 외부에 목표를 두는 오류로 되돌아가는 것이다. 정해져 있는 종점이라는 것은 확실히 사람들의 마음을 끌어당긴다 ; 그리고 역사의 진행을 자유를 향한 끊임없는 진보로 보았던 액턴의 견해는 냉랭하고 막막하게 보인다. 그러나 만일 역사가가 진

10) T. Arnold, *An Inaugural Lecture on the Study of Modern History* (1841), p. 38.

보라는 가설을 지키려고 한다면, 진보를 계속되는 여러 시대의 요구사항과 조건에 의해서 각 시대만의 특정한 내용이 채워지는 과정으로 기꺼이 간주해야만 한다고 생각된다. 그리고 바로 이것이야말로 역사는 진보의 기록이며 '진보적인 학문'이라고 말한 액턴의 명제, 혹은 역사는 그 말의 두 가지 의미—사건의 경과라는 의미와 사건의 기록이라는 의미—모두에서 진보적이라고 말한 것이라고 해도 좋은 그 액턴의 명제의 의미이다. 역사에서의 자유의 전진에 관한 액턴의 설명을 다시 살펴보자 :

변화는 빨랐으나 진보는 늦었던 400년간, 자유가 유지되고, 확보되고, 확대되어 마침내 이해된 것은 폭력의 지배와 항상 존재하는 악의 지배에 부득이 저항할 수밖에 없었던 약자들의 결집된 노력 덕분이었다.[11]

액턴은 사건의 경과로서의 역사를 자유를 향한 진보로 인식했고, 사건의 기록으로서의 역사를 자유의 이해를 향한 진보로 인식했다 : 그 두 과정은 나란히 전진했다.[12] 진화로부터 유추하는 것이 유행하던 시대에 글을 썼던 철학자인 브래들리(1846-1924. 영국의 철학자)는 '종교적 신앙의 경우, 진화의 목적은……이미 진화되어 있는 것으로 나타난다'고 말했다.[13] 역사가의 경우에 진보의 목적은 이미 진화된 것일 수 없다. 그것은 여전히 한없이 먼 곳에 있는 어떤 것이다 ; 그리고 그곳으로 가게 하는 이정표들은 우리가 전진해야만 시야에 들어온다. 그렇다고 해서 그것의 숭고성이 삼소되는 것은 아니다. 나침반은 소중할 뿐만 아니

11) Acton, *Lectures on Modern History* (1906), p. 51.
12) 카를 만하임도 *Ideology and Utopia* (영역본, 1936), p. 236에서 인간의 '역사를 형성하려는 의지'를 '역사를 이해할 수 있는 능력'과 연관시키고 있다.
13) F. H. Bradley, *Ethical Studies* (1876), p. 293.

라 참으로 필수적인 길라잡이이다. 그러나 그것이 도로지도인 것은 아니다. 역사의 내용은 우리가 역사를 경험해야 현실화될 수 있다.

나의 세 번째 논점은, 분별 있는 사람이라면 그 누구도 역전과 일탈과 중단 없이 곧장 일직선으로 전진한 그런 종류의 진보를 결코 믿지 않았다는 것, 따라서 가장 급격한 역전조차도 진보의 믿음에 반드시 치명타를 가하지 않는다는 것이다. 진보의 시기뿐만 아니라 퇴보의 시기도 분명히 존재한다. 게다가 퇴보 이후의 전진이 똑같은 지점에서 혹은 똑같은 길을 따라서 다시 시작될 것이라고 가정하는 것은 경솔한 생각일 것이다. 헤겔이나 마르크스가 말하는 3개 혹은 4개의 문명들, 토인비가 말하는 21개의 문명들, 문명은 성장과 쇠퇴와 몰락을 거치는 생명주기를 가진다는 이론*—이러한 도식은 그 자체로서는 의미가 없다. 그러나 그것은 문명을 전진시키는 데에 필요한 노력이 한 지역에서 사라지고 나면 나중에 다른 지역에서 재개되며, 따라서 우리가 역사에서 관찰할 수 있는 진보는 그 어떤 것이든 시간상으로나 지역적으로나 확실히 연속적이지는 않다는 주목할 만한 사실을 시사해주고 있다. 정말이지 내가 역사의 법칙을 정식화하는 일에 몰두한다면, 내가 만들게 될 법칙은 어느 한 시대의 문명을 전진시키는 일에서 지도적인 역할을 수행하는 집단—그 집단을 계급, 민족, 대륙, 문명이라고 불러도 상관없다—은 다음 시대에도 그와 똑같은 역할을 할 것 같지는 않다는 것을 보여주는 그런 법칙이 될 터인데, 그렇게 될 수밖에 없는 온당한 이유는 그 집단이 전(前) 시대의 전통, 이해관계, 이데올로기 등에 너무 깊게 물든 나머지 다음 시대의 요구와 조건들에 부응할 수 없을 것이기 때문

---

* 헤겔 : 그리스, 로마, 게르만 문명. 마르크스 : 아시아, 고전고대(그리스-로마), 봉건제, 근대 부르주아 문명. 토인비 : 21개의 성숙한(developed) 문명(그리고 5개의 정체된[arrested] 문명).

이다.[14) 따라서 어느 한 집단에게는 쇠퇴의 시기로 간주되는 것이 다른 집단에게는 새로운 전진의 시작으로 생각될 수 있는 일은 얼마든지 있을 수 있다. 진보는 모든 사람에게 똑같고 동시적인 진보인 것은 아니며 또 그럴 수도 없다. 의미심장한 것은 요즈음 저 몰락의 예언자들 거의 모두가, 다시 말해서 역사에서 아무런 의미도 찾지 못한 채 진보는 끝났다고 생각하는 저 회의주의자들 거의 모두가 몇 세대 동안 문명을 전진시키는 일에서 지도적이고도 두드러진 역할을 의기양양하게 수행했던 바로 그 지역이나 사회계급에 속해 있다는 사실이다. 과거에 자기가 속해 있는 집단이 담당했던 역할이 이제는 다른 집단에게 넘겨질 것이라는 이야기를 듣는다는 것은 그들에게는 불편한 일이다. 그처럼 무례하게 그들을 농락한 역사가 의미 있거나 합리적인 과정일 수 없음은 분명하다. 그러나 만일 우리가 진보라는 가설을 유지하려고 한다면, 길은 중단되기도 한다는 조건을 반드시 인정해야 한다고 생각한다.

　마지막으로 내가 다루게 되는 것은 역사적 행위의 측면에서 진보의 본질적인 내용은 무엇인가라는 문제이다. 가령 시민적 권리를 모든 사람들에게 확장시키기 위해서, 또는 형사소송 절차를 개혁하기 위해서, 또는 인종이나 부의 불평등을 제거하기 위해서 투쟁하는 사람들은 바로 그런 일들을 하려고 의식적으로 노력하고 있다 : 그들은 '진보하려고', 즉 어떤 역사적 '법칙'이나 진보라는 '가설'을 실현시키려고 의식적으로 노력하고 있는 것은 아니다. 그들의 행위에 진보라는 가설을 적용

---

14) R. S. Lynd, *Knowledge for What?* (N. Y., 1939), p. 88에서는 이 같은 상황을 다음과 같이 진단하고 있다. '우리의 문화는, 흔히 나이 많은 사람들이 과거, 즉 자신들이 활기에 차 있었고 힘이 있었던 시기는 지향하지만, 미래에 대해서는 일종의 위협으로 간주하면서 저항한다. 따라서 원숙기에 도달했어도 상대적인 힘을 상실한 채 무너져가는 문화 전체가 잃어버린 황금시대를 현저하게 지향하면서 현재 속에서 그럭저럭 목숨을 부지해나가는 것 같다.'

하여 그 행위를 진보로 해석하는 사람은 바로 역사가이다. 그러나 그렇게 한다고 해서 진보의 개념이 무효화되는 것은 아니다. 나는 이 점에 관해서 '진보나 반동이라는 말들은, 아무리 숱하게 잘못 사용되어 왔어도, 공허한 개념들이 아니다'라고 말한 이사야 벌린 경에 기꺼이 동의한다.[15] 인간이 선조들의 경험을 통해서 (반드시 이익을 얻는 것은 아니지만) 이익을 얻을 수 있다는 것은, 그리고 역사에서의 진보는 자연에서의 진화와는 달리 획득된 자산의 전승에 의존한다는 것은 역사의 한 전제이다. 그 자산에는 물질적인 재산과 자신의 환경을 정복하고 변형하고 이용할 수 있는 능력, 이 두 가지가 모두 포함된다. 사실상, 이 두 가지 요소들은 서로 밀접하게 연관되어 있으며 서로에게 작용한다. 마르크스는 인간의 노동을 건축물 전체의 토대로 간주하고 있다 ; 그리고 이 공식은 '노동'이라는 말에 충분히 넓은 의미가 부여된다면 인정될 수 있다고 생각된다. 그러나 자원의 단순한 축적이, 기술적이거나 사회적인 지식과 경험을 증대시키지 않을 뿐만 아니라 보다 넓은 의미에서의 환경에 대한 인간의 지배력을 증대시키는 것이 아니라면, 쓸모없어질 것이다. 오늘날, 물질적 자원과 과학적 지식의 축적에서 진보가 이루어지고 있다는 사실에, 또한 기술적인 의미에서 환경에 대한 지배력의 진보가 이루어지고 있다는 사실에 의문을 제기할 사람은 거의 없다고 생각한다. 의문시되는 것은 20세기에 들어와서 우리의 사회상태에서는, 그리고 국내의 또는 국제적인 사회환경에 대한 우리의 지배력에서는 과연 어떠한 진보가 있었는가, 분명한 퇴보는 정말 없었는가 하는 점이다. 사회적 존재로서의 인간의 진화는 기술의 진보에 비해서 돌이킬 수 없을 만큼 뒤처져버린 것은 아닌가?

이 질문을 제기하게끔 만드는 징후들은 뚜렷이 존재한다. 그러나, 그

---

15) *Foreign Affairs*, xxxviii, No. 3(June 1950), p. 382.

럼에도 불구하고 나는 그 질문이 잘못 제기되고 있다고 생각한다. 역사에는 수많은 전환점들이 있었고, 그때마다 어느 한 집단이나 세계의 어느 한 지역이 차지하고 있던 지도적 역할과 주도권은 다른 집단이나 다른 지역으로 이동했다 : 근대 국가가 발흥하고 힘의 중심이 지중해에서 서유럽으로 이동한 시기, 프랑스 혁명이 일어난 시기 등은 근대에서 찾아볼 수 있는 그 뚜렷한 사례들이었다. 그런 시기에는 언제나 격렬한 동요와 권력투쟁의 시간이 존재한다. 예전의 권위는 약화되고 예전의 지표는 사라진다 ; 야망과 분노의 격렬한 충돌 속에서 새로운 질서가 등장한다. 내가 말하고자 하는 것은 우리가 지금 이와 같은 시대를 지나고 있다는 사실이다. 사회구성의 문제에 대한 우리의 이해(理解), 또는 그 이해에 근거하여 사회를 구성하려는 우리의 선의(善意)가 퇴보했다고 말하는 것은 전혀 사실이 아니라고 생각한다 : 정말이지 나는 그것들이 크게 증대해왔다고 감히 말하겠다. 우리의 능력이 감소되었거나 우리의 도덕적 자질이 쇠퇴한 것은 아니다. 그러나 우리가 살아가고 있는 시대, 즉 대륙, 민족, 계급 간의 세력균형의 변화가 낳은 충돌과 격변의 이 시대는 그러한 능력과 자질을 점점 더 크게 위축시켜왔고, 그것들이 발휘해야 할 적극적인 성취효과를 제한하고 차단해왔다. 나는 진보의 신념에 대해서 서구 세계가 보여준 지난 50년 동안의 강력한 도전을 과소평가하고 싶지는 않지만, 그래도 나는 역사에서의 진보가 종점에 도달했다고는 믿지 않는다. 그러나 만일 여러분이 나에게 진보의 내용을 말하라고 자꾸 재촉한다면, 나는 대략 다음과 같이 대답할 수 있을 뿐이라고 생각한다. 19세기의 사상가들은 흔히 역사의 진보에는 일정할 뿐만 아니라 명백하게 규정될 수도 있는 어떤 목적이 있다는 관념을 자명한 것으로 간주했지만, 그 관념이 적합하지도 않고 쓸모도 없다는 것은 이미 밝혀졌다. 진보에 대한 신념은 자동적이거나 필연적인 과정에 대한 신념을 의미하는 것이 아니라, 인간의 잠재력의 부단한 발전에 대한 신념을 의미한다. 진보는 추상적인 용어이다 ; 그리고 인류가 추구하는 그 구체적인 목적들은 그때그때마다 역사과정에서 생기는 것이지 역사의 외부에 있는 어떤 원천에서 생기는 것이 아니다. 분명히 말하건대, 나는 인간의 완전성이나 미래의 지상천국을 믿지 않는다. 그 정도까지는 나도 역사에서는 완전에 도달하는 것이 불가능하다고 주장하는 신학자들과 신비주의자들에게 동의하겠다. 그러나 나는 전진해야만 밝혀질 수 있고, 획득하는 과정 속에서만 그 타당성이 입증될 수 있는 목표들을 향해서 나아가는 무한한 진보—바꿔 말하면, 우리가 상상할 수 있거나 상상할 필요가 있는 어떠한 한계에도 결코 굴복하지 않는 진보—의 가능성에 찬성할 것이다. 그리고 얼마간이라도 그러한 진보의 개념 없이 어떻게 사회가 생존할 수 있다는 것인지 나로서는 알 수가 없다. 모든 문명사회는 아직 태어나지 않은 세대를 위해서 현존하고 있는 세대의 희생을 요구한다. 미래의 보다 나은 세계라는 명분을 내세워 이러한 희생을 정당화하는 것은 신의 어떤 목적이라는 명분을 내세워 그 희생을 정당화하는 것과는 상반되는 현실적인 태도라고 할 수 있다. 베리의 말을 빌리면, '후세에 대한 의무라는 원칙은 진보의 이념이 낳은 직접적인 결과이다.'[16] 아마 이 의무의 정당함을 증명할 필요는 없을 것이다. 그럴 필요가 있다고 해도, 나에게는 달리 이를 입증할 방법이 없다.

　여기서 나는 역사에서의 객관성(objectivity)이라는 잘 알려진 어려운 문제를 맞이하게 된다. 객관성이라는 말 자체는 오해되기 쉬운 데다가 입증되어야 할 문제를 안고 있는 말이다. 이미 지난번 강연에서 나는, 사회과학—물론 거기에는 역사학도 포함되지만—은 주체와 객체를 분

16) J. B. Bury, *The Idea of Progress* (1920), p. ix.

리시키고 관찰자와 관찰대상 사이의 엄격한 분리를 강요하는 인식론을 따를 수 없다고 주장했다. 우리에게는 그들 사이의 상호연관과 상호작용의 복잡한 과정을 올바르게 다룰 수 있는 새로운 모델이 필요하다. 역사의 사실들은 순수하게 객관적일 수 없는데, 왜냐하면 그것들은 역사가가 부여하는 의미에 의해서만 역사의 사실이 되기 때문이다. 역사에서의 객관성—만일 우리가 그 판에 박힌 용어를 여전히 사용하기로 한다면—은 사실의 객관성일 수 없으며, 오로지 관계의 객관성, 즉 사실과 해석 사이의, 과거와 현재와 미래 사이의 관계의 객관성일 수 있을 뿐이다. 나는 역사의 외부에 역사로부터 독립된 어떤 절대적인 가치 기준을 세워놓고서 역사적 사건을 평가하려는 시도를 비역사적인 것이라고 거부했는데, 그 이유들을 다시 끄집어낼 필요는 없을 것이다. 그러나 절대적 진리라는 개념 역시 역사의 세계에는 부적합한—아마 과학의 세계에도 그러리라고 생각되지만—것이다. 가장 단순한 종류의 역사적 진술만이 절대적으로 진리라고 혹은 절대적으로 오류라고 판단될 수 있다. 좀더 복잡한 차원에서 보자면, 가령 선배들 중의 누군가의 의견에 이의를 제기하는 역사가는 보통 그 의견이 절대적으로 오류라고 비난하는 것이 아니라 부적절하다거나 일방적이라거나 오해받기 쉬운 것이라고, 또는 나중의 증거에 의해서 진부해지거나 빗나가게 된 관점의 산물이라고 비난할 것이다. 러시아 혁명이 니콜라이 2세의 어리석음이나 레닌의 천재성 때문에 일어났다고 말하는 것은 전적으로 부적절한—전적으로 잘못 생각하게 만드는 것이라고 할 만큼 부적절한—것이다. 그렇지만 그것이 절대적으로 오류라고 말할 수는 없다. 역사가는 그런 종류의 절대적인 것들은 다루지 않는다.

로빈슨의 죽음이라는 슬픈 사건으로 되돌아가보자. 그 사건에 대한 우리의 조사의 객관성은 우리가 정확한 사실들을 입수하는 것에 달려 있었던 것이 아니라―그 사실들은 논쟁의 여지가 없는 것들이었다―
우리가 관심을 가졌던 사실다운 사실들 혹은 중요한 사실들과 우리가
무시해도 괜찮았던 우연한 사실들을 구별하는 것에 달려 있었다. 우
리는 그렇게 구별하는 것이 쉽다고 생각했는데, 왜냐하면 중요성에 대
한 우리의 기준이나 검증은, 다시 말해서 우리의 객관성의 토대는 분명
한 것이었고, 또한 그것은 당면한 목표, 즉 교통사고 사망자의 감소라
는 목표와 연관되는 것이었기 때문이다. 그러나 역사가는 교통사고 사
상자를 감소시킨다는, 단순하고도 제한된 목적을 앞에 두고 있는 조
사자보다 덜 행복한 사람이다. 역사가도 역시 해석이라는 자신의 임무
를 수행할 때 중요한 것과 우연한 것을 구별하기 위해서 중요성에 관
한 나름대로의 기준이 필요하며, 그 기준은 또한 그의 객관성의 기준이
기도 하다 : 따라서 역사가도 당면한 목적과의 연관 속에서만 그 기준
을 찾아낼 수 있다. 그러나 그 목적은 필연적으로 발전의 도중에 있는
그런 목적이 되는데, 왜냐하면 과거에 대한 해석의 발전이 역사의 필수
적인 기능이기 때문이다. 변화는 언제나 고정불변의 어떤 것에 의해서
설명되어야만 한다는 전통적인 가설은 역사가의 경험과는 상반된다.
버터필드 교수는, 혹시 역사가들이 뒤따라 들어갈 필요가 없는 어떤 영
역을 자신만의 것으로 넌지시 확보해두고 있는지는 모르겠으나, '역사
가에게 유일하게 절대적인 것은 변화이다'라고 말하고 있다.[17] 역사에서
절대적인 것이란 과거 속에 있는 출발점과 같은 어떤 것이 아니다 ; 또

---

17) H. Butterfield, *The Whig Interpretation of History* (1931), p. 58. 그의 말을 A. von
Martin, *The Sociology of the Renaissance* (영역판, 1945), p. i에 있는 다음과 같은 더욱
정교한 서술과 비교해보자. '역사의 사회학적 연구는 관성과 운동, 정(靜)과 동(動) 등
과 같은 기본 범주들을 가지고 시작된다.……역사는 관성을 오직 상대적인 의미에서
만 이해할 뿐이다. 결정적인 문제는 관성 혹은 변화 중에서 어느 쪽이 지배적인가 하
는 것이다.' 변화는 역사의 실재적이고 절대적인 요소이며, 관성은 역사의 주관적이고
상대적인 요소이다.

한 그것은, 모든 현재의 사유는 반드시 상대적이기 때문에, 현재 속에 있는 어떤 것도 아니다. 그것은 여전히 불완전하고 형성과정 중에 있는 어떤 것—우리가 전진하는 미래 속의 어떤 것, 우리가 전진할 때에만 형성되기 시작하는 어떤 것, 그리고 전진함에 따라서 우리가 점차 과거에 대한 해석을 형성할 수 있도록 빛을 밝혀주는 어떤 것—이다. 이것이 역사의 의미가 최후의 심판일에 드러날 것이라는 그 종교적인 신화의 이면에 있는 세속적인 진리인 것이다. 우리의 기준은 어제나 오늘이나 또한 언제까지나 변함없는 어떤 것이라는 그 정태적인 의미에서 절대적인 것은 아니다 : 그런 식의 절대는 역사의 성격과 양립할 수 없다. 그러나 우리의 기준은 과거에 대한 우리의 해석이라는 측면에서는 절대적인 것이다. 그것은 이 해석도 저 해석과 마찬가지로 훌륭하다는, 혹은 어떤 해석이든 그것에만 해당되는 시간과 장소에서 보면 모두가 진리라는 상대주의적인 견해를 거부하는 동시에 과거에 대한 우리의 해석을 궁극적으로 판가름해줄 시금석을 제공한다. 이러한 역사의 방향감각만이 우리가 과거의 사건을 정리하고 해석하는 것—이것은 역사가의 임무이다—을 가능하게 해주며, 미래의 전망을 가지고 현재에 인간의 에너지를 분출시키고 조직하는 것—이것은 정치가, 경제 전문가, 사회개혁가의 임무이다—을 가능하게 해준다. 그러나 그 과정 자체는 여전히 진보하는 것이고 동적인 것이다. 우리의 방향감각, 즉 과거에 대한 우리의 해석은 우리가 전진함에 따라 끊임없이 수정되고 발전할 수밖에 없다.

헤겔은 그의 절대자에게 세계정신이라는 신비한 형태의 외피(外皮)를 입혔고, 역사의 과정을 미래에 투사하지 않고 현재에서 멈추게 한 중대한 오류를 범했다. 그는 과거의 지속적인 진화과정을 인정했으나, 그것과는 어울리지 않게도 미래의 그것은 거부했다. 헤겔 이래 역사의 성격에 관해서 가장 심원하게 성찰해온 사람들은 역사 속에서 과거와 미래의 어떤 종합을 발견했다. 토크빌(1805-1859. 프랑스의 역사가, 정치가)은 그가 살았던 당시의 신학적인 경향에서 완전히 벗어나지는 못했고 그의 절대자에게 너무 협애한 내용을 부여했지만, 그럼에도 불구하고 그 문제의 본질을 알고 있었다. 그는 평등의 발전을 보편적이고도 영원한 현상이라고 말하고 나서 이렇게 계속했다 :

> 만일 우리 시대의 사람들이 평등의 점진적이고도 진보적인 발전을 그들의 역사의 과거임과 동시에 미래로 이해하게 된다면, 이 단 하나의 발견만으로도 그 발전에는 주님의 뜻이라는 신성한 성격이 부여될 것이다.[18]

여전히 미완성인 이 주제에 관해서는 역사에 관한 중요한 글이 연이어 쓰일 수 있었다. 마르크스는 미래의 모색을 거부한 헤겔의 입장을 어느 정도 공유했고 또 대체로 자신의 학설을 과거의 역사에 굳게 뿌리박고 싶어했지만, 그의 주제의 성격상 무계급사회라는 그의 절대자를 미래에 투사하지 않을 수 없었다. 베리는 약간은 어색하게, 그러나 분명히 똑같은 의도에서, 진보의 이념이란 '과거에 대한 종합과 미래에 대한 예언을 포괄하는 이론'이라고 말했다.[19] 네이미어는 일부러 역설적으로 표현하려는 구절에서는 흔히 풍부한 사례들로 설명하기 시작하는데, 바로 그렇게 표현하고 있는 어떤 구절에서 그는 역사가들은 '과거는 상상하고 미래는 기억한다'고 말하고 있다.[20] 오직 미래만이 과거의 해석의 열쇠를 제공할 수 있다 ; 그리고 오직 이러한 의미에서만 우리는 역사

---

18) De Tocqueville, Preface to *Democracy in America*.
19) J. B. Bury, *The Idea of Progress* (1920), p. 5.
20) L. B. Namier, *Conflicts* (1942), p. 70.

에서의 궁극적인 객관성을 이야기할 수 있다. 과거가 미래를 밝혀주고 미래가 과거를 밝혀주는 것, 바로 이렇게 하는 것이야말로 역사의 정당화인 동시에 역사의 설명이다.

그렇다면, 우리가 어느 역사가를 객관적이라고 칭찬하는 것은, 혹은 이 역사가는 저 역사가보다 객관적이라고 말하는 것은 어떤 의미에서일까? 그것은 단순히 그가 그의 사실을 올바르게 입수한다는 뜻이라기보다는 그가 올바른 사실을 선택한다는, 달리 말하자면 그가 중요성에 관한 올바른 기준을 적용한다는 뜻임이 분명하다. 우리가 어떤 역사가를 객관적이라고 말할 때에는 두 가지 의미가 있다고 생각한다. 첫째, 그 역사가에게는 사회와 역사 속에서의 자신의 위치로 인해서 제한되어 있는 시야를 넘어설 수 있는 능력—이러한 능력은, 내가 지난번 강연에서 말했듯이, 자신이 그 위치에 어느 정도까지 묶여 있는가를 인식할 수 있는, 다시 말하자면 완전한 객관성이란 불가능하다는 것을 인식할 수 있는 그의 능력에 얼마간 좌우된다—이 있다는 것을 의미한다. 둘째로, 그 역사가에게는 자신의 시야를 미래에 투사할 수 있는 능력이 있고, 그런 만큼 그는 자신이 처해 있는 바로 그 위치에 전적으로 속박된 사고방식을 가진 역사가들보다 과거를 더 심원하고 더 지속적으로 통찰할 수 있는 능력이 있다는 것을 의미한다. 오늘날 '완전한 역사'의 성취 가능성에 대한 액턴의 확신을 답습하려는 역사가는 없다. 그러나 일부의 역사가들은 다른 역사가들보다 더 지속적이고 더 완전하며 더 객관적인 역사를 쓰고 있다 : 이들은 과거에 대한 그리고 미래에 대한 장기적인 전망이라고 부를 수 있는 것을 가진 역사가들이다. 과거를 다루는 역사가는 미래의 이해에 다가설 때에만 객관성에 접근할 수 있다.

그러므로 내가 지난번 강연에서 역사를 과거와 현재의 대화라고 이야기했을 때, 나는 오히려 역사란 과거의 사건들과 서서히 등장하고 있는 미래의 목적들 사이의 대화라고 말했어야 했을 것이다. 역사가의 과거에 대한 해석, 중요한 것과 적절한 것에 대한 선택은 새로운 목표들이 서서히 출현함에 따라서 발전하게 된다. 가장 단순한 예를 들면, 입헌적인 자유와 정치적 권리의 제도화가 중심적인 목표라고 생각되던 동안, 역사가는 입헌적, 정치적 측면에서 과거를 해석했다. 경제적, 사회적 목적이 입헌적, 정치적 목적을 대체하기 시작했을 때, 역사가들은 과거에 대한 경제적, 사회적 해석에 착수했다. 이러한 과정에서 회의주의자는 새로운 해석이 예전의 해석보다 더 올바른 것은 아니라고, 다시 말해서 모든 해석은 제각각 그 시대에 관해서는 올바른 것이라고 그럴듯하게 주장할지 모른다. 그럼에도 불구하고, 경제적, 사회적 목적을 우선하는 것은 정치적, 입헌적 목적을 우선시하는 것보다 더 폭넓고 더 앞선 인류 발전 단계를 의미하며, 그렇기 때문에 역사에 대한 오로지 정치적인 해석보다 경제적, 사회적 해석이 더 앞선 역사의 단계를 표현해준다고 할 수 있다. 예전의 해석은 거부되는 것은 아니지만, 새로운 해석에 포함되며 또한 대체된다. 역사학(historiography)은 그 자체가 진보적이라고 할 수 있는 사건들의 어떤 경로에 대해서 끊임없이 확장되고 깊어지는 통찰력을 제공하려고 한다는 의미에서 하나의 진보적인 학문이다. 내가 우리에게는 '과거에 대하여 무엇인가 건설적인 견해'가 필요하다고 말한 것도 바로 그런 의미에서이다. 근대 역사학은 지난 두 세기 동안 진보에 대한 이와 같은 이중적인 신념 속에서 성장해왔고 또한 그 신념 없이는 존속할 수 없다고 할 수 있는데, 왜냐하면 역사학에 중요성의 기준을 제공하는 것은, 즉 진정한 것과 우연한 것을 구별하게 할 시금석을 제공하는 것은 바로 이러한 신념이기 때문이다. 괴테는 생애의 마지막 무렵 어느 대화에서 그 고르디우스의 매듭*을 약간은 거칠게

끊어버렸다 :

> 시대가 쇠퇴하고 있을 때, 모든 경향은 주관적이다 ; 그러나 반대로 여러
> 가지 일들이 새로운 시대를 위해서 무르익어가고 있을 때, 모든 경향은 객
> 관적이다.[21]

누구든 역사의 미래나 사회의 미래를 믿어야 할 의무는 없다. 우리의
사회는 파괴될 수도 있고 점차로 쇠퇴한 끝에 멸망할 수도 있으며, 또
한 역사는 신학—즉 인간의 성취에 관한 연구가 아닌 신의 목적에 관
한 연구—으로, 아니면 문학—즉 목적도 중요성도 없는 꾸며낸 이야기
와 설화를 들려주는 것—으로 전락할 수도 있다. 그러나 이런 것이 우
리가 지난 200년 동안 깨달아온 그런 의미의 역사일 수는 없을 것이다.

그렇지만 역사적 판단의 궁극적인 기준을 미래에서 찾고 있는 이론에
대해서는 잘 알려져 있고 널리 유행하고 있는 반론이 있으므로, 나로서
는 이를 검토하지 않을 수 없다. 그 반론에 따르면, 그 같은 이론은 성
공이 궁극적인 판단기준이라는 것을, 또한 현재의 것이 모두 옳지는 않
더라도 미래의 것은 무엇이든 다 옳다는 것을 함축하고 있다는 것이
다. 지난 200년 동안, 대부분의 역사가들은 역사가 움직여가고 있는 어
떤 방향을 가정해왔을 뿐만 아니라, 의식적으로든 무의식적으로든 그
방향이 전체적으로 올바른 방향이라고, 즉 인류는 보다 나쁜 상태에서
보다 좋은 상태로, 보다 저급한 상태에서 보다 고급한 상태보 선진하

---

* 프리기아의 국왕 고르디우스(Gordius)는 알렉산드로스 대왕에게 복잡하게 엉켜 있는
매듭을 보여주며 그것을 풀어보라고 했고, 알렉산드로스 대왕은 그 매듭을 칼로 끊어
버렸다. 흔히 어려운 문제를 비유하는 말로 쓰인다.

21) J. Huizinga, *Men and Ideas* (1959), p. 50에서 인용.

고 있다고 믿어왔다. 역사가는 그 방향을 인식했을 뿐만 아니라 그것을 승인했다. 역사가는 역사가 움직여가는 과정에 대한 의식뿐만 아니라 그 과정에 자신이 도덕적으로 참여해야 한다는 의식도 중요성의 기준으로 삼아서 과거에 대한 연구에 적용했다. 이른바 '존재(is)'와 '당위(ought)' 사이의, 사실과 가치 사이의 이분법이 해소된 것이다. 미래에 대한 확신이 압도했던 시대의 산물인 낙관론은 이런 것이었다 ; 휘그당원과 자유당원들, 헤겔주의자들과 마르크스주의자들, 신학자들과 합리주의자들은 그것을 굳건히 유지했으며, 정도의 차이는 있으나 분명하게 그것에 의탁했다. 크게 과장하지 않고서도, 지난 200년 동안 '역사란 무엇인가?'라는 질문에 대한 공인된 그리고 무조건적인 대답이 바로 그것이었다고 말할 수 있을 것이다. 그것에 대한 반동은 오늘날의 불안스럽고 비관주의적인 분위기와 함께 도래했으며, 그 분위기는 역사의 외부에서 역사의 의미를 찾는 신학자들에게, 그리고 역사에서 어떠한 의미도 발견하지 않는 회의주의자들에게 마음껏 활동할 수 있는 무대를 마련해주었다. '존재'와 '당위'의 이분법은 절대적이며 해소될 수 없다는 것이, '가치'는 '사실'에서 도출될 수 없다는 것이 사방에서 엄청나게 강조되고 있다. 이는 길을 잘못 든 것이라고 생각된다. 대강 생각나는 대로 몇몇 역사가들이나 역사에 관해서 쓴 저자들을 선택하여, 이들이 이 문제를 어떻게 생각해왔는지 살펴보도록 하자.

기번은 '무하마드의 신도들이 아직도 동양 세계의 시민적 주권과 종교적 주권을 장악하고 있기' 때문에 자신의 역사서술에서 이슬람의 승리에 많은 지면을 할애한 것은 당연하다고 주장한다. 그러나 그는 '7세기와 12세기 사이에 스키타이 평원에서 내려온 야만인 무리들에 대해서는 그와 똑같은 힘을 기울여 서술할 가치는 없을 것'이라고 말하면서, 그 이유는 '비잔틴 황제의 권위가 그들의 난폭한 공격을 물리치고 살아

남았기' 때문이라고 덧붙인다.[22] 이러한 설명이 이치에 맞지 않는 것으로는 생각되지 않는다. 역사는 대체로 사람들이 한 일의 기록이지, 하지 못한 일의 기록은 아니다 : 그러한 한에서 역사는 불가피하게 일종의 성공담이라고 할 수 있다. 토니(1880-1962. 영국의 경제사가) 교수는, 역사가들은 '승리한 세력은 눈에 띄는 곳으로 끌어내고, 그들이 집어삼킨 세력은 보이지 않는 곳으로 밀어넣음으로써' 현존하는 질서에 '불가피성이라는 외관'을 부여한다고 언급하고 있다.[23] 그러나 이것은 어떤 의미에서는 역사가의 작업의 본질이 아닐까? 역사가는 반대세력을 과소평가해서는 안 된다 : 또한 아슬아슬한 승리를 일방적인 승리로 표현해서도 안 된다. 때때로 패배자는 승리자 못지않게 궁극적인 결과에 크게 공헌해왔다. 이런 일들은 어느 역사가나 잘 알고 있는 교훈이다. 그러나 대체로 역사가는 승리했건 패배했건 무엇인가를 성취한 사람들에게 관심을 가진다. 나는 크리켓의 역사에 관해서는 전문적인 지식이 없다. 그러나 그 역사책은 아마 한 점도 올리지 못했거나 실격당한 사람들의 이름이 아니라, 수백 점을 기록한 사람들의 이름으로 장식되어 있을 것이다. 역사에서는 '오직 국가를 형성하는 사람들만이 우리의 주목을 끌 수 있다'고 한 헤겔의 유명한 말은 한 가지 형태의 사회조직에만 배타적인 가치를 부여함으로써 해롭기 짝이 없는 국가숭배의 길을 열어주었다고 마땅히 비판을 받아왔다.[24] 그러나 원칙적으로 볼 때 헤겔이 말하고자 하는 것은 올바른 것으로서, 그것은 역사 이전(以前)과 역사의 낯익은 구분을 표현하는 말이다 ; 상당한 정도까지 사회를 조직화하는 데에 성공한 사람들만이 원시적인 야만 상태에서 벗어나서 역사 안으로

---

22) Gibbon, *The Decline and Fall of the Roman Empire*, ch. lv.

23) R. H. Tawney, *The Agrarian Problem in the Sixteenth Century* (1912), p. 177.

24) *Lectures on the Philosophy of History* (영역판, 1884), p. 40.

들어간다는 말이다. 칼라일은 그의 책 『프랑스 혁명』에서 루이 15세를 '세계 파격(世界破格)의 화신 그 자체(a very World Solecism incarnate)' 라고 불렀다. 그는 그 문구가 마음에 들었는지, 나중에 그것을 좀더 긴 문장으로 그럴듯하게 치장했다 :

　　모든 것을 빙빙 돌게 하는 이 새로운 움직임은 어떤 것인가 : 원래는 한 덩어리로 움직였던 제도, 사회조직, 개인정신이 이제는 미친 듯이 충돌하면 서 요동치고 으깨어지고 있지 않은가? 불가피한 일이다 ; 마침내 기진맥진 해진 하나의 세계 파격에 종말이 온 것이다.[25]

　여기에서의 기준도 역시 역사적이다 : 한 시대에 적합했던 것이 다른 시대에는 파격이 되었고, 또한 그 때문에 비난받고 있다. 이사야 벌린 경조차 철학적 추상이라는 높은 세계에서 내려와서 구체적인 역사적 상황을 살필 때에는 이러한 견해에 동조한 것처럼 보인다. 그는 『역사적 필연성』에 관한 글을 발간한 얼마 후의 한 방송에서 비스마르크를 그 도덕적 결함에도 불구하고 '천재' 또는 '지난 세기에 최고의 정치적 판단력을 지닌 가장 모범적인 정치가'라고 찬양했으며, 이러한 측면에서 비교해볼 때, 비스마르크는 오스트리아의 요제프 2세, 로베스피에르, 레닌, 히틀러처럼 '자신의 적극적인 목적'을 실현시키지 못한 인물보다 더 낫다고 주장했다. 나는 이러한 판결은 온당하지 못하다고 생각한다. 그러나 지금 나의 관심을 끄는 것은 그 판단의 기준이다. 이사야 경은 비스마르크는 자신이 하고 있는 일의 내용을 이해했다고 말한다 ; 다른 인물들은 실천 불가능한 추상적 이론들에 끌려다녔다는 것이다. 여기에서의 교훈은 '실패는 보편타당성을 요구하는 어떤 체계적인 방식이나

25) T. Carlyle, *The French Revolution*, I, i, ch. 4 ; I, iii, ch. 7.

원리에 치우쳐서……가장 효율적인 것을 하지 않으려고 한 데에서 비롯된 것'이라는 것이다.[26] 다시 말해서 역사에서의 판단의 기준은 어떤 '보편타당성을 요구하는 원리(principle claiming universal validity)'가 아니라 '가장 효율적인 것(that which works best)'이라는 말이다.

우리가 이 '가장 효율적인 것'이라는 기준에 의지하게 되는 것은—말할 필요도 없이—과거를 분석할 때만이 아니다. 만일 누군가가 여러분에게 현재와 같은 시기에는 영국과 미국이 단일 주권하에 단일 국가로 통합하는 것이 바람직하다고 생각한다는 말을 한다면, 여러분은 대단히 현명한 견해라고 찬성할 수 있다. 만일 계속해서 그 사람이 정부의 형태로는 대통령제의 민주정보다 입헌군주정이 더 낫겠다고 말한다면, 여러분은 그것도 대단히 현명한 생각이라고 찬성할 수 있다. 그러나 그러고 나서 그 사람이 여러분에게 두 나라를 영국의 왕권하에 재통합시키려는 운동에 헌신하겠다는 생각을 밝혔다고 가정해보자 : 아마 여러분은 시간만 낭비하게 될 것이라고 대답할 것이다. 만일 여러분이 그 이유를 설명하려고 한다면, 여러분은 그 사람에게 그런 종류의 문제는 보편적으로 적용되는 어떤 원리를 기준으로 할 것이 아니라 주어진 역사적 조건 속에서 어떤 효율성이 있을 것인가를 기준으로 하여 검토해야 한다고 대답할 수밖에 없을 것이다 ; 여러분은, 대문자 H로 시작하는 역사(History)를 이야기하는 그 치명적인 잘못을 저지르면서까지, 그에게 대문자 H로 시작하는 역사가 용납하지 않을 것이라고 이야기할 수도 있다. 도덕적으로나 이론적으로 바람직한 것뿐만 아니라 현실세계에 존재하고 있는 세력까지 고려하는 것, 그리고 아마 부분적일 것임에 틀림없을 당면한 목적의 실현을 위해서 그 세력을 지도하고 조정할 수 있는 방법까지도 고려하는 것이 정치인의 직무라고 할 수 있다. 우리

---

26) 1957년 6월 19일에 BBC 제3프로그램의 '정치적 판단'이라는 제목의 방송.

의 역사해석에 비추어 내려지는 우리의 정치적 결정의 근원에는 이런 식의 타협이 존재한다. 그러나 우리의 역사해석의 근원에도 방금 말한 타협이 존재한다. 바람직한 것이라고 추정되는 어떤 추상적 기준을 설정해놓고 그것에 비추어 과거를 비난하는 것보다 더 근본적인 오류는 없다. 불쾌한 의미를 가지게 된 '성공'이라는 말 대신 반드시 '가장 효율적인 것'이라는 중립적인 말을 사용하도록 하자. 이 강연을 하는 동안 나는 여러 차례 이사야 벌린 경과 의견을 달리했기 때문에, 어쨌거나 이 정도의 의견 일치로 설명을 끝낼 수 있게 된 것을 기쁘게 생각한다.

그러나 '가장 효율적인 것'이라는 그 기준을 받아들인다고 해도 그 적용이 쉽거나 자명한 것은 아니다. 그것은 순간적인 판단을 조장하는, 혹은 현존하는 것은 옳은 것이라는 견해에 굴복하는 그런 기준이 아니다. 역사에는 의미심장한 실패들이 없지 않다. 역사에는 내가 '지체된 성공(delayed achievement)'이라고 부른 것도 존재한다 : 오늘날의 명백한 실패도 내일의 성공에 중요하게 기여할 수 있는 것이다—예언자들이 시대에 앞서 태어나듯이 말이다. 사실상, 이 기준이 고정적이고 보편적이라고 생각되는 어떤 원리라는 기준보다 유리한 점 중의 하나는 우리가 앞으로 발생할 사건들에 비추어 판단을 미루거나 수정할 수 있게 한다는 점이다. 추상적인 도덕적 원리에 근거하여 거침없이 이야기했던 프루동(1809-1865. 프랑스의 저널리스트, 무정부주의자)은 나폴레옹 3세*의 쿠데타가 성공한 이후 그것을 용인했다 ; 추상적인 도덕적 원리라는 기준을 거부했던 마르크스는 프루동이 그 쿠데타를 용인했다고 비난했다. 보다 긴 역사적 안목에서 뒤돌아볼 때, 우리는 아무래도 프루동이 잘못되었고 마르크스가 옳았다는 데에 동의해야 할 것이다. 비스마르

---

* Louis Napoleon(1803-1873) : 1848년 프랑스 2월혁명 후 대통령으로 당선되었으나, 1851년 쿠데타를 일으켜 프랑스 제2제정의 황제가 되었다.

크의 성공도 이 역사적 판단이라는 문제를 검토하기 위한 훌륭한 출발점이 된다 ; 그런데 나는 '가장 효율적인 것'이라는 이사야 경의 기준을 인정하기는 하지만, 그가 그 기준을 편협하고 단기적인 범위 내에서 적용시키는 데에 분명히 만족스러워하고 있는 것에 대해서는 여전히 당혹감을 느끼고 있다. 비스마르크가 한 일은 정말로 효율적이었을까? 나 같으면 당연히 그것은 엄청난 재앙을 낳았다고 생각했을 것이다. 나는 독일제국을 창건한 비스마르크나, 그 제국을 원했을 뿐만 아니라 건설하는 데에 이바지한 대부분의 독일인을 비난하고자 하는 것은 아니다. 그러나 한 사람의 역사가로서 나는 여전히 질문해야 할 많은 문제들을 가지고 있다. 결국 그 재앙이 발생한 것은 어떤 보이지 않는 결함이 제국의 구조 속에 존재했기 때문일까? 아니면 이미 그 제국은 그 재앙을 발생시킨 내적인 조건들 중의 어떤 것에 의해서 독선적이고 공격적인 제국이 되도록 예정되어 있었기 때문일까? 아니면 제국이 창건되었을 때 유럽이나 세계의 무대에는 이미 빈틈이 없었고, 기존 열강들의 팽창 경향도 이미 대단히 강해서 팽창하고자 하는 또다른 열강의 출현만으로도 대대적인 충돌이 야기되어 그 체제 전체가 파멸에 빠질 만했기 때문일까? 마지막 가정에 따르면, 그 재앙의 책임이 비스마르크와 독일인에게 있다고, 혹은 오로지 그들만의 책임이라고 주장하는 것은 잘못일 것이다 : 정말이지 마지막에 짐진 자를 비난할 수는 없다. 그러나 비스마르크의 업적에 대한, 그리고 그것이 어떤 영향을 끼쳤는가에 대한 객관적인 판단을 내리기 위해서는 앞의 질문들에 대한 역사가의 대답을 기다려야 하는데, 나로서는 역사가가 아직은 이 모든 질문들에 명확하게 대답할 수 있는 위치에 있다고 믿지 않는다. 내가 말하고 싶은 점은 1880년대의 역사가보다는 1920년대의 역사가가, 1920년대의 역사가보다는 오늘날의 역사가가 객관적인 판단에 더 근접해 있다는 것이다. 아마 2000년의 역사가는 훨씬 더 근접해 있을 것이다. 이 것은 역사에서의 객관성이란 바로 지금 여기에 존재하는 어떤 고정불변의 판단기준에 의존하거나 의존할 수 있는 것이 아니라, 오직 미래에 남겨진 그리고 역사과정이 전진함에 따라서 발전하게 되는 그런 기준에 의존하거나 의존할 수 있는 것이라는 나의 명제를 설명해준다. 역사는 과거와 미래 사이에 일관된 연관성을 확립할 때에야만 의미와 객관성을 가지게 된다.

이제 눈길을 돌려 앞에서 말한 이른바 사실과 가치의 이분법이라는 문제를 살펴보자. 가치는 사실에서 나올 수 없다는 말이 있다. 이 말은 부분적으로는 진리이지만 부분적으로는 오류이다. 얼마나 많은 가치들이 주변 환경과 연관된 사실들에 따라서 형성되었는지를 깨닫기 위해서는 그저 어떤 시대 혹은 어떤 나라의 지배적인 가치체계를 검토하기만 하면 된다. 지난번 강연에서 나는 자유, 평등, 정의 등과 같은 가치를 표현하는 단어의 역사적 내용이 변화한다는 것을 환기시켰다. 가령 도덕적 가치의 선전에 주력하고 있는 기관인 기독교 교회를 생각해보자. 원시 기독교의 가치와 중세 교황의 가치, 또는 중세 교황의 가치와 19세기 프로테스탄트 교회의 가치를 비교해보라. 혹은 이를테면 오늘날 스페인의 기독교 교회가 선전하는 가치와 미국의 기독교 교회가 선전하는 가치를 비교해보라. 가치에서의 이러한 차이는 역사적 사실의 차이에서 비롯되는 것이다. 또는 지난 1세기 반 동안 노예제, 인종차별, 아동 노동의 착취—이 모든 것이 한때는 도덕과는 무관하거나 도덕적으로 훌륭한 것으로 인정되었다—를 일반적으로 비도덕적이라고 생각하도록 만든 역사적 사실들을 생각해보라. 가치가 사실에서는 나올 수 없다는 주장은 아무래도 일방적이며 판단을 그르치게 하는 주장이다. 혹은 그 말을 뒤집어보자. 사실은 가치에서 나올 수 없다. 이것도 부분적으로는 진리이지만 역시 판단을 그르치게 할 수 있으며, 그래서 수정이 필요하다. 우리가 사실을 알고자 할 때, 우리가 제기하는 질문을, 따라서 우리가 얻고자 하는 답변을 유발하는 것은 우리의 가치 체계이다. 주변 환경과 연관된 사실들에 대한 우리의 상(像)은 우리의 가치에 의해서, 즉 우리가 사실에 접근할 때 이용하는 범주에 의해서 형성된다 ; 그러므로 이러한 상은 우리가 고려해야만 하는 하나의 중요한 사실이다. 가치는 사실에 개입하여 그것의 필수적인 부분이 된다. 우리의 가치는 인간으로서의 우리가 구비하고 있는 장치의 본질적인 부분이다. 주변 환경에 적응할 수 있는 우리의 능력과 주변 환경을 우리에게 적응시킬 수 있는 능력, 즉 역사를 진보의 기록으로 만들어온 저 주변 환경에 대한 지배력을 획득할 수 있는 능력은 바로 우리의 가치들을 통해서 마련된다. 그러나 인간과 환경의 투쟁을 과장하여 사실과 가치를 부당하게 대립시키거나 부당하게 분리시키지 말아야 한다. 역사에서의 진보는 사실과 가치의 상호의존과 상호작용을 통해서 성취된다. 객관적인 역사가란 이러한 상호과정을 가장 깊이 통찰하는 역사가인 것이다.

사실과 가치에 관한 문제에 하나의 실마리를 제공하는 것은 우리가 일상적으로 사용하는 '진리(truth)'라는 단어—사실의 세계와 가치의 세계 양쪽에 걸쳐 있는, 그리고 그 양쪽의 요소들을 함께 포함하고 있는 단어—의 용법이다. 방금 말한 이중성은 영어만의 특이성은 아니다. 라틴계 언어들에서 진리에 해당되는 단어들, 즉 독일어의 '바르하이트 (Wahrheit)'나 러시아어의 '프라우나(pravda)'[27)는 모두 ㄱ와 같은 이중석

---

27) 프라우다(pravda)라는 단어의 경우는 특히 흥미로운데, 왜냐하면 옛날의 러시아어에는 진리를 가리키는 이스치나(istina)라는 말이 또 하나 있기 때문이다. 그러나 그것들의 차이가 사실로서의 진리와 가치로서의 진리 사이에 있는 것은 아니다. 프라우다는 그 두 가치 측면에서의 인간의 진리를 가리키며, 이스치나는 그 두 가치 측면에서의 신

인 성격을 가지고 있다. 어떤 언어든지 단순히 사실의 진술도 아니고 그렇다고 단순히 가치판단도 아닌, 그 두 가지 요소를 함께 포괄하는 진리라는 이 단어가 필요한 모양이다. 내가 지난주에 런던에 간 것은 하나의 사실일 것이다. 하지만 여러분은 보통 그것을 진리라고 부르지는 않는다 : 그것에는 가치에 관한 내용이 전혀 없다. 다른 한편, 미국 건국의 아버지들이 독립선언문에서 모든 인간은 평등하게 태어났다는 자명한 진리를 언급했을 때, 여러분은 그 말에는 사실에 관한 내용보다 가치에 관한 내용이 지배적이라고 생각할 수 있고, 그 때문에 하나의 진리로 간주될 수 있을 그 말의 권리를 거부할지도 모른다. 이 양 극단―몰(沒)가치적인 사실들이라는 북극과 사실들로 전환하려고 끊임없이 애쓰는 가치판단들이라는 남극―사이의 어딘가에 역사적 진리의 영역이 놓여 있다. 내가 첫 번째 강연에서 말했듯이, 역사가는 사실과 해석, 사실과 가치 사이에서 균형을 잡는 사람이다. 그는 그것들을 분리시킬 수 없다. 여러분은 정적(靜的)인 세계에서라면 어쩔 수 없이 사실과 가치의 구별을 선언할 수도 있을 것이다. 그러나 역사는 정적인 세계에서는 무의미하다. 역사는 그 본질상 변화이며, 운동이며, 혹은―만일 여러분이 낡은 투의 단어에 트집을 잡지 않는다면―진보이다.

그러므로 결론적으로 나는 진보를 '역사서술의 근거가 될 과학적인 가설'이라고 본 액턴의 설명으로 다시 돌아가게 된다. 원하기만 한다면 여러분은 어떤 역사외적이고 초이성적인 힘에 과거의 의미를 예속시킴으로써 역사를 신학으로 바꿀 수 있다. 원하기만 한다면 여러분은 역사를 문학―의미도 중요성도 없는, 과거에 관한 꾸며낸 이야기와 설화들의 묶음―으로 바꿀 수도 있다. 그 이름에 걸맞는 역사는 역사 그 자체 안에서 방향감각을 찾아내어 그것을 받아들이는 사람들만이 쓸

의 진리―신에 관한 진리와 신에 의해서 계시되는 진리―를 가리킨다.

수 있다. 우리가 어딘가로부터 왔다는 믿음은 우리가 어딘가로 가고 있다는 믿음과 밀접히 연관되어 있다. 미래의 진보능력에 대한 믿음을 상실한 사회는 과거의 진보에 대한 관심도 이내 포기할 것이다. 내가 첫 번째 강연의 첫머리에서 말한 것처럼, 우리의 역사관은 우리의 사회관을 반영한다. 지금 나는 사회의 미래에 대한 그리고 역사의 미래에 대한 나의 믿음을 밝힘으로써 출발점으로 다시 돌아가고 있는 것이다.

6
지평선의 확대

지금까지의 강연에서 나는 역사를 끊임없이 움직이는 과정으로 제시했고 역사가도 그 과정 안에서 움직여나간다고 말했는데, 이러한 생각은 나에게 이 시대의 역사와 역사가의 위치에 대하여 무엇인가 결론적인 의견을 말하라고 요청하고 있는 것처럼 보인다. 우리는—역사상 최초는 아니지만—세계의 파국을 예언하는 소리들이 퍼져 있고, 그 소리들이 모든 이를 무겁게 억누르고 있는 그런 시대에 살고 있다. 그것들은 사실로 증명되지 않을 수도 있고 증명될 수도 있다. 그러나 어쨌든 우리 모두가 죽을 것이라는 예언보다는 훨씬 불확실하다 ; 그리고 그 예언이 확실하다고 해도 그것 때문에 우리가 우리 자신의 미래를 위한 계획을 세울 수 없는 것은 아니므로, 나는 이 나라가—혹은 이 나라가 아니더라도, 세계의 대부분이—우리를 위협하는 위험들을 이겨내고 살아남을 것이며 또한 역사는 계속될 것이라는 가정 위에서 우리 사회의 현재와 미래를 계속해서 논의해보겠다.

20세기 중반의 세계는 15세기와 16세기에 중세 세계가 몰락하고 근대 세계의 기초가 놓인 이래 세계를 덮쳐왔던 모든 변화과정 중에서 가장 심원하고 가장 광범한 것임에 틀림없을 그런 변화과정을 겪고 있다. 그 변화가 궁극적으로 과학적인 발견과 발명의 산물이라는 것, 그것들의 훨씬 더 광범위한 응용의 산물이라는 것, 그리고 직접적으로든 간접적으로든 그것들이 낳은 발전의 산물이라는 것은 의심할 나위가 없다. 그 변화 중에서 가장 눈에 띄는 측면은 사회혁명으로서의 측면인데, 그 혁명은 금융과 상업에 기반을 둔 그리고 나중에는 공업에 기반을 두게 될 하나의 새로운 계급을 권좌에 오르게 한 15세기와 16세기의 사회혁명에 버금갈 만한 것이다. 우리의 새로운 공업구조와 우리의 새로운 사회구조는 내가 여기에서 다루기에는 너무나 거대한 문제들을 제기하고 있다. 그러나 그 변화에는 나의 주제와 더 직접적으로 연관되는 두 측면—깊이에서의 변화와 지리적 범위에서의 변화라고 부를 수 있는—이 있다. 나는 이 둘 모두를 간략하게 언급하려고 한다.

사람들이 시간의 경과를 자연적 과정—계절의 순환이라든가 사람의 일생과 같은—으로 생각하는 것이 아니라 인간이 의식적으로 연루되고 의식적으로 영향을 줄 수 있는 특정한 사건들의 연속이라고 생각하기 시작할 때, 역사는 시작된다. 부르크하르트는 역사란 '의식의 각성에서 비롯된 자연과의 결별'이라고 말한다.[1] 역사는 이성의 발휘를 통해서 환경을 이해하고 그것에 작용을 가해온 인간의 오랜 투쟁이다. 그러나 근대는 그 투쟁을 혁명적으로 확장시켰다. 이제 인간은 환경뿐만 아니라 그 자신까지도 이해하고 그 자신에게까지 작용을 가하려고 애쓴다 ; 그리고 이로 말미암아, 말하자면 이성에 새로운 차원이, 그리고 역사에도 새로운 차원이 덧붙여진 것이다. 오늘의 시대는 모든 시대 중에서 가장 역사의식이 강한 시대이다. 현대인은 유례가 없을 정도로 자기를 의식하며, 따라서 역사를 의식한다. 그는 자기가 지나온 희미한 어둠 속의 가냘픈 빛이 그가 앞으로 가려고 하는 어두컴컴한 곳까지 밝

1) J. Burckhardt, *Reflections on History* (1959), p. 31.

혀줄 것이라는 희망을 가지고서 열심히 그 희미한 어둠 속을 뒤돌아본다 ; 그리고 이와는 반대로, 앞에 놓인 길에 대한 그의 갈망 또는 불안은 뒤에 놓인 것에 대한 그의 성찰을 재촉한다. 과거와 현재와 미래는 끝없는 역사의 사슬 속에 서로 연결되어 있다.

인간의 자기의식의 발전이 보여준 근대 세계에서의 그 변화는 데카르트에서부터 시작되었다고 말할 수 있는데, 그는 사유할 수 있을 뿐만 아니라 자기 자신의 사유에 대해서도 사유할 수 있는 존재로서의, 즉 관찰행위를 하고 있는 자신까지도 관찰할 수 있는 존재로서의 인간의 지위를 최초로 확립했고, 그 결과 인간은 사유와 관찰의 주체이자 동시에 객체가 되었다. 그러나 그 발전은 루소가 인간의 자기이해와 자기의식의 새로운 심연을 열어젖히고, 사람들에게 자연계와 전통문명에 관한 새로운 시야를 가지게 해주었던 18세기 후반까지는 아직 완전히 뚜렷해지지 않았다. 토크빌은, 프랑스 혁명은 '당시의 사회질서를 지배하고 있던 전통적인 관습 전체를 인간의 이성의 발휘에서 유래하고 자연법에서 유래하는 단순한 기본 규칙들로 대체하는 것이 필요하다는 신념'에 의해서 고무되었다고 말했다.[2] 액턴은 그의 수고(手稿) 노트 중의 한 곳에서 '그때까지 사람들은 자유를 추구했으면서도 자신들이 추구한 것이 무엇인지 결코 알지 못했다'라고 썼다.[3] 헤겔의 경우와 마찬가지로 액턴에게도 자유와 이성은 결코 떨어져 있는 것이 아니었다. 또한 프랑스 혁명과 미국 혁명은 연결되어 있었다.

87년 전 우리의 조상은 이 대륙에 자유로 표현되는, 그리고 모든 인간은 평등하게 태어난다는 명제에 바쳐진 하나의 새로운 국가를 건설했습니다.

---

2) A. de Tocqueville, *De l'Ancien Régime*, III, ch. I.
3) Cambridge University Library : Add. MSS.: 4870.

이러한 링컨의 말이 시사하듯이, 미국 혁명은 독특한 사건—사람들이 계획적으로, 의식적으로 자신들을 하나의 국가로 조직했고, 그리고 의식적으로, 계획적으로 다른 사람들을 그 국가의 틀에 끼워넣기 시작했던 역사상 최초의 사례—이었다. 17세기와 18세기에 인간은 이미 자신을 둘러싼 세계와 그것의 법칙들을 충분히 의식했다. 그것들은 어떤 불가사의한 신의 섭리와 신비스러운 명령이 아니라, 이성으로 이해할 수 있는 법칙이 되었다. 그러나 그것들은 인간이 복종해야 할 법칙이었지, 인간 자신이 만들 수 있는 법칙은 아니었다. 인간이 그의 환경과 자신에 대한 힘을 충분히 의식하게 되고 또한 인간의 삶에 영향을 미치게 될 법칙들을 만들 수 있는 권리를 충분히 의식하게 된 것은 그 다음 단계에서였다.

18세기로부터 근대 세계로의 이행은 장구하고도 점진적인 것이었다. 그 이행기의 대표적인 철학자들은 헤겔과 마르크스였는데, 이들 모두 모순적인 입장을 취하고 있었다. 헤겔은 이성의 법칙으로 전환되기도 하는 신의 섭리의 법칙이라는 관념에 깊이 젖어 있었다. 헤겔의 세계정신은 한 손으로는 신의 섭리를, 다른 한 손으로는 이성을 꽉 잡고 있다. 그는 애덤 스미스의 생각을 그대로 되풀이하고 있다. 즉 개인은 '자신만의 이해관계를 충족시키지만, 그러는 가운데 그 이상의 어떤 것, 즉 비록 그들의 의식에는 존재하지 않지만 그들의 행동에 잠재해 있는 어떤 것이 성취된다'는 것이다. 세계정신의 합리적인 목적에 관해서 헤겔은 사람들이 '자신들의 욕망을 충족시킬 때, 세계정신의 합리적인 목적과는 다른 의도를 가지고 있지만, 바로 그러한 행위를 통해서 그 같은 목적을 실현한다'고 말한다. 이 말은 그저 이해관계의 조화라는 것을 독일 철학의 어법(語法)으로 번역한 것에 불과하다.[4] 스미스의 '보

4) 헤겔의 『법철학』에서 인용.

이지 않는 손'에 해당되는 것이 헤겔의 그 유명한 '이성의 간계'였는데, 그것에 의해서 사람들은 자신이 의식하지 못한 목적을 성취하기 위해서 움직이게 된다는 것이다. 그러나 그럼에도 불구하고 헤겔은 프랑스 혁명의 철학자, 즉 역사적 변화 속에서, 그리고 인간의 자기의식의 발전 속에서 현실의 본질을 통찰했던 최초의 철학자였다. 역사에서의 발전은 자유의 개념을 향한 발전을 의미했다. 그러나 1815년 이후, 프랑스 혁명의 감격은 복고왕정*의 암울함 속에서 소멸되어갔다. 헤겔은 정치적으로 너무 소심했고, 게다가 말년에는 당시의 지배체제 안에서 너무 완강하게 웅크리고 있었기 때문에, 그의 형이상학적인 명제들에 어떤 구체적인 의미를 부여할 수 없었다. 게르첸(1812-1870. 러시아의 작가, 혁명적 민주주의자)이 헤겔의 이론을 '혁명의 대수학(the algebra of revolution)'이라고 말한 것은 대단히 적절했다. 헤겔은 기호는 만들었지만 그것에 실제적인 내용은 전혀 부여하지 못했기 때문이다. 헤겔의 대수방정식에 숫자를 써넣는 일은 마르크스에게 맡겨졌다.

애덤 스미스와 헤겔 모두의 제자인 마르크스는 합리적인 자연법칙이 지배하는 세계라는 개념에서 출발했다. 헤겔과 마찬가지로 그도, 법칙의 지배를 받지만 인간의 혁명적인 창의력에 조응하여 합리적인 과정을 통해서 발전하는 세계라는 개념으로 이행했는데, 그러나 이번의 그의 이행은 실천적이고도 구체적인 형태를 띠었다. 마르크스의 견해를 최종적으로 종합해보면, 역사란 서로 분리될 수 없는, 그리고 하나의 일관된 합리적인 전체를 구성하는 다음과 같은 세 가지의 것을 의미했다 : 객관적이고 주로 경제적인 법칙에 일치하는 사건의 운동 ; 그것

---

* Restoration : 나폴레옹이 몰락한 후인 1814년 부르봉 가(家)의 루이 18세가 프랑스의 왕으로 복귀하여 복고왕정을 수립했다. 이 복고왕정은 1830년 7월혁명으로 붕괴했으나, 혁명 이후에도 프랑스에서는 여전히 왕정이 유지되었다. 그러나 1848년 2월혁명으로 왕정은 폐지되고 공화정이 수립되었다.

에 조응하면서 변증법적 과정을 통해서 이루어지는 사유의 발전 ; 그리고 그것에 조응하면서 혁명의 이론과 실천을 일치시키고 결합시키는 계급투쟁 형태의 행동. 마르크스가 제시하고 있는 것은 객관적인 법칙과 그 법칙을 실천으로 전환시키는 의식적 행동의 종합, 즉 때때로 (비록 오해를 불러일으키고는 있지만) 결정론이라고 불리는 것과 주의주의 (主意主義, voluntarism)라고 불리는 것의 종합이다. 마르크스는 지금까지 인간이 의식하지 못한 채 복종해온 법칙들에 관해서 끊임없이 이야기한다 : 그는 자본주의 경제와 자본주의 사회에 얽매인 사람들의 이른바 '허위의식(false consciousness)'이라는 것을 여러 차례 상기시켰다 : '생산과 유통의 담당자들이 생각하고 있는 생산의 법칙에 관한 개념은 실제의 법칙과는 크게 다르다'는 것이다.[5] 그러나 마르크스의 저술 속에서는 의식적인 혁명적 행동을 요구하고 있는 눈에 띄는 사례들이 발견된다. 포이어바흐에 관한 그 유명한 테제는 '철학자들은 세계를 다르게 해석해왔을 뿐이다. 그러나 문제는 그것을 변혁시키는 일이다'라고 말했다. 『공산당 선언(Manifest der Kommunistischen Partei)』은 '프롤레타리아트는 그 정치적 지배권을 이용하여 부르주아로부터 모든 자본을 차례로 빼앗을 것이며, 모든 생산수단을 국가의 수중에 집중시킬 것이다'라고 공언했다. 그리고 『루이 보나파르트의 브뤼메르 18일』[*]에서 마르크스는 '한 세기나 되는 과정을 통해서 모든 전통적인 관념들을 타파하고 있는 지적(知的)인 자기의식'을 이야기했다. 프롤레타리아트야말로 자본주의 사회의 허위의식을 타파하고 무계급사회의 진정한 의식을 가져다주리라는 것이었다. 그러나 1848년의 혁명들의 실패는 마르

5) *Capital*, iii (영역본, 1909), p. 369.
* 나폴레옹 3세의 1851년 12월 2일의 쿠데타를 나폴레옹 1세의 브뤼메르 18일의 쿠데타에 빗대어 붙인 제목이다. 이 책에서 마르크스는 프랑스에서의 1848년 2월혁명이 왜 나폴레옹 3세의 쿠데타로 끝날 수밖에 없었는가를 분석하고 있다.

크스가 활동하기 시작했을 무렵만 해도 곧 이루어질 것 같았던 발전에 대해서 심각하고도 극적인 좌절을 안겨주었다. 번영과 안정이 여전히 우세한 분위기 속에서 19세기의 후반이 지나갔다. 현대사 시대로의 이행은 20세기로 넘어와서야 비로소 완결되었는데, 이 시대에 이성의 일차적인 기능은 이제 사회 속의 인간의 행위를 지배하는 객관적인 법칙을 이해하는 것이 아니라 의식적인 행위를 통해서 사회와 사회를 구성하는 개인을 개조하는 것이 되었다. 마르크스에게서 '계급(class)'은, 비록 정확하게 규정된 적은 없지만, 대체로 경제적인 분석에 의해서 확정되는 객관적인 개념으로 남아 있다. 레닌에게서는 강조점이 '계급'에서 '당'으로 이동하는데, '당'은 계급의 전위로 구성되고 그 전위에게 계급의식이라는 필수적인 요소를 주입한다. 마르크스에게 '이데올로기'는 부정적인 용어—자본주의적 사회질서에 대한 허위의식의 산물—이다. 레닌에게 '이데올로기'는 중립적이거나 긍정적인 것—계급의식적인 엘리트 지도자들이 장차 계급의식적이 될 수 있는 노동자 대중에게 불어넣는 신념—이 된다. 계급의식의 형성은 더 이상 자동적인 과정이 아니라, 실행되어야만 하는 과업이 된다.

이성에 새로운 차원을 덧붙여준 우리 시대의 또 한 사람의 위대한 사상가는 프로이트이다. 프로이트는 오늘날까지도 여전히 얼마간 수수께끼 같은 인물이다. 그는 교육과 경력의 측면에서 볼 때는 19세기의 자유주의적 개인주의자였고, 또한 일반적이기는 하지만 잘못된 가정인 개인과 사회의 근본적인 대립이라는 전제를 의심 없이 받아들인 인물이었다. 프로이트는 인간을 사회적 실재가 아니라 생물학적 실재로 연구했으므로, 사회적 환경도 인간 자신에 의해서 끊임없이 창조되고 변형되는 과정 속에 있는 어떤 것이 아니라 역사적으로 주어진 어떤 것으로 간주하는 경향이 있었다. 마르크스주의자들은 분명히 사회적인 문제인 것들을 개인적인 관점에서 연구했다는 이유로 끊임없이 그를 공격해 왔으며, 그 때문에 그는 반동적이라는 비난을 받아왔다 ; 그런데 이 비난은 프로이트에 대해서는 오직 부분적으로만 타당한 것이었을 뿐, 훨씬 더 전면적으로 그러한 비난을 받아 마땅한 자들은 부적응(不適應)을 사회구조가 아니라 개인에게 내재하는 것으로 보면서, 개인을 사회에 적응시키는 것이 심리학의 본질적인 기능이라고 생각하는 오늘날의 신(新)프로이트학파*이다. 프로이트에 대한 또 하나의 통속적인 비난, 즉 그가 인간사에서의 비합리적인 것의 역할을 확대시켰다는 비난은 완전히 잘못된 것으로서, 그 비난은 비합리적인 요소를 인정하는 것과 숭배하는 것을 혼동하는 데에서 비롯된다. 오늘날 비합리적인 것에 대한 숭배가 주로 이성의 성취물과 잠재력을 평가절하하는 형태로 영어사용권 세계에 존재한다는 것은 불행하게도 사실이다 ; 그것은 현재 유행하고 있는 비관주의와 초(超)보수주의 풍조의 일면인데, 이에 관해서는 나중에 이야기하겠다. 그러나 그것이 무조건적인 그리고 꽤나 소박한 합리주의자였던 프로이트에게서 유래하는 것은 아니다. 프로이트가한 일은 의식과 합리적인 탐구에 대해서 인간 행위의 무의식적인 근원을 폭로함으로써 우리의 지식과 이해의 범위를 확장시킨 것이었다. 이것은 이성의 영역의 확장이었고, 인간 자신을 따라서 인간의 환경을 이해하고 지배할 수 있는 인간 능력의 증대였다 ; 그러므로 그것은 혁명적이고 진보적인 업적을 보여준다. 이러한 점에서 프로이트는 마르크스의작업을 보완하고 있는 것이지 대립하고 있는 것이 아니다. 비록 프로이트 자신은 고정불변의 인간성이라는 개념에서 완전히 벗어나지는 못했지만, 인간 행위의 근원을 보다 깊이 이해함으로써 합리적인 과정을 통해서 인간의 행위를 의식적으로 교정할 수 있는 도구를 제공했다는 의

---

* 설리번(H. S. Sullivan), 호나이(K. Horney), 프롬(E. Fromm) 등이 이 학파에 속한다.

미에서 그는 현대 세계에 속하는 인물이다.

  역사가에게 프로이트는 두 가지 점에서 특히 중요하다. 첫째, 프로이트는 사람들의 행동은 본인들이 주장하거나 믿고 있는 행위의 동기를 통해서 사실상 적절하게 설명될 수 있다는 오랜 환상에 종지부를 찍었다 : 이것은 소극적이기는 하지만 상당히 중요한 업적인데, 그러나 역사상 위대한 인물의 행위를 정신분석 방법으로 조명할 수 있다는 일부 프로이트 맹신자들의 적극적인 주장은 에누리해서 받아들여야만 할 것이다. 정신분석의 절차는 조사받고 있는 환자에 대한 반대 심문에 따라서 이루어진다 : 그러나 여러분은 죽은 자를 반대 심문할 수는 없다. 둘째, 프로이트는 마르크스의 작업을 보충하면서 역사가에게 자기 자신과 역사 속에서의 자신의 위치를, 주제나 시대에 대한 선택을 이끌고 사실에 대한 선별과 해석을 이끈 동기—아마도 숨은 동기겠지만—를, 그의 시각을 결정한 민족적 배경과 사회적 배경을, 그리고 과거에 대한 자신의 관념을 형성시키고 있는 미래에 대한 관념을 심문해보라고 촉구했다. 마르크스와 프로이트의 저작이 나온 이래, 역사가는 자기 자신을 사회의 외부에 있거나 역사의 외부에 있는 초연한 개인으로 생각해야 할 어떠한 구실도 가지고 있지 못하다. 지금은 자기의식의 시대이다 : 역사가는 자기 자신이 무엇을 하는지를 알 수 있고 또한 알아야만 한다.

  내가 말했던 현대 세계로의 그 이행—이성의 기능과 힘이 새로운 영역으로 확장되는 것—은 아직 끝나지 않았다 : 그것은 20세기의 세계가 통과하고 있는 혁명적 변화의 일부이다. 나는 그 이행의 몇 가지 주요한 징후들을 검토해보고 싶다.

  경제학부터 시작해보자. 1914년에 이르기까지 인간과 국가의 경제활동을 지배했던, 그리고 손해를 감수해야만 무시할 수 있었던 객관적인 경제법칙에 대한 신념은 아직 실제로 도전받지 않고 있었다. 경기순환,

가격변동, 실업 등은 이러한 법칙에 의해서 결정되었다. 대공황이 시작된 1930년까지도 그것은 여전히 지배적인 견해였다. 그 이후 사태는 급변했다. 1930년대에 들어와서 사람들은 '경제인(economic man)의 종말'을 이야기하기 시작했는데, 경제인이란 시종일관 경제법칙에 따라서 자신의 경제적 이해를 추구하는 인간을 의미하는 말이었다 ; 그때부터, 19세기에 머물러 있는 소수의 립 밴 윙클* 부류를 제외하고는, 아무도 이러한 의미에서의 경제법칙을 믿지 않고 있다. 오늘날의 경제학은 일련의 이론적인 수학 방정식이 되었거나, 아니면 어떤 사람들이 다른 사람들을 어떻게 밀어내는가를 연구하는 실용적인 학문이 되었다. 이 변화는 주로 개인적인 자본주의에서 대규모 자본주의로의 이행의 산물이다. 개인적인 기업가와 상인이 지배했던 동안에는 그 누구도 경제를 통제하거나 경제에 상당히 중요한 영향을 끼칠 수 없는 것처럼 보였다 ; 따라서 비인격적인 법칙과 과정이라는 환상은 유지되었다. 가장 유력했던 시절의 잉글랜드 은행조차 능숙한 관리자나 조정자가 아니라 객관적이고 반자동적인 경제동향 기록자로 생각되었다. 그러나 자유방임경제에서 관리경제(그것이 자본주의적 관리경제이건 아니면 사회주의적 관리경제이건, 그 관리가 명목상 사적인 대자본가의 이해관계에 의해서 수행되건 아니면 국가에 의해서 수행되건)로의 이행과 함께 이 환상은 사라졌다. 일정한 사람들이 일정한 목적을 위해서 일정한 결정을 내리고 있다는 것, 그리고 그 결정이 우리 경제의 방향을 지정하고 있다는 것이 분명해지고 있다. 오늘날 석유나 비누의 가격이 공급과 수요의 어떤 객관적인 법칙에 따라서 변동하지 않는다는 것은 누구나 알고 있다. 불경기와 실업이 인위적이라는 것도 누구나 알고 있거나 알고 있다고 생각한

---

* Rip Van Winkle : 미국의 작가 워싱턴 어빙이 쓴 『스케치 북(*The Sketch Book*)』에 나오는 주인공의 한 사람으로서, 시대에 뒤떨어진 사람을 가리킨다.

다 : 정부는 그 문제의 해결방법을 알고 있다고 인정한다. 사실은 주장하는 것이지만. 자유방임에서 계획으로의, 무의식적인 것에서 자기의식적인 것으로의, 객관적인 경제법칙에 대한 신념에서 인간은 자신의 행동을 통해서 자신의 경제적 운명의 주인이 될 수 있다는 신념으로의 이행이 이루어졌다. 사회정책은 경제정책과 나란히 추진되었다 : 게다가 경제정책은 사회정책에 통합되었다. 결코 마르크스주의자가 아니며 아마도 레닌에 관해서는 전혀 들어본 적이 없었을 어느 필자가 1910년에 출간된 최초의 『케임브리지 근대사』의 마지막 권에서 제시했던 대단히 통찰력 있는 설명을 인용해보도록 하자 :

> 의식적인 노력을 통해서 사회개혁을 실현할 수 있다는 신념은 유럽 정신의 지배적인 경향이다 ; 그것은 단 하나의 만병통치약으로 생각되었던 자유에 대한 신념을 폐기시켰다.……오늘날 그것이 널리 퍼져 있다는 것은 프랑스 혁명 시기의 인권에 대한 신념과 마찬가지로 중요하며 또한 의미심장하다.[6]

이 글이 쓰인 후 50년이 지났고, 러시아 혁명이 발생한 후로는 40년 이상이 지났고, 대공황이 있은 후로는 30년이 지난 오늘날, 이러한 신념은 평범한 것이 되었다 ; 그리고 합리적이라고 생각되기는 했지만 인간이 통제할 수는 없었던 객관적인 경제법칙에 대한 복종으로부터 의식적인 행동을 통하여 자신의 경제적 운명을 지배할 수 있는 인간 능력에 대한 신념으로의 그 이행은 내가 보기에는 인간사에 대한 이성의 적용에서의 발전을, 즉 자기 자신과 자신의 환경을 이해하고 지배할 수 있

---

6) *Cambridge Modern History*, xii(1910), p. 15. 이 장(章)의 필자는 『케임브리지 근대사』의 편집인들 가운데 한 사람이자 공무원 인사위원회 위원인 리디스(S. Leathes)였다.

는 인간 능력의 증대를 나타내는 것이라고 생각되므로, 나는 필요하다면 이러한 것을 기꺼이 진보라는 진부한 이름으로 부르도록 하겠다.

나는 다른 분야에서 진행되고 있는 그와 비슷한 과정에 관해서는 상세하게 다룰 여유가 없다. 우리가 살펴보았듯이, 과학조차도 지금에 와서는 자연의 객관적인 법칙을 탐구하고 확립하는 일보다는 인간이 자신의 목적에 맞게 자연을 이용할 수 있고 또한 자신의 환경을 변화시킬 수 있게 해줄 실용적인 가설을 만드는 일에 더 관심을 가지고 있다. 이보다 더 중요한 것은 인간이 이성의 의식적인 발휘를 통해서 자신의 환경뿐만 아니라 자기 자신마저도 변화시키기 시작했다는 점이다. 18세기 말에 맬서스는 한 권의 획기적인 저작*에서 애덤 스미스의 시장의 법칙과 마찬가지로 아무도 그 과정을 의식하지 않아도 작동하는 객관적인 인구법칙을 확립하려고 했다. 오늘날 그러한 객관적인 법칙을 믿는 사람은 없다 ; 그러나 인구의 조절은 합리적이고 의식적인 사회정책의 문제가 되었다. 우리는 우리 시대에 들어와 인간의 노력으로 인간의 수명이 연장되고 세대 간 인구의 균형이 변화된 것을 보았다. 우리는 인간의 행위에 영향을 주기 위해서 의식적으로 사용하는 약품에 관한 이야기와 인간의 성격을 변화시키려는 외과수술에 관한 이야기도 들었다. 인간과 사회 모두는 우리의 눈앞에서 변화했고, 또한 의식적인 인간의 노력에 의해서 변화하기도 했다. 그러나 아마도 이러한 변화들 중에서 가장 중요한 것은 설득과 교육의 근대적인 방법이 발전하고 이용되면서 이루어진 변화일 것이다. 오늘날 모든 분야의 교육자들은 특정한 형태의 사회를 형성하는 데에 기여하는 일과 성장하는 세대에게 그러한 형태의 사회에 적합한 태도, 충성심, 견해를 가르치는 일에 더욱더 의식적으로 관심을 쏟고 있다 ; 교육정책은 합리적으로 계획된 모든 사회

* 『인구론』을 가리킨다.

194

정책의 필수적인 부분이다. 이성이 사회 속의 인간에게 적용될 때, 이제 그것의 주요한 기능은 단순히 탐구하는 것이 아니라 변혁하는 것이 된다 ; 그러므로 인간은 합리적인 과정을 적용함으로써 자신의 사회적, 경제적, 정치적 문제들을 더 잘 처리할 수 있는 능력을 가지고 있다는 의식이 고양된 것은 20세기 혁명의 주요한 측면들 중의 하나로 생각된다.

이성의 이러한 확장은 내가 지난번 강연에서 '개별화'라고 불렀던 과정—문명의 발전에 따른 개인의 기술, 직업, 기회의 다양화—의 단지 일부일 뿐이다. 아마도 산업혁명의 가장 광범한 사회적 결과는 사유할 수 있게 된, 즉 자신들의 이성을 이용할 수 있게 된 사람들의 수가 점차 증가했다는 점일 것이다. 영국에 살고 있는 우리는 점진주의(漸進主義, gradualism)를 너무나 좋아하는 나머지 그 움직임을 감지하지 못하는 경우가 간혹 있다. 우리는 초등교육이 보편화되었다는 자랑거리에 거의 한 세기 동안이나 만족해왔고, 그래서인지 고등교육을 보편화시키는 일에서는 아직까지도 폭넓은 혹은 신속한 발전을 그다지 이루지 못했다. 우리가 세계를 이끌었던 시절에는 이것이 그렇게까지 크게 문제될 것은 없었다. 다른 국민이 우리가 그랬던 것보다 더 빨리 우리를 따라잡고 있을 때, 게다가 그 속도가 기술적인 변화로 말미암아 모든 분야에서 가속화되었을 때, 그것은 더 큰 문제가 된다. 왜냐하면 사회혁명과 기술혁명과 과학혁명은 동일한 과정에 속하는 중요한 부분들이기 때문이다. 만일 여러분이 학문분야에서의 개별화 과정에 관한 사례를 원한다면, 지난 50년 또는 60년 동안 역사나 과학에서의 혹은 모든 개별 학문분야에서의 엄청난 분화를, 그리고 그 분화의 결과로 엄청나게 늘어난 개별적인 전공분야들의 다양성을 생각해보라. 그러나 나는 이와는 다른 차원에서 그 과정에 관한 훨씬 더 놀라운 사례를 알고 있다. 30년도 더 지난 시절에 소련을 방문한 독일의 고위 장교 한 사람이 소련의 공군력 강화사업에 관계하고 있는 한 소련 관리에게서 다음과 같은 상당히 시사적인 이야기를 들은 적이 있었다 :

우리 러시아인은 아직도 원시적인 인간이라는 재료를 다루어야만 합니다. 우리는 우리가 사용할 수 있는 조종사의 타입에 비행기를 맞출 수밖에 없습니다. 우리가 새로운 타입의 인간을 어느 정도까지 성공적으로 양성하는가에 따라서 그 물체의 기술적 발전도 완성될 것입니다. 그 두 요소는 서로를 조건 짓습니다. 원시적인 인간을 복잡한 기계에 집어넣을 수는 없습니다.[7]

겨우 한 세대가 지난 오늘날, 우리는 러시아의 기계들이 더 이상 원시적이지 않다는 것을, 또한 그 기계들을 설계하고 제작하고 작동시키는 수백만 명의 러시아 남녀도 이제는 결코 원시적인 사람들이 아니라는 것을 알고 있다. 한 사람의 역사가로서 나는 이 후자(後者) 쪽의 현상에 더 흥미를 느낀다. 생산의 합리화는 훨씬 더 중요한 어떤 것—인간의 합리화—을 의미한다. 오늘날 세계의 도처에서 원시적인 인간이 복잡한 기계의 사용법을 배우고 있으며, 그렇게 하는 가운데 사유하는 것을, 즉 자신들의 이성을 이용하는 것을 배우고 있다. 여러분은 당연히 사회혁명이라고 부르겠지만, 나로서는 지금 이야기하는 맥락 속에서 이성의 확장이라고 부르고 싶은 그 혁명은 이제 막 시작되고 있을 뿐이다. 그러나 그 혁명은 최근 한 세대 동안의 엄청난 기술적 발전에 뒤질세라 엄청난 속도로 발전하고 있다. 내게는 이것도 우리의 20세기 혁명의 주요한 측면들 중 하나로 생각된다.

비관론자들과 회의론자들 중의 일부는 틀림없이 나에게 당신은 지금

---

7) *Vierteljahrshefte für Zeitgeschichte* (Munich), i(1953), p. 38.

현대 세계에서 이성에 맡겨진 역할의 위험과 애매모호한 측면을 깨닫지 못하고 있는 것이 아니냐고 주의를 줄 것이다. 지난번 강연에서 나는 앞에서 말한 의미에서의 개별화의 증대가 통일성과 획일성을 향한 사회적 압력의 어떤 약화를 의미하는 것은 아니라고 지적했다. 이것은 사실 우리가 살고 있는 복잡한 근대 사회의 역설들 중 하나이다. 교육은 개인의 능력과 기회의 확장을 촉진시키고 따라서 개별화를 증대시키는 필수적이고도 강력한 하나의 도구이지만, 동시에 이익집단의 손아귀 안에서는 사회적인 획일성을 촉진하는 강력한 도구가 되기도 한다. 그들에게서 방송과 텔레비전은 더 책임이 있어야 한다는, 혹은 언론은 더 책임이 있어야 한다는 변명들을 자주 들을 수 있는데, 그 변명들은 처음에는 손쉽게 비난할 수 있는 어떤 부정적인 현상을 상대로 한 것이다. 그러나 그 변명들은 이내, 그러한 강력한 대중 설득의 도구들을 이용하는 것은 바람직한 풍조와 의견—바람직한 것의 기준은 그 사회에서 용인되고 있는 풍조와 의견 안에 존재한다—을 가르치기 위한 것이라는 변명으로 바뀐다. 이와 같은 변명들을 담고 있는 캠페인들은, 그것들을 이끄는 자들의 손아귀 안에서는, 사회의 개별 구성원들을 적합하게 변화시켜서 자신들이 원하는 방향으로 사회를 만들어보려는 의식적이고 합리적인 과정이 되는 것이다. 이러한 위험에 관한 또다른 두드러진 사례는 상업 광고주와 정치 선동가가 제공한다. 그 두 역할은 사실상 자주 중복된다 ; 정당들과 후보들은 미국에서는 공공연하게, 영국에서는 다소 수줍다는 듯이, 전문적인 광고주들을 고용하여 자신들을 내세운다. 정치 선전과 상업 광고라는 그 두 방법은 공식적으로 구별될 때조차도 대단히 유사하다. 전문적인 광고주들과 거대 정당의 홍보실 간부들은 사업을 위해서라면 모든 합리적인 수단을 동원하는 대단히 영리한 사람들이다. 그러나 우리가 검토한 다른 사례에서처럼, 이성은 단순한 조사를 위해서 활용되는 것이 아니라 무엇인가를 만들기 위해서 활용되며, 정적(靜的)으로 활용되는 것이 아니라 동적(動的)으로 활용된다. 전문적인 광고주들과 선거 사무장들이 주로 관심을 가지는 것은 현존하는 사실이 아니다. 그들은 소비자나 유권자가 지금 믿고 있는 것에 대해서 흥미를 가지거나, 혹은 그런 믿음을 그들이 최종적으로 이끌어내고자 하는 결과로 전환시켜줄 수 있는 사건들에 대해서만, 다시 말해서 능숙한 조작으로 소비자나 유권자를 유인하여 그 결과를 믿게 만들거나 원하게 만들 수 있는 그런 사건들에 대해서만 흥미를 가진다. 게다가 그들은 대중심리에 대한 연구를 통해서 자신들의 견해를 안전하게 받아들이게 할 수 있는 가장 신속한 방법이 소비자나 유권자의 기질 속에 있는 비이성적인 요소에 호소하는 것임을 알고 있으며, 그래서 우리는 전문기업이나 정당 지도부의 엘리트들이 이전보다 훨씬 고도로 발전된 합리적인 방법으로 대중의 비합리주의를 파악하고 이용하여 목적을 달성하는 광경을 마주 대하게 되는 것이다. 호소가 주로 이성을 향하는 것은 아니다 : 그것은 대개 오스카 와일드가 말한 '지성의 아래쪽을 때리는' 방법으로 진행된다. 나는 이성의 위험을 과소평가하고 있다는 비난을 받지 않으려고 상황을 다소 과장했다.[8] 그러나 그것은 대체로 정확하며, 다른 분야에도 쉽사리 적용할 수 있다. 어떤 사회에서건 지배집단은 여론을 조직하고 통제하기 위해서 정도의 차이는 있으나 강제적인 수단을 사용한다. 이 방법이 어떤 방법보다 더 나쁘다고 생각되는 이유는, 그것이 이성의 악용을 낳기 때문이다.

진지하고도 근거가 충분한 이러한 고발에 대해서 나는 다만 두 가지 주장으로 답변하겠다. 첫 번째 주장은 잘 알려진 것으로서, 역사과정

---

8) 더 충분한 논의를 위해서는 필자가 쓴 『새로운 사회(*The New Society*)』(1951) 제4장의 여러 곳을 볼 것.

에서 눈에 띄는 모든 발명, 혁신, 새로운 기술에는 그 긍정적 측면뿐만 아니라 부정적 측면도 있었다는 것이다. 항상 누군가는 희생을 당하는 법이다. 인쇄술이 발명되고 난 후, 그것 때문에 잘못된 견해의 확산이 용이해졌다는 비평가들의 지적이 시작되기까지 얼마나 시간이 걸렸는지 나로서는 알 수 없다. 오늘날에도 교통사고 사망자 명부를 만든 것은 자동차의 출현이라고 한탄하는 일은 흔히 있다 ; 그리고 심지어 일부 과학자들은 원자력이 파멸적으로 이용될 수 있고 또한 이용되어왔다는 이유 때문에 자신들이 원자력 이용의 방법과 수단을 발견했다는 사실을 개탄하고 있다. 이런 식의 반대는 새로운 발견과 발명의 진전을 멈추게 하는 데에는 소용이 없었고, 또 앞으로도 소용이 있을 것 같지 않다. 대중선동의 기술과 가능성에 관해서 우리가 배워온 것도 간단히 망각될 수 없다. 말이 끄는 마차시대나 초기의 자유방임적 자본주의로 돌아갈 수 없듯이, 로크의 이론이나 자유주의 이론에서 말하는 소규모의 개인주의적 민주정으로, 19세기 중반에 영국에서 부분적으로 실현된 그 민주정으로 돌아갈 수는 없다. 그러나 그 고발에 대한 진짜 답변은 앞에서 말한 폐해들이 그 나름대로의 교정책도 가지고 있다는 것이다. 치료방법은 비합리주의를 숭배하거나 근대 사회에서의 이성의 확대된 억할을 부인하는 데에 있는 것이 아니라, 이성이 수행할 수 있는 역할을 점점 더 철두철미하게 의식해야 한다는 데에 있다. 기술과학 혁명이 사회의 모든 수준에서 이성의 활용을 증대시키라고 강요하고 있는 시대에, 그것은 유토피아적인 꿈이 아니다. 역사에서의 다른 모든 위대한 발전과 마찬가지로, 이러한 발전은 그에 따르는 희생과 손실을 지불해야만 하며, 또한 그에 따르는 위험에도 틀림없이 직면할 것이다. 그러나 나는, 특히 이전의 특권적 지위를 침해당한 나라의 지식인들 가운데 존재하는 회의주의자와 냉소주의자와 파멸의 예언자들이 뭐라고 하든, 그러한 발전을 서슴없이 역사의 진보를 가리키는 하나의 사례로 간주하겠다. 그 발전은 아마도 우리 시대의 가장 인상적이고 가장 혁명적인 현상일 것이다.

우리가 통과하고 있는 진보 혁명의 두 번째 측면은 세계의 모습이 변했다는 데에 있다. 중세 세계가 최종적으로 붕괴되고 근대 세계의 기초가 마련된 15세기와 16세기의 그 위대한 시대를 특징지었던 것은 신대륙의 발견과 지중해 연안에서 대서양 연안으로의 세계중심의 이동이었다. 프랑스 혁명의 격변은, 그것보다 약하기는 했어도, 지리적으로 볼 때 신(新)세계를 끌어당겨 구(舊)세계와의 균형을 이루어내는 결과를 가져왔다. 그러나 20세기 혁명이 이룬 변화는 16세기 이래의 어떤 변화보다 훨씬 더 광범한 것이다. 16세기로부터 약 400여 년이 지난 후, 세계의 중심은 완전히 서유럽을 떠났다. 서유럽은 멀리 떨어져 있는 영어 사용권 지역들과 함께 북미 대륙의 속령(屬領)이 되었거나, 아니면 미국에 발전소와 관제탑의 역할을 모두 맡기고 있는 하나의 국가군(群)이 되어버렸다고 해도 좋을 것이다. 그러나 이것만이 유일한 혹은 가장 중요할지도 모를 변화는 아니다. 세계의 중심이 현재 서유럽이라는 부속건물이 딸린 영어 사용권 세계에 머무르고 있는지, 또는 오랫동안 계속 거기에 머무를 것인지는 결코 분명하지 않다. 오늘날 세계의 문제를 조율하는 것은 동유럽과 아시아, 그리고 아프리카에까지 뻗어 있는 거대한 땅덩어리라고 생각된다. '변하지 않는 동방'이라는 말은 오늘날에는 대단히 낡아빠진 상투어에 불과하다.

금세기에 아시아에서 무슨 일이 일어났는지 잠깐 살펴보도록 하자. 이야기는 1902년 영일동맹(英日同盟)—아시아의 한 나라가 유럽 열강이라는 배타적인 집단에 최초로 편입된 사건—에서 시작된다. 일본이 러시아에 도전하여 승리함으로써 자신의 성장을 알린 것과, 그렇게 하는 가운데 거대한 20세기 혁명으로 타올랐던 최초의 불꽃을 밝힌 것은 우연의 일치라고 생각될 수도 있을 것이다. 1789년과 1848년의 프랑스 혁명은 유럽에서 그 모방자들을 발견했다. 1905년의 제1차 러시아 혁명은 유럽에서는 아무런 반향도 일으키지 못했으나 아시아에서는 모방자들을 발견했다 : 그 혁명 이후 몇 년 사이에 페르시아에서, 터키에서, 중국에서 혁명이 발생한 것이다. 제1차 세계대전은 엄밀하게 말하자면 세계대전이 아니라—유럽이라는 하나의 실체가 존재한다고 가정한다면—세계적인 규모의 결과를 낳은 유럽의 내전이었다 ; 그 결과에는 많은 아시아 국가들의 공업발전과 중국의 반외세 감정과 인도의 민족주의가 촉진되었다는 것, 그리고 아랍 민족주의가 탄생했다는 것 등이 포함된다. 1917년 러시아 혁명은 그 이상의 결정적인 충격을 가했다. 여기에서 의미심장한 것은 그 혁명의 지도자들은 유럽에서 모방자들이 나타나기를 끈질기게 기다렸으나 허사였고 결국 아시아에서 그 모방자들을 발견했다는 사실이다. '변하지 않는' 곳이 된 쪽은 유럽이었고 움직이고 있던 쪽은 아시아였다. 나는 이 잘 알려진 이야기를 지금의 시점까지 계속 끌어내릴 생각은 없다. 역사가들은 아직 아시아와 아프리카의 혁명의 범위와 중요성을 평가할 만한 위치에 있지 않다. 그러나 아시아와 아프리카의 수백만 명의 주민들에게로 근대적인 기술적, 산업적 방식들이 확산됨에 따라서, 초보적인 교육과 정치의식이 확산됨에 따라서 이 대륙들의 면모는 변하고 있다 ; 그리고 나는, 비록 미래를 꿰뚫어볼 수는 없지만, 세계사적인 견지에서 볼 때 이 변화를 하나의 진보적인 발전이 아니라고 간주하게 할 또다른 어떤 판단기준이 있으리라고는 생각하지 않는다. 이러한 사건들로 인해서 세계의 모습이 변하게 되자 세계의 사안들에서 이 나라가 차지하는 비중은 확실히 감소했고, 아마 영어 사용권 국가들의 비중도 죄다 감소했을 것이다. 그러나 상대적인 감소가 절대적인 감소는 아니다 ; 나를 불안하게 하고 걱정스럽게 만드는 것은 아시아와 아프리카에서의 진보의 행군이 아니라, 이 나라의―아마 다른 나라의 경우도 마찬가지겠지만―지배집단들이 보여주고 있는 경향, 즉 그러한 발전에 대하여 못 본 체하거나 이해하지 못하겠다는 눈초리를 보내거나, 그것에 대하여 불신에 가득 찬 채 경멸하거나 상냥하게 겸손을 떨거나 하는 자세 사이에서 동요하는 태도를 보이거나, 또는 몸을 돌려 과거를 향한 무기력한 향수에 빠져들거나 하는 그 경향이다.

내가 20세기 혁명에서의 이성의 확대라고 부른 것은 역사가에게 특별히 중요하다 ; 왜냐하면 이성의 확대는 본질적으로 지금까지 역사의 외부에 있던 집단과 계급, 인민과 대륙이 역사 안으로 들어오게 되는 것을 의미하기 때문이다. 첫 번째 강연에서 나는 종교라는 안경을 통해서 중세 사회를 보려는 중세사가들의 경향은 그들이 다루는 자료의 배타적 성격에서 비롯되는 것이라고 말했다. 나는 이 설명을 좀더 계속하고 싶다. 기독교 교회는 '중세의 유일한 이성적 기관'이었다는 말들을 하는데,[9] 나는 그것이 어느 정도 과장되어 있기는 하더라도 정확한 표현이라고 생각한다. 교회는 유일한 이성적 기관이었기 때문에 유일한 역사적 기관이었다 ; 교회만이 역사가가 이해할 수 있는 합리적 발전과정을 밟기 쉬웠다. 세속사회는 교회에 의해서 형성되고 조직되었기 때문에 자체의 합리적인 삶을 가지지 못했다. 일반 민중은 선사시대 사람들처럼 역사가 아닌 자연에 속했다. 더욱더 많은 민중들이 사회의식과 정치의식을 가지게 되고, 각자의 집단들을 과거와 미래가 있는 역사적 실재로 깨닫게 되고, 그리하여 완전히 역사 속에 들어올 때, 그럴 때 근대사는

---

9) A. von Martin, *The Sociology of the Renaissance* (영역판, 1945), p. 18.

시작된다. 사회의식, 정치의식, 역사의식이 인구의 대다수에게 웬만큼
확산되기 시작한 것은 소수의 선진국가들에서조차 기껏해야 최근 200
년 이내의 일이었을 뿐이다. 완전한 의미에서 역사 속에 들어와 이제는
식민지 통치자나 인류학자가 아닌 역사가의 관심대상이 된 민중, 그 민
중으로 구성되는 전체 체계를 처음으로 상상이라도 할 수 있게 된 것
은 겨우 오늘날의 일이다.

　이것은 우리의 역사개념에서 하나의 혁명이다. 18세기의 역사는 여전
히 엘리트의 역사였다. 19세기에 영국의 역사가들은 머뭇거리면서도 간
헐적으로 국민공동체 전체의 역사라는 역사관을 향해서 나아가기 시작
했다. 오히려 평범한 역사가라고 할 수 있는 J. R. 그린(1837-1883. 영
국의 역사가)이 명성을 얻은 것은 최초로 『영국 민중의 역사(*History of
the English People*)』를 저술했기 때문이다. 20세기에는 모든 역사가들이
입에 발린 말뿐이더라도 이러한 역사관에 동의하고 있다 ; 그리고 그 말
에 실천이 따르지 않는다고 해도 나로서는 그런 결점을 강조할 생각은
없는데, 왜냐하면 나는 역사의 지평선이 이 나라와 서유럽 바깥으로 확
대되고 있는데도 우리의 역사가들은 그것을 깨닫지 못하고 있다는 사
실에 더 큰 관심이 있기 때문이다. 액턴은 1896년의 보고서에서 세계사
란 '모든 나라의 역사를 합쳐놓은 것과는 다른 것'이라고 말했다. 그는
이렇게 계속했다 :

　　그것[세계사]은 하나의 계열을 따라서 진행하며, 국가들은 거기에서 부
　차적이다. 국가들의 역사는 국가들을 위해서 서술되는 것이 아니라, 시대
　에 따라서 그리고 인류의 공동운명에 기여하는 기간과 정도에 따라서, 상
　위 계열과의 연관 속에서 그리고 그것에 종속되어 서술될 것이다.[10]

10) *Cambridge Modern History : Its Origin, Authorship and Production* (1907), p. 14.

당연히 액턴은 자신이 생각한 것과 같은 의미의 세계사는 모든 진지한 역사가의 관심사라고 생각했다. 지금 우리는 그 같은 의미의 세계사에 대한 연구를 촉진하기 위해서 무엇을 하고 있는가?

나는 이번 강연에서 이 대학교의 역사 교과목을 거론할 생각은 없었다 : 그러나 그것은 내가 말하고자 하는 바에 관한 눈에 띄는 사례들을 보여주고 있으므로, 그것을 언급하는 데에 따르는 곤란함을 회피한다는 것은 나로서는 비겁한 일이 될 것이다. 지난 40년 동안 미국사는 대학교의 교과과정에서 중요한 위치를 차지하게 되었다. 이것은 중요한 진전이다. 그러나 거기에는 어떤 위험성, 즉 이미 우리의 교과과정에 대해서 마치 영구적인 소유권이나 되듯이 압박을 가하고 있는 영국사의 국지주의(局地主義, parochialism)가 더 음험하고 마찬가지로 위태로운 영어 사용권 세계의 국지주의에 의해서 강화될 수 있는 어떤 위험성이 수반되었다. 지난 400년 동안 영어 사용권 세계의 역사가 역사상 위대한 시기였음은 의심할 여지가 없다. 그러나 그 역사를 세계사의 중심으로 취급하고 그 밖의 모든 역사를 주변적인 것으로 취급하는 것은 관점의 부당한 왜곡이다. 널리 퍼져 있는 그런 식의 왜곡을 바로잡는 것이 대학교의 임무이다. 내가 볼 때 이 대학교의 근대사 수업은 이 임무를 수행하기에는 역부족인 것 같다. 일류 대학교라는 데에서 영어 이외의 다른 근대 언어에 관한 적절한 지식이 없는 학위시험 응시자에게 역사학 우등학위 시험을 치를 수 있게 허락하는 것은 분명히 잘못된 일이다 : 저 유서 깊은 일류 학과인 옥스퍼드 대학교 철학과에서 철학 전공자들이 평이한 일상적인 영어로도 매우 흡족하게 공부할 수 있다는 결론에 도달했을 때에 벌어졌던 일을 교훈으로 삼도록 하자. 어느 유럽 대륙 국가의 근대사를 교과서 수준 이상으로 연구하려는 학위시험 응시자에게 어떠한 편의도 제공되지 않는다는 것은 분명히 잘못이다. 저

거창한 19세기식 허세를 보여주는 '유럽의 팽창'이라는 시험문제의 경우, 아시아와 아프리카 또는 라틴 아메리카의 문제에 상당한 지식이 있는 학위시험 응시자가 그 지식을 펼쳐 보일 수 있는 기회는 현재로서는 매우 제한되어 있다. 유감스럽지만 그 시험문제에는 거기에 어울리는 답안 내용이 있다 : 중국이나 페르시아처럼 역사적으로 중요하고 사료도 풍부한 나라들에 관해서 시험 응시자에게 요구되는 것은 유럽인들이 그 나라들을 점령하려고 했을 때 일어난 사건에 관한 지식일 뿐, 그 밖의 다른 일들에 관한 지식은 아닌 것이다. 나는 이 대학교에 러시아와 페르시아와 중국의 역사에 관한 강의가 있다고—그러나 그 강의를 사학과 교수들이 맡고 있지는 않다고—들었다. 5년 전에 중국어 담당교수가 그의 취임강연에서 '중국이 인류 역사의 주류(主流)에 속하지 않는다고 보아서는 안 된다'는 확신을 표명했으나,[11] 케임브리지 대학교의 역사가들은 전혀 귀를 기울이지 않았다. 지난 10년 동안 케임브리지 대학교가 낳은 가장 위대한 역사저작이라고 언젠가는 평가받을 만한 책이 있는데, 그 책은 전적으로 사학과 밖에서, 사학과로부터 어떤 도움도 받지 않고 쓰였다 : 내가 말하고 있는 그 책은 니덤 박사(1900-1995. 영국의 과학자)의 『중국의 과학과 문명(*Science and Civilization in China*)』이다. 정신을 번쩍 들게 하는 이야기이다. 만일 집안망신이라고 할 수 있는 이 일이 20세기 중반 대부분의 다른 영국의 대학이나 영국의 지식인 일반에게서도 전형적으로 나타난다고 믿지 않았다면, 나는 그것을 공개적으로 들추어내려고 하지 않았을 것이다. '도버 해협에 폭풍이 불면, 대륙은 고립된다(Storms in Channel—the Continent Isolated)'고 하는, 빅토리아 시대의 섬나라 근성을 보여주는 저 진부하고도 낡아빠진 경구는 오늘날에도 기분 나쁘리만큼 시사적으로 들린다. 또다시

---

11) E. G. Pulleyblank, *Chinese History and World History* (1955), p. 36.

저 너머의 세계에서 폭풍이 몰아치고 있다 ; 그리고 영어 사용권 국가에서 살고 있는 우리가 한데 모여서 아주 대수롭지 않은 영어로 다른 나라와 다른 대륙은 그들의 터무니없는 행동 때문에 우리 문명의 은혜와 축복으로부터 고립되었다고 지껄여대고 있는 동안, 우리는 이해할 능력도 없고 이해할 자세도 되어 있지 않았기 때문에 우리 자신을 세계의 현실적인 움직임으로부터 고립시키고 있는 것은 아닐까 하고 생각될 때가 있다.

나는 첫 번째 강연의 첫머리에서 19세기 말과 20세기 중반을 갈라놓는 사고방식의 뚜렷한 차이에 관해서 주의를 환기시켰다. 나는 결론삼아 그 차이를 더 논의해보았으면 한다 ; 그런데 이와 관련해서 내가 '자유'라든가 '보수'라는 말을 사용할 경우, 그것들을 영국 정당의 명칭들이 의미하는 것과 똑같은 의미로 사용하지는 않으리라는 것은 쉽게 이해될 것이다. 액턴이 진보를 이야기했을 때, 그는 널리 알려진 영국적 개념인 '점진주의'를 염두에 두지는 않았다. 1887년의 한 편지에는 '혁명, 즉 우리가 말하는 자유주의(the Revolution, or as we say Liberalism)'라는 놀라운 구절이 쓰여 있다. 그는 그로부터 10년 후에 있었던 한 근대사 강연에서 '근대에서 진보의 방법은 혁명이었다'고 말했다 ; 그리고 또 다른 강연에서 그는 '우리가 혁명이라고 부르는 보편적인 이념의 출현'을 이야기했다. 이에 관해서는 출판되지 않은 그의 수고(手稿) 노트들 중 한 곳에서 이렇게 설명되어 있다 : '휘그당은 타협으로 통치했다 : 자유당은 이념의 지배를 시작한다.'[12] 액턴은 '이념의 지배'란 자유주의를

---

12) 이 구절에 관해서는 Acton, *Selections from Correspondence* (1917), p. 278 ; *Lectures on Modern History* (1906), pp. 4, 32 ; Add. MSS. 4949(in Cambridge University Library) 등을 볼 것. 액턴은 위에서 인용한 1887년의 편지에서 '구(舊)'휘그들에서 '신(新)'휘그들(즉 자유당원들)로의 변화를 '양심의 발견'으로 표현하고 있다. 여기에서 '양심(conscience)'은 분명히 '의식(consciousness)'의 발전(앞의 p. 186을 볼 것)과 연관되어 있고, 또한

의미하며, 자유주의는 혁명을 의미한다고 믿었다. 액턴의 생애 동안 사회적 변화의 동력으로서 자유주의의 힘은 아직 바닥나지 않고 있었다. 오늘날, 자유주의의 잔재들은 모든 곳에서 사회의 보수적인 요소로 변해버렸다. 액턴에게로 돌아가자고 호소하는 것은 지금에 와서는 아무런 의미도 없을 것이다. 그러나 역사가가 관심을 가져야 하는 것은 첫째로는 액턴의 입장을 확인하는 일, 둘째로는 그의 입장을 오늘날의 사상가들의 입장과 비교하는 일, 셋째로는 그의 입장에서 어떤 요소들이 오늘날까지도 여전히 유효할 수 있는지를 검토하는 일이다. 분명히 액턴의 세대는 지나친 자신감과 낙관주의에 압도되어 있었고, 따라서 그들의 신념이 의지했던 구조의 불안정한 성격을 충분히 인식하지 못했다. 그러나 그 세대는 오늘날 우리가 절실히 필요로 하는 다음과 같은 두 가지 요소를 가지고 있었다 : 역사 진보의 요인으로서의 변화에 대한 감각, 그리고 변화의 복잡성을 이해하게 해주는 지침으로서의 이성에 대한 신념.

이제 1950년대의 어떤 목소리들에 귀를 기울여보자. 나는 지난번의 강연에서 루이스 네이미어 경이 '구체적인 문제들'에 대해서는 '실제적인 해결책들'이 추구되었지만 '두 당(黨) 모두 강령과 이상을 잊어버리고 있다'고 만족스럽게 표현한 구절과, 그것을 '국민적 성숙성'의 한 징후로 보고 있는 그의 설명을 인용한 적이 있다.[13] 나는 개인의 생애와 국민의 생애를 그런 식으로 비유하는 것을 좋아하지 않는다 ; 그런 식의 비유를 끄집어낸다면, 누구나 '성숙'의 단계가 지난 후에는 무엇이 올 것

'이념의 지배'에 조응하고 있다. 스텁스도 역시 근대사를 프랑스 혁명에 의해서 나뉘는 다음과 같은 두 시기로 구분했다 : 권력, 세력, 왕조의 역사인 첫 번째 시기, 이념이 권리의 자리와 형식의 자리 모두를 차지하게 되는 역사인 두 번째 시기(W. Stubbs, *Seventeen Lectures on the Study of Mediaeval and Modern History*, p. 239).

13) 앞의 p. 58을 볼 것.

인가라고 질문하고 싶어진다. 그러나 내가 관심을 두고 있는 문제는 실제적인 것과 구체적인 것을 찬양하고 '강령과 이상'을 비난하는 데에서 볼 수 있는 그 뚜렷한 차이이다. 이상을 이론화하는 일보다 실제적인 행동을 우위에 두는 것은 말할 것도 없이 보수주의의 고유한 특징이다. 네이미어의 사고방식에서 그것이 대변하고 있는 것은 액턴이 말했던 혁명과 이념의 지배가 바로 앞에 닥쳤을 때 거기에 저항했던 18세기의 목소리, 또는 조지 3세가 즉위했을 때의 영국의 목소리인 것이다. 그러나 오늘날에는 철저한 보수주의가 철저한 경험주의 형태로 표현되는 것이 대단히 유행하고 있는데, 이것도 마찬가지로 낯익은 것이다. 그런 것 중에서 가장 인기 있는 형태는 '급진주의자들이 분명히 승리는 우리의 것이라고 외쳐대는 바로 그 순간, 현명한 보수주의자들은 그들의 콧잔등을 후려갈긴다'고 한 트레버-로퍼 교수의 말에서 찾을 수 있다.[14] 오크셔트 교수는 우리에게 지금 유행하고 있는 이 경험주의의 더욱 세련된 변종을 보여준다 : 그는 우리가 정치적인 관심사에 빠져서 '밑도 끝도 없는 바다를 항해하고 있다'고, '출발점도 없고 예정된 목적지도 없으며' 따라서 '수평을 유지하면서 마냥 떠 있는 것'이 유일한 목표가 될 수 있을 뿐인 그런 바다를 항해하고 있다고 말한다.[15] 나는 정치적인 '유토피아주의(utopianism)'와 '메시아주의(messianism)'를 비난해온 최근의 저자들의 명단을 추적할 생각은 없다 ; 그 말들은 사회의 미래에 관한 원대한 급진적인 이념을 모욕하는 유행어가 되었다. 보수주의에 대한 충성을 공공연히 선언하는 일에는 미국의 역사가와 정치이론가들이 이 나라의 동료들보다 더 거리낌이 없지만, 나는 그 미국에서의 최근 경향에 관해서 언급하지는 않겠다. 다만 나는 가장 유명하고 온

---

14) *Encounter*, vii, No. 6, June 1957, p. 17.
15) M. Oakeshott, *Political Education* (1951), p. 22.

건한 미국의 보수적 역사가 중 한 사람인 하버드 대학교의 새뮤얼 모리슨의 말을 소개하고 싶은데, 그는 1950년 12월에 미국 역사학회 회장으로서 행한 연설에서 이른바 '제퍼슨-잭슨-루스벨트 노선*'에 대해서 반격할 때가 왔다고 하면서 '건전한 보수적 관점에서 서술되는' 미국사를 옹호한다고 말했다.[16)]

그러나 영국에서 이 조심스러운 보수적 사고방식을 가장 명백하고 가장 비타협적인 형태로 다시 한번 표명한 사람은 누가 뭐래도 포퍼 교수이다. 그는 '강령과 이상'을 거부한 네이미어에게 호응하여 '명확한 계획에 따라서 "사회 전체"를 개조하는 것'을 목표로 삼고 있다고 간주되는 정책들을 공격하고 있으며, 그 정책들 대신에 그가 권유하고 있는 이른바 '점진적 사회공학(piecemeal social engineering)'에 대해서 '땜질식 처방(piecemeal tinkering)'이라든가 '얼렁수'라는 비난이 가해져도 전혀 움츠러들지 않고 있다.[17)] 사실 나는 한 가지 점에 관해서는 포퍼 교수에게 경의를 표하고 싶다. 그는 여전히 이성의 단호한 옹호자이며, 따라서 지나간 것이든 지금의 것이든 비합리주의로의 탈선과는 상대도 하지 않으려고 한다. 그러나 '점진적 사회공학'이라는 처방을 들여다보면, 그가 이성에 부여하고 있는 역할이 얼마나 제한되어 있는지를 알게 될 것이다. 물론 '점진적 사회공학'에 대한 그의 징의부터가 그다지 명확하지 않지만, 우리는 특히 그것의 '목적'에 대한 비판이 빠져 있다는 말을 듣는다 ; 그런데 그것의 적법한 작동에 관해서 포퍼가 제시하는 조심스

---

* the Jefferson-Jackson-F. D. Roosevelt line : 세퍼슨은 독립신인시를 기초했던 미국의 제3대 대통령이고, 잭슨은 19세기 초에 이른바 '잭슨 민주주의'를 제창했던 제7대 대통령이며, 루스벨트는 1930년대에 뉴딜 정책을 시행했던 제32대 대통령으로서, 이들 모두는 그 시대의 상대적으로 진보적인 경향을 대변했다.

16) *American Historical Review*, No. 1 vi, No. 2(January 1951), pp. 272-273.

17) K. Popper, *The Poverty of Historicism* (1957), pp. 67, 74.

러운 사례들—'합헌적인 개혁'과 '소득의 보다 큰 균등화 경향'—을 보면, 그것이 현존하는 사회의 전제들 안에서 작동하게 되어 있다는 것을 간단히 알 수 있다.[18] 사실 포퍼 교수의 설계도에서 이성의 지위는 오히려 영국 공무원의 지위, 즉 집권하고 있는 정부의 정책들을 집행할 뿐 아니라 그것들이 좀더 효율적인 것이 되도록 실제적인 개선책을 건의할 수 있는 자격은 있지만, 그것들의 근본적인 전제나 궁극적인 목표를 의심할 자격은 없는 영국 공무원의 지위와 비슷하다. 방금 말한 공무원의 업무는 유용한 것이다 : 나도 한창 젊었을 때에는 공무원이었다. 그러나 그런 식으로 이성이 기존질서의 전제들에 종속되는 것은 결국에는 도저히 용납될 수 없다고 생각한다. 그것은 **혁명 = 자유주의 = 이념의 지배**라는 등식을 제출했을 때의 액턴이 보여주었던 이성에 대한 사고방식과는 다르다. 학문에서든 역사에서든 사회에서든, 인간사에서의 진보는 기존질서의 점진적인 개선을 추구하는 일에 스스로를 제한시키지 않고 현존질서에 대해서 그리고 그것이 의지하고 있는 공공연한 또는 은폐된 전제들에 대해서 이성의 이름으로 근본적인 도전을 감행했던 인간들의 그 대담한 자발성을 통해서 주로 이루어진 것이다. 나는 영어 사용권 세계의 역사가들과 사회학자들과 정치사상가들이 그 과업을 위해서 다시금 용기를 얻게 될 때를 기다리고 있다.

그러나 나를 불안하게 만드는 것은 영어 사용권 세계의 지식인들과 정치사상가들 사이에서 이성에 대한 신념이 약화되어가고 있다는 사실이 아니라, 끊임없이 움직이는 세계에 대한 그 충만한 감각이 상실되었다는 사실이다. 이것은 언뜻 보기에는 역설적인 것처럼 생각된다 ; 왜냐하면 우리 주변에서 진행되는 변화에 관한 피상적인 이야기들이 요즘처럼 자주 들렸던 적은 거의 없었기 때문이다. 그러나 중요한 것은 변화

18) K. Popper, 앞의 책, pp. 64, 68.

210

가 더 이상 성취로, 기회로, 진보로 생각되지 않고 두려움의 대상으로 생각된다는 사실이다. 정치 및 경제 전문가들이 처방을 내릴 때, 그들이 우리에게 줄 수 있는 것이란 급진적이고 원대한 이념은 믿지 말라는 훈계, 혁명의 냄새가 나는 것은 모조리 피하라는 훈계, 또는—만일 우리가 전진할 수밖에 없다면—가능한 한 천천히 조심스럽게 전진하라는 훈계 이외에는 아무것도 없다. 세계의 모습이 지난 400년간의 그 어느 때보다 더 급속하고 더 철저하게 변화하고 있는 이때에, 그런 처방은 일종의 굉장한 무지라고 생각되거니와, 그 무지 뒤에 들어서는 것은 세상이 멈출 것이라는 불안감이 아니라 이 나라가—아마 다른 영어 사용권 나라들까지도—전반적인 진보에 뒤처지지나 않을까 하는 불안감, 그리고 무기력하게 또한 체념한 채로 어떤 향수 어린 침체상태에 빠져들지나 않을까 하는 불안감이다. 나 자신으로 말하면, 나는 여전히 낙관론자이다 ; 그렇기 때문에 루이스 네이미어 경이 나에게 강령이나 이상을 피하라고 훈계할 때, 오크셔트 교수가 나에게 우리는 특별히 어떤 곳을 향해서 항해하고 있는 것이 아니므로 아무도 배를 흔들지 못하게 살펴보는 일만이 중요하다고 말할 때, 포퍼 교수가 하찮은 점진적 공학이라는 엔진의 힘으로 애지중지하는 T자형 고물차를 길 위로 계속 끌고 다니기를 원할 때, 트레버-로퍼 교수가 소리쳐대는 급진주의자들의 콧잔등을 후려갈길 때, 모리슨 교수가 역사는 건전한 보수적인 정신으로 쓰여야 한다고 주장할 때, 나는 격동하는 세계, 진통하는 세계를 내다보고 나서 진부하기조차 한 어느 위대한 과학자의 말을 빌려서 이렇게 대답할 것이다 : '그래도—그것은 움직인다.'

E. H. 카의 자료철에서

『역사란 무엇인가』 제2판을 위한 노트

R. W. 데이비스

1982년 11월에 사망한 E. H. 카는 『역사란 무엇인가』의 실질적인 신판(新版)을 준비하고 있었다. 1961년에 초판이 출간된 이후 20년 동안은 인류의 진보가 가로막힌 시기였으나, 거기에 굴하지 않고 카는 제2판의 서문에서 '비록 낙관적인 것은 아니더라도, 어쨌든 미래에 대한 보다 건전하고 보다 균형 잡힌 전망을 주장하는 것'이 새로운 작업의 의도였음을 천명하고 있다.

그 서문만이 겨우 쓰였을 뿐이다. 그러나 한 개의 커다란 상자 속에 담겨 있는 카의 문서들 중에는 1961년판에 대한 서평이나 편지들이 가득 차 있는 봉투 하나와 함께 '역사-일반 ; 인과관계-결정론-진보 ; 문학과 예술 ; 혁명론과 폭력론 ; 러시아 혁명 ; 마르크스주의와 역사 ; 마르크스주의의 미래' 등의 표제가 붙은 6장의 커다란 갈색 접지(摺紙)들이 포함되어 있다. 그는 분명히 제2판을 마무리하기에 앞서 상당히 많은 작업을 할 생각이었다. 그 접지들 안에는 그가 아직 주석(註釋)을 달지 않은 수많은 책들과 논문들의 제목이 들어 있다. 그러나 그것들 안에는 이미 부분적으로 손을 댄 자료, 즉 무슨 표시가 되어 있는 별쇄본들과 학술지에서 떼어낸 논문들 그리고 크기가 제각각인 스크랩 종이 위에다 무엇인가를 직접 써놓은 수많은 메모지도 들어 있다. 철학이나 역사방법론의 문제를 놓고 아이작 도이처, 이사야 벌린, 퀸틴 스키너를 비롯해서 그 밖의 다른 사람들과 주고받은 편지 역시 그 접지들 안에 들어 있는데, 분명 그 편지들은 카가 새로운 판을 위해서 그들에게서 도움을 받으려고 했음을 보여준다. 가끔 보이는 타자로 치거나 직접 쓴 글들은 문장이나 단락의 초안(草案)이다. 장차의 새로운 판을 위해서 어떤 계획이 있었는지는 알 수 없지만, 한 메모지에는 이렇게 쓰여 있다 :

역사의 혼란

통계의 폭력

심리학

구조주의

문학의 혼란

언어학

유토피아 등

[또 하나의 스크랩 종이에는 이렇게 쓰여 있다 :

'마지막 장

유토피아

역사의 의미']

분명히 카는 비판자들에 대한 답변과 함께 자신의 논지를 설명해주고 때로는 수정해줄 추가자료를 첨가하여 『역사란 무엇인가』의 기존 장(章)들을 확장시키려고 했을 뿐만 아니라, 초판에는 빠졌거나 불충분하게 다루어진 문제들을 취급하는 부분이나 장을 새로 집필할 생각이었다. 그의 방대한 노트와 메모를 보면, 오늘날 우리가 안고 있는 문제와 우리가 지향해야 할 세계에 관한 완전히 새로운 책이 등장하려고 몸부림치고 있는 듯이 보일 때가 있다. 분명히 그는 "지평선의 확대"라는 제목의 여섯 번째 강연 내용을 완전히 다시 쓴 마지막의 한 장 혹은 여러 장을 준비하려고 했고, 거기에서 역사의 의미에 관한 자신의 견해와 미래에 대한 전망을 이전에 쓴 그 어떤 글에서보다 더 직접적으로 당면한 정치적 관심사들과 결부시켜 제시했을 것이다.

카는 역사가와 그의 사실 그리고 역사가와 사회를 다룬 처음 두 강연의 논지를 수정해야 할 이유가 없다고 생각한 것이 분명하다. 그는 유명한 해군사가인 로스킬(1903-1982. 영국의 해군장교 출신의 역사가)을 예로 들어 역사적 사실에 대한 경험주의적인 연구가 내세우는 잘못된 주장을 살펴보고 있는데, 그 해군사가는 '단지 당대의 사실을 빈틈없이 정확하게 그리고 공정하게 수집하여 기록하는 것만을 자신들의 임무로 생각하고 있는' '근대 학파 역사가들'을 칭찬했던 것이다. 카가 보기에 그런 역사가들은, 만일 그들이 정말로 자신들의 공언대로 일을 한다면, 아르헨티나의 소설가 보르헤스가 쓴 어떤 단편소설(「기억의 천재 후네스[*Funes the Memorious*]」로 번역됨)의 주인공, 즉 자신이 보거나 듣거나 경험한 것은 무엇이든 절대로 잊지 않았지만 '내 기억 속에 있는 것은 쓰레기더미'라고 자백한 그 주인공과 다를 바가 없을 것이다. '생각한다는 것은 차이를 잊어버리는 것, 일반화시키는 것, 추상화시키는 것'이므로 후네스에게는 '그다지 생각할 능력이 없었다.'[1] 카는 역사와 사회과학에서의 경험주의를 '과학적이며 가치중립적인 방법을 적용하면 모든 문제가 해결될 수 있다는 신념, 즉 객관적인 올바른 해결책과 그것에 도달할 수 있는 방법이 존재한다는—과학의 가설이라고 생각되

1) J. L. Borges, *A Personal Anthology* (1972), pp. 32-33.

는 것들이 사회과학의 가설로 바뀔 수 있다는—신념'이라고 규정하면서 그 경험주의를 추방시켰다. 카는 루카치(1885-1971. 헝가리의 마르크스주의 철학자)가 경험주의적 역사가들의 수호신인 랑케를 사건, 사회, 제도들의 수집품은 보여주었지만 그것들이 바뀌면서 발전하는 과정은 보여주지 않았다는 의미에서 반역사적인 인물로 간주했음을 지적한다 ; 그렇게 되면 '역사는 이색적인 일화들을 수집해놓은 것이 된다'고 루카치는 말했던 것이다.[2]

카의 노트는 경험주의에 대한 이러한 공격을 듬직하게 뒷받침하고 있다. 기번은 연관체계(a system of relations)를 지배하는 사실을 구별해낼 수 있는 사람, 곧 '역사가이면서 철학자'인 사람만이 최고의 역사를 쓸 수 있다고 믿었다[3] : 그는 '사실의 연구에 철학이라는 학문을 적용한 최초의 역사가'인 타키투스에게 빚을 지고 있다고 밝혔다.[4] 비코(1688-1744. 이탈리아의 철학자)는 일 세르토*와 일 베로**를 구별했다 ; 인식(coscienza)의 대상인 일 세르토는 개개에 특수한 것이었고, 과학(scienza)의 대상인 일 베로는 공통적이거나 일반적인 것이었다.[5] 카는 최근 영국의 수많은 정치저작과 역사저작의 내용이 시원찮을 뿐만 아니라 깊이도 부족한 이유를 '영어 사용권 세계의 사상가들과 마르크스를 아주 치명적으로 갈라놓은' 역사방법의 차이에서 찾았다 :

영어 사용권 세계에는 경험주의의 전통이 깊숙이 존재한다. 사실은 스스

2) G. Lukacs, *The Historical Novel* (1962), pp. 176, 182.

3) Edward Gibbon, *Essai sur l'étude de la litterature* (1761).

4) Gibbon, *Decline and Fall of the Roman Empire* (1909), Bury(ed.), ch. 9, p. 230.

* il certo : 사실적으로 정확한 것.

** il vero : 진리인 것.

5) G. Vico, *Principj di scienza nuovo* (1744), Books I, IX and X, 영역판 *New Science of G. Vico* (1968), 패러그래프 137, 321.

로 말한다는 것이다. 특별하게 논쟁거리가 되는 문제도 '그 전통의 장점에 관한' 것이다. 역사연구가 암묵적인, 아마도 무의식적인 어떤 연관기준에 따라서 이루어져야 함에도 불구하고, 주제와 에피소드와 시대들이 분리되어 있다.……이 모든 것이 마르크스에게는 질색이었을 것이다. 마르크스는 결코 경험주의자가 아니었다. 전체와의 연관 없이 부분을, 그 의미와의 연관 없이 사실을, 원인이나 결과와의 연관 없이 사건을, 일반적인 상황과의 연관 없이 특정한 위기를 연구하는 것은 마르크스에게는 쓸모없는 짓으로 보였을 것이다.

그 차이는 역사적 뿌리를 가지고 있다. 영어 사용권 세계가 그토록 완강하게 여전히 경험주의적인 데에는 이유가 없지 않다. 굳건하게 확립되어 있는, 그리고 누구나 그렇다고 믿고 있는 기존의 사회질서 안에서 경험주의는 수선작업에나 봉사한다.……19세기의 영국은 그와 같은 세계의 완벽한 모델이 되었다. 그러나 모든 기초가 도전받고 있는 시기에, 그리고 계속되는 위기 속에서 우리가 아무런 지침도 가지지 못한 채 허둥거리고 있는 그런 시기에, 경험주의는 만족할 만한 것이 못 된다.[6]

어떤 경우든, 이른바 경험주의라는 외피는 무의식적인 선택원리를 은폐하는 데에 기여한다. 카는 '역사란 인간의 합리성을 구성하고 있는 것에 대한 특정한 관념이다 : 모든 역사가는 인식하건 인식하지 않건 간에 그러한 관념을 가지고 있다'고 말한다. 『역사란 무엇인가』에서 카가 상당한 관심을 기울였던 것은 역사가에 의한 사실의 선택과 해석에 대해서 역사적, 사회적 환경이 어떤 영향을 미치는가 하는 문제였는데, 그것은 그가 학창시절부터 관심을 쏟았던 인간조건의 한 측면에 관한 문제

---

6) 카가 타이프로 쳐서 그의 노트에 끼워놓은 이 구절은 그의 저서 *From Napoleon to Stalin* (1980), p. 250의 루카치에 관한 부분에 들어 있다.

었다. 새로운 판을 위한 그의 노트는 역사지식의 상대성이라는 문제를 더 풍부하게 예증하고 있다. 헤로도토스는 아테네의 패권의 도덕적 정당성을 아테네가 페르시아 전쟁 당시에 수행한 역할에서 찾았다 ; 그런데 그 전쟁은 분별력 있는 그리스인들이라면 반드시 시야를 넓혀야 한다는 것을 보여줌으로써 헤로도토스로 하여금 더 많은 민족과 지역까지 넓게 조사해보아야 한다는 것을 깨닫도록 했다.[7] 아랍인의 역사관에 큰 영향을 미친 것은 유목민의 생활방식에 대한 공감이었다. 아랍인들에게 역사란, 도시나 오아시스의 주민들이 사막의 유목민에 의해서 정복되고, 그 유목민이 정착하고 난 후 이번에는 사막에서 밀고 들어온 새로운 세력에 의해서 그 정착민이 정복되는, 연속적인 혹은 주기적인 과정이었다 ; 아랍의 역사가들은 정착생활이 사치를 낳았고 그 사치가 야만인들과 접촉하게 된 문명인을 약화시켰다고 보았던 것이다. 이와는 대조적으로, 18세기에 영국에서 살았던 기번은 역사를 주기적인 것이 아니라 의기양양한 발전으로 보았다 : 그의 유명한 말에 따르면, '모든 시대는 인류의 실질적인 부와 행복과 지식을, 그리고 어쩌면 덕성까지도 증대시켜왔고 아직도 증대시키고 있다.' 그런데 기번은 오래 전에 확립된 정착문명을 가진 자신만만한 지배계급의 우월한 관점에서 역사를 바라보았다. 그는 유럽이 야만인들로부터 안전했던 이유는 '야만인들은 정복하기 전에 이미 야만인에서 분명히 벗어나 있었기' 때문이라고 주장했다. 카는 혁명적인 시대는 역사연구에 대해서 혁명적인 영향을 발휘한다고 말한다 : '역사에 대한 관심을 창안하는 그런 혁명은 없다'는 것이다. 18세기 영국의 역사가들은 1688년의 '명예혁명'의 승리를 배경으로 등장했다. 프랑스 혁명은 '변하지 않는 인간성이라는 관념에 의지했던 프랑스 계몽사상의 탈(脫)역사적 사고방식'에 상처를 입혔다.

---

7) M. I. Finley(ed.), *The Greek Historians* (1959), Introduction, pp. 4, 6.

그렇듯 급속히 변화했던 시대에는 역사지식의 상대성도 광범하게 인식되었다. 매콜리가 '1789년, 1794년, 1804년, 1814년, 1834년의 혁명에 관해서 정확히 같은 의견을 가졌던 사람은 신의 영감을 받은 예언자였거나 아니면 고집 센 바보였을 것'이라고 단언했을 때,[8] 그는 단지 자신과 같은 시대에 살았던 사람들이라면 누구나 가졌던 생각을 대변하고 있었을 뿐이다.

역사지식이 상대적이라고 한다면, 객관적인 역사가 존재한다고 말할 수 있는 것은 어떤 의미에서인가? 『역사란 무엇인가』에서 카는, 어떠한 역사가도 자신만의 가치를 위해서 역사를 초월하는 객관성을 주장할 수 없지만, '객관적인' 역사가라고 부를 수 있는 역사가는 '사회와 역사 속에서의 자신의 위치로 인해서 제한되어 있는 시야를 넘어설 수 있는 능력'과 '자신의 시야를 미래에 투사할 수 있는 능력이 있고, 그런 만큼 과거를 더 심원하고 더 지속적으로 통찰할 수 있는 능력'이 있는 사람이라고 주장했다. 『역사란 무엇인가』를 비판하는 몇몇 사람들은 이런 식으로 '객관성'을 취급하는 것에 강력히 반대하면서, 객관적인 역사가란 자신의 선입견에도 불구하고 증거에 기초하여 판단을 내리는 역사가라는 전통적인 견해를 옹호했다. 카는 이것을 진정한 비판으로 생각하지 않았다. 그의 『소련사(History of Soviet Russia)』는 많은 곳에서 전통적인 의미에서의 객관성을 엄청나게 과시하고 있으며, 그 책에는 다른 역사가들이 카의 해석과는 다른 해석들을 지지하기 위해서 빈번하게 요구해온 그 증거라는 것이 제시되어 있다. 카는 그런 식의 성실함을 유능한 역사가의 필수적인 의무로 간주했다 ; 그렇지만 그것은 역사가가 사회적, 문화적 환경으로부터 어떤 영향도 받지 않고 증거를 다룬다는 뜻은 아니었다.

8) G. Macaulay, *Works* (1898), viii, 431(Sir James Mackintosh에 관한 논문에서).

그럼에도 불구하고 카는, 다소 조심스러워하기는 했어도, 진보가 사회 발전에서뿐만 아니라 역사연구에서도 이루어진다는 것을, 그리고 역사지식에서의 진보는 객관성의 증대와 연관이 있다는 것을 기꺼이 인정하려고 했다. 『역사란 무엇인가』에서 그는 지난 2세기 동안 역사학이 이룬 위대한 발전을 인정했고, 엘리트의 역사에서 전 세계 인민의 역사로 지평선이 확대된 것을 환영했다. 그는 세대가 바뀌면서 역사가들이 비스마르크의 업적에 대하여 어떻게 평가했는지를 그 예로 들면서, '1880년대의 역사가보다는 1920년대의 역사가, 1920년대의 역사가보다는 오늘날의 역사가가 객관적인 판단에 더 근접해 있다'고 주장(혹은 인정)했다. 그러나 그러면서도 그는, 겉으로 보기에는 역사가의 객관성의 기준에 어떤 절대적인 요소가 있다는 것을 인정하는 듯한 그같은 발언에 제한을 가하여, '역사에서의 객관성이란 바로 지금 여기에 존재하는 어떤 고정불변의 판단기준에 의존하거나 의존할 수 있는 것이 아니라, 오직 미래에 남겨진 그리고 역사과정이 전진함에 따라서 발전하게 되는 그런 기준에 의존하거나 의존할 수 있는 것'이라고 주장했다. 카는 『역사란 무엇인가』를 완성한 후에도 역사에서의 객관성의 문제로 계속 고민했음이 분명하다. 그는 '절대적일 뿐만 아니라 영원하기도 한 객관성'이란 '일종의 비현실적인 추상'이라고 거부하면서 자신의 노트에 이렇게 쓰고 있다 : '역사에서 필요한 것은 역사가가 받아들인 어떤 객관성의 원칙이나 규준에 따라서 과거에 관한 사실을 선택하고 배열하는 일인데, 그 일에는 반드시 해석의 여러 요소가 포함된다.' 그렇지 않다면 과거는 무수히 많은 고립적이고 무의미한 우연으로 뒤죽박죽 해체되어버릴 것이고, 따라서 역사는 결코 쓰일 수 없다는 것이다.

카는 또한 『역사란 무엇인가』에서 역사적 객관성의 문제를 다른 관점에서도 접근했다(이와 관련해서 '객관성[objectivity]'이라는 용어를 사용하지 않았지만 말이다). 그는 역사와 자연과학의 연구방법상의 유사점과 차이점을 검토했다. 유사점이 차이점보다 더 많았다. 자연과학자들은 이제 자신들이 하는 일은 관찰된 사실로부터의 귀납적인 추론을 통해서 보편적인 법칙을 확정하는 것이 아니라, 가설과 사실의 상호작용을 통해서 무엇인가를 발견하는 것이라고 생각한다. 그리고 역사는 특수한 사건을 다룬다고 여겨질 때도 있지만, 자연과학과 마찬가지로 특수한 것과 일반적인 것 사이의 상호작용을 다룬다. 역사가는 일반화에 의지하며, 실로 '역사가의 진정한 관심은 특수한 것에 있는 것이 아니라 특수한 것 안에 있는 일반적인 것에 있다.'

카는 새로운 판을 위해서 과학의 방법론에 관한 방대한 노트를 모아놓았다. 그가 어떤 방향으로 사유했는지는 그의 메모들을 보면 알 수 있으므로, 나는 카가 미처 밝히지 못한 견해에 대해서 나의 의견을 내세우지 않고 그것들을 발췌하여 소개하겠다(나는 각각의 독립적인 메모에 낱낱이 번호를 붙였다).

(1) 과학적 진리의 형식적 혹은 논리적 기준 ; 포퍼는 영원하고 합리적인 하나의 원리가 존재한다는 것이야말로 '진정한' 과학의 특징이라고 믿었다……
T. 쿤(1922–1996. 미국의 철학자, 과학사가)은 단 하나의 과학적 방법을 거부하면서 일련의 상대주의적 방법들을 인정했다……
정적(靜的)인 과학관에서 동적(動的)인 과학관으로의, 형식에서 기능(또는 목적)으로의 이행.
상대주의(단 하나의 '과학적 방법'이란 없다)는 『방법에의 저항(Against Method)』(1975)을 쓴 파이어아벤트(1924–1994. 미국의 철

학자, 과학사가)로 하여금 합리주의를 전면적으로 거부하게 만들고 있다.[9]

(2) 플라톤의 『메논(Menon)』은 무엇을 추구하고 있는지도 알지 못하면서 어떻게 연구할 수 있겠는가라는 문제를 제기했다(80번째 단락 아래쪽).

'관찰한 것들을 비체계적으로나마 오랫동안 수집하여 우리의 정신 속에 숨겨져 있는 어떤 관념의 안내에 따라서 건축 자료로 삼을 수 있게 된 후에야 비로소, 그리고 정말로 많은 시간을 들여 그 자료들을 기술적으로 처리할 수 있게 된 후에야 비로소, 우리는 처음으로 그 관념을 더 밝은 빛 속에서 바라볼 수 있게 되고 그것의 윤곽을 하나의 전체로서 체계적으로 그릴 수 있게 된다.' 칸트, 『순수이성비판(Kritik der reinen Vernunft)』(1781), p. 835.

검증될 수 있는 결론들을 도출하지 못하는 가설이란 무의미하다는 포퍼의 테제는 성립될 수 없다(자연도태). [참고할 것] M. 폴라니 (1891~1976. 영국의 철학자, 화학자), 『인카운터(Encounter)』, 1972년 1월호.

거기에서는 다음과 같은 구절이 [또한] 인용될 수 있다……

1925년 아인슈타인은 하이젠베르크(1901~1976. 독일의 물리학자)에게 '당신이 어떤 사물을 관찰할 수 있는지 없는지의 여부는 활용하고 있는 이론에 달려 있습니다. 무엇이 관찰될 수 있는가 하는 것을 결정하는 것이 이론입니다'라고 말했다.

---

9) P. Feyerabend, *Against Method : Outline of an Anarchistic Theory of Knowledge* (1975)는 '역사가 제공하는 풍부한 자료'로부터 모든 상황과 시대에 대해서 오직 하나의 원리만이 옹호될 수 있다는 결론을 이끌어내고 있다. 그 하나의 원리란 '무엇이든 좋다 (anything goes)'는 원리이다(p. 27).

(3) [W. F. 바이스코프의 강연에 대해서 카가 써놓은 글]

'우리는 그러한 [산의] 배열이 지구표면의 지각활동에 의해서 형성되었다고 이해하지만, 어째서 몽블랑 산이 오늘 우리가 보는 것과 같은 그 특유한 모습을 띠고 있는지 설명할 수 없고, 세인트 헬레나 산의 어떤 부분이 다음번의 화산폭발로 함몰할 것인지 예언할 수도 없다……

'예견 불가능한 사건이 발생한다는 것이 자연법칙의 파괴를 의미하는 것은 아니다.'

(4) D. 스트라위크(1894-2000. 네덜란드 출신의 수학자)의 『수학 소사(小史)(*Concise History of Mathematics*)』(1963)는 수학의 사회적 근원을 보여준다.

(5) 우주가 대폭발(big bang)로부터 대단히 무질서하게 시작되었고 종국에는 블랙홀(black hole)로 해체될 운명이라는 이론은 그 시대의 문화적 비관주의를 반영하는 것이다. 무질서란 무지에 대한 숭배이다.

(6) 유전이 가장 중요하다는 믿음은 획득형질이 유전된다고 믿고 있는 동안에는 진보적이었다.

그것이 거부되었을 때, 유전에 대한 믿음은 반동적이 되었다.

C. E. 로젠버그의 『다른 신은 없다 : 과학과 미국의 사회사상(*No Other Gods : On Science and American Social Thought*)』(1976)에서의 주장을 볼 것[특히 p. 10].

이러한 메모들을 보면 카가 과학적 지식은 이전에 자신이 생각했던 것보다 더 상대적이라는 결론에 이르렀음을 분명히 알 수 있다. 시간과 공간은 자연과학자의 이론과 실천에 커다란 영향을 미친다. 자연과학에서 말하는 가설과 구체적인 자료 간의 상호작용은 역사에서 말하는 일반화와 사실 간의 상호작용과 대단히 유사하다. 타당한 과학적 가설은 종종 정확한 예언을 가능하게 하지만, 그렇다고 해서 반드시 그런 능력을 발휘하는 것은 아니다 ; 몇몇 자연과학 분야의 경우에 가설들은 역사가가 일반화한 것들과 대단히 유사하다.

카는 『역사란 무엇인가』의 "역사에서의 인과관계"라는 장에서 역사적 일반화의 성격을 좀더 자세히 검토했다. 역사가는 역사적 사건에 관한 다양한 원인들을 마주 대하게 되며, 따라서 '원인들 간의 상호관계를 결정해줄 일정한 위계질서(hierachy)'를 확립하고자 한다. 새로운 판을 위한 노트에서 카는 이와 동일한 관점을 취하고 있는 몽테스키외와 토크빌의 말을 몇 마디 소개하고 있다. 몽테스키외는, 원인은 '더 일반적인 결과를 보여줄수록 덜 자의적인 것이 된다. 따라서 우리는 어느 개인에게 특수한 심성을 부여하는 것이 무엇인지보다는 어느 민족에게 일정한 성격을 부여하는 것이 무엇인지를,……어느 한 사람의 성격을 형성하고 있는 것이 무엇인지보다는 생활방식 안에 스며들어 있는 사회정신을 형성하고 있는 것이 무엇인지를 더 잘 아는 것이다'라고 말하고 있다.[10] 또한 카는 토크빌이 '오래된 일반적인 원인(ancient and general cause)'과 '특수한 근래의 원인(particular and recent cause)'을 구별한 것에 대하여 이렇게 논평했다[11] : '그런 구별은 현명하다. 일반적인

10) 'An Essay on Causes affecting Minds and Characters', in Montesquieu, *The Spirit of Laws*, ed. D. W. Carruthers (1977), p. 417.
11) A. de Tocqueville, *De l'ancien regime* (trans. S. Gilbert, 1966), II, III, 특히 p. 160을 볼 것.

것은 한결같이 장기적이며, 역사가는 주로 장기적인 것에 관심을 가지기 때문이다.'

연구를 계속하는 역사가에게 장기적인 일반적 원인 혹은 중요한 원인이라는 측면에서 역사적 사건을 설명하려는 시도는 즉시 역사에서의 우연의 역할이라는 문제를 제기한다. 『역사란 무엇인가』에서 카는 우연이 역사의 경로를 수정할 수 있다고 인정했지만, 그것을 역사가가 생각하는 중요한 원인들의 위계질서에 포함시켜서는 안 된다고 주장했다. 레닌의 때 이른 사망이라는 우연은 1920년대의 소련의 역사에서 일정한 역할을 했으나, 그것이 과연 다른 역사적 상황에도 적용될 수 있을 만큼 역사적으로 중요한 합리적인 설명이었을까 하는 점에서는 사태 발생의 '현실적' 원인이 아니었다는 것이다. 『역사란 무엇인가』의 출간 이후 이 생각을 더 한층 발전시킨 카는 그의 노트에 '역사란, 때로는 뜻밖의 사건에 의해서 그 규칙성이 깨어지기는 해도, 엄격한 역사연구를 가능하게 할 만큼의 충분한 규칙성에 사실상 종속되어 있다'라고 써놓았다.

우연의 문제는 우연에 관한 저 특별한 사안, 즉 역사에서의 개인의 역할이라는 사안으로 들어가면 특히 골치 아픈 것이었다. 카는 거듭 이 문제를 거론했는데, 물론 그것은 이 문제가 스탈린 집권기 소련의 발전에 대한 그의 연구에서 더 크게 느껴졌기 때문이다. "역사에서의 개인(Individual in History)"이라는 제목이 붙은 자료철에서는 그 문제가 광범한 역사적 맥락에서 파악되고 있다. 그는 '개인주의란 개인 행위자를 비개인적인 대중과 대립시키는 것을 의미할 뿐'이므로 개인 숭배는 '엘리트주의적인 독단'이라고 주장한다. 자유로운 개인의 절대적인 권리라는 극단적인 주장을 널리 지지해온 것은 지식인들이었다. 1920년대와 1930년대에 영국에서 이러한 견해를 가장 적극적으로 옹호한 올더스 헉슬리는 썩 어울리는 제목의 소설 『네 멋대로 하라(*Do As You Will*)』에서 '우리가 인생에 부여하는 그 목적이……바로 인생의 목적이 된다. 우리가 무엇이든 마음대로 선택하여 그것을 인생의 의미라고 부르면, 그것이 인생의 의미가 된다.……누구든지 자신의 인생철학의 주요한 전제에 대하여 절대적인 권리를 가진다'고 주장하고 있다.[12] 1930년대에 사르트르는 사람들에게 큰 영향을 미친 『존재와 무(L'Être et le Néant)』라는 책에서 '대자적(對自的, for-itself)' 존재—개인적인 절대적 자유와 책임에 대한 순수의식—와 물질적, 객관적, 무의식적인 세계로서의 '즉자적(卽自的, in-itself)' 존재를 구별했다. 그는 이 단계에서는 '무정부주의의 성향(이것은 사르트르에게서 결코 사라지지 않았다)'을 보여준 반(反)마르크스주의자였다. 그리고 1960년에 들어와 사르트르가 『변증법적 이성비판(Critique de la raison dialectique)』에서 마르크스주의를 '우리 시대의 궁극적인 철학'으로 인정한다고 공언했음에도 불구하고, 사실상 '그가 내건 실존주의, 완전한 자유, 개별성과 주체성 등과 같은 상표들은 마르크스주의와 양립할 수 없었다'는 것이 카의 견해였다. 이와 마찬가지로 아도르노(1903~1969. 독일의 철학자)도, 마르크스주의로부터 영향을 받기는 했지만, '기술주의와 관료주의의 세계에, 또한 폐쇄적인 철학체계(헤겔의 관념론, 마르크스의 유물론)의 세계에 완전히 종속된 개인을 해방시키기 원했던' 인물이었다. 또한 프로이트는 개인의 자유를 문명의 산물로 보지 않았다 ; 그와는 반대로, 문명이 개인을 제약하는 효과를 발휘했다고 보았다.[13]

사회가 개인에게 족쇄를 채웠으며 개인은 그 족쇄에서 벗어나야만 한다는 주장은, 그 주장과 마찬가지로 오랫동안 인정받아왔고 흔히 역사

---

12) A. Huxley, *Do As You Will* (1929), p. 101.
13) S. Freud, *Civilization and its Discontents* (1975), p. 32. 카는 또다른 메모지에서 '프로이트의 무의식은 개인적인 것일 뿐, 융이 말하는 "집단적 무의식(collective unconsciousness)"과는 무관하다'고 말했다.

에서는 위인들이 압도적으로 중요하다고 우겨대는 형태로 나타나는 주장, 즉 개인들 가운데 일부는 사실상 사회에 묶이지 않은 채 행동할 수 있다는 주장과 부분적으로는 똑같고 부분적으로는 대립적이다. 앤드루 마블(1621-1678. 영국의 시인, 풍자 작가)은 크롬웰이 바로 그런 역할을 했다고 강력히 주장했다 :

그는 흩어진 시간의 힘을 한데 모아
여러 시대의 과업을 한 해만에 성취한다.

이와는 대조적으로 새뮤얼 존슨은 이렇게 선언했다 :

얼마나 적은 사람들만이 받아들이고 있는가
왕이나 법이 만들거나 치유하는 것을

그러나 카는 존슨의 시는 '왕과 법은 악을 만들고 또한 치유한다는 신념을 막아내보려는' 단순한 '지연전술'이었을 뿐이라고 쓰고 있다.

마르크스는, 개인적인 의지가 결정적인 역할을 하며 그 의지는 사회로부터 자립적 혹은 자율적이라고 우겨대는 사람들에 반대하면서, '고립된(isolated) 인간을 출발점으로 삼는' 견해는 '어리석다(absurd ; abgeschmackt)'고 주장했다. 인간은 '원래 하나의 속적(屬的)인 존재, 즉 군집동물로 출현하며', '역사과정을 통해서 스스로를 개별화한다'는 것이다 ; 그리고 '교환(exchange) 그 자체가 이 개별화의 수요한 동인'이라는 것이다.[14] 매콜리는 밀턴에 관해서 쓴 글에서 '인간은 지식이 많을수록 또한 생각이 많을수록 개인을 덜 문제 삼고 계급을 더 문제 삼는다'

14) *Grundrisse* (Berlin, 1953), pp. 395-396.

고 말했다.[15] 그리고 1852년에 토크빌은 정치가들 개개인의 행동은 그들 외부의 힘에 의해서 결정된다는 생각을 고전적으로 표현했다 :

정치학은 모든 문명인들 사이에서 보편적인 이념들을 창조하거나 아니면 적어도 구체화한다 ; 그리고 정치가들이 그 한가운데에서 버둥거리지 않을 수 없는 문제들은, 또한 마치 자신들이 창조하는 것인 양 착각하고 있는 법률들은 이 보편적인 이념에서 생기는 것이다. 정치학은 사회의 지배자와 피지배자 모두가 느끼게 되는 일종의 지적인 분위기를 만드는데, 양자 모두는 부지불식간에 그 분위기에서 자신들의 행동원칙을 이끌어 낸다.

톨스토이는 개인이 역사에서 중요한 역할을 한다는 견해에 대해서 시종일관 극단적인 감정을 표현했다. 그는 『전쟁과 평화』의 마지막 장의 한 초고에서 '역사적인 인물이란 현재의 사건과 그보다 앞선 사건의 연관이 낳은, 그 시대의 산물이다'라고 딱 잘라 말했다.[16] 그의 견해는 1867년까지는 이미 완전하게 굳어져 있었다 :

젬스트보*, 법정(法庭), 전쟁 또는 전쟁의 부재(不在) 등등은 모두 사회 유기체—(꿀벌의 경우와 같은) 군집생활 유기체(swarm organism)—의 표현이다 : 누구라도 그 유기체를 표현할 수 있지만, 사실 자기가 무엇을 하고 있고, 왜 하고 있는지를 스스로 알지 못하는 사람들이야말로 그것을 가장 훌륭하게 표현한다—그런데 그들의 공동작업은 언제나 획일적인 행

---

15) *Works* (1898). vii, p. 6.

16) L. Tolstoi, *Polnoe sobranie sochinenii*, xv(1955), p. 279.

* zemstvo : 러시아 제국과 우크라이나의 지방자치 기구.

동, 다시 말해서 동물학의 법칙에서 흔히 보이는 그런 행동을 낳는다. 군인, 황제, 지방유지의 가신(家臣) 또는 농민의 동물적 행동은 가장 저급한 형태의 행동, 즉 전혀 자유롭지 않은—이 점에서는 유물론자들이 옳다—행동이다.[17)

그리고 그로부터 30년 후 보어 전쟁*이 발발했을 때, 톨스토이는 '체임벌린(1836-1914. 영국의 정치가)과 같은 자들이나 빌헬름(재위기간 1888-1918. 독일의 황제)과 같은 자들'에게 분노해야 소용없다고 말했다 ; '모든 역사란 모든 정치가들이 보여준 바로 그런 행적들의 연속이며', 그런 행적들은 '인민대중은 고된 일을 하면서 학대를 당하는데도' 새로운 시장(市場)들로 소수의 거부(巨富)들을 부양하려고 기를 쓰는 데에서 비롯된다는 것이다.[18)

카는 마르크스와 토크빌의 입장에 대체로 공감했다. 그는 '역사에서 개인은 어떤 "역할"을 한다 ; 어떤 의미에서는 그 역할이 개인보다 더 중요하다'고 지적했다. 그는 램지 맥도널드(1866-1937. 영국의 정치가)의 '불안정은 그의 개인적인 성격(이것은 그가 지도자에 어울리는 개인적인 성격을 가졌을 경우에만 중요하다)의 결과였다기보다는, 노동당이 대변하고 있던 집단 전체의 근본적인 딜레마의 결과였다'고 말했다. 더 일반적인 측면에서, 그는 정치가 개개인을 평가하는 것보다 '그들의 생각을 틀 지우는 집단적인 이해관계와 태도를 분석하는 것'에 관심을

---

17) Letter to Samarin, 10 January 1867, in *Tolstoy's Letters*, R. F. Christian(ed.), i(1978), p. 211.
* 1899-1902년에 남아프리카의 케이프 식민지에서 벌어진 영국과 보어인들 간의 전쟁. 보어인은 일찍이 케이프를 점령했던 네덜란드인의 후손으로서 19세기 초에 영국이 그 곳을 점령하자 북쪽으로 이동하여 트란스발과 오린지 자유국을 세웠다. 그곳에서 금과 다이아몬드가 발견되어 영국인들이 점차 이주하게 되면서 전쟁이 벌어졌던 것이다.
18) Letter to Volkonsky, 4/16 December 1899, 같은 책, ii, 585.

가져야 한다고 주장했다. 그는 개인의 사고방식이 '어떤 역사가에게나 반드시 중요한 것은 아니며', '역사를 의식적인 개인적 행위의 측면에서 보다는 잠재의식적인 집단적 상태와 태도의 측면에서 고찰하는 것'이 더 바람직하다고 말했다. 이런 뜻에서 그는 히틀러에 관한 어떤 책은 '모든 것을 히틀러의 성격 탓으로 돌리는 것에서부터 시작하여, 바이마르 공화국 체제의 불안정과 무능력을 이야기하는 것으로 끝난다'고 비꼬았다.[19]

그러나 카는 톨스토이의 극단적인 입장을 지지하지 않았다 : 노력하는 역사가로서의 그의 고뇌는 끊임없이 그를 '클레오파트라의 코'라는 문제로 돌아가게 만들었다. 그는 역사에서의 우연의 문제는 '여전히 나의 관심을 끌고 있고 또한 나를 당혹케 한다'고 말하면서, 『역사란 무엇인가』에서 그랬듯이 그의 노트에서도 또다시, 레닌의 사망은 역사와는 무관한 원인 때문이었지만 역사의 진행방향에 영향을 미쳤다고 주장했다. 계속해서 그는 '비록 모든 것이 그 장기적인 결과에서는 거의 비슷하게 될 것이라는 주장이 있지만, 수많은 사람들에게 엄청난 차이를 가져다주는 어떤 중요한 단기적인 결과가 존재한다'고 덧붙였다. 바로 여기가 『역사란 무엇인가』에서 역사적 우연에 관한 그의 논의와 비교해볼 때 강조점이 크게 달라진 부분이다. 이것은 그가 『소련사』를 탈고했을 무렵 페리 앤더슨(1938- . 영국의 좌파 역사가)과 인터뷰하면서 언급한, 레닌과 스탈린의 역할에 관한 인상적인 논평의 예고편이었다. 그는 '레닌이 능력을 충분히 발휘하면서 1920년대와 1930년대 내내 살아 있었다고 해도, 똑같은 문제들에 그대로 직면했을 것이고', 따라서 대규모 기계농업의 건설, 급속한 공업화, 시장통제, 노동에 대한 통제와 감독 등을 시작했을 것이라고 주장했다. 그러나 레닌은 '강제적인

---

19) 이 구절은 Sebastian Haffner, *The Meaning of Hitler* (1979)를 언급한 것이다.

요소를 최소화하거나 완화시킬 수 있었으리라'는 것이다 :

> 레닌이 지배했다면 그 과정은, 완전히 원활하지는 않았겠지만, 실제 일
> 어났던 것과는 달랐을 것이다. 레닌은 스탈린이 끊임없이 탐닉했던 기록
> 변조를 묵인하지 않았을 것이다.……레닌이 지배했다면 소련은 실리가
> (1898-1992. 크로아티아 출신의 소련 작가)의 말처럼 '엄청난 거짓말의 대
> 륙(the land of the big lie)*이 되지는 않았을 것이다. 이상이 내가 생각해본
> 것들이다.[20]

여기에서 카는 소련사의 결정적인 시기에 우연이 중요한 역할을 했다
고 보고 있다. 앞의 내용은 구두진술이었을 뿐, 신중한 성찰 끝에 나온
판단은 아니었다. 그러나 그는 『소련사』에서는 좀더 온건한 말투로 '러
시아 관료제의 원시적이고도 잔인한 전통과 결합된 스탈린의 개성은
위로부터의 혁명에 특별히 잔혹한 성질을 부여했다'고 말했다.[21] 그 '위
로부터의 혁명'은 역사가가 반드시 주요하게 고려해야만 하는 장기적인
원인에 의해서 대체로 결정되었지만, 그러나 어느 정도까지 강제가 행사
되었는가는 역사의 우연이었다는 것이다.

카는 자료철에 있는 여러 종류의 노트와 편지에서 역사연구의 현황
을 평가하고 있다. 그는 마르크스주의가 영향력을 발휘하게 된 것을
지난 60년 동안의 주요한 새로운 경향이라고 지적하고 있다 :

---

* 이 구절은 1938년 파리에서 발간된 실리가의 책의 제목이기도 하다. 그 책은 최초로
  스탈린 강제수용소의 실상을 폭로한 것으로 유명하다.
20) *From Napoleon to Stalin* (1980), pp. 262-263(Perry Anderson과의 인터뷰, September
  1978).
21) *A History of Soviet Russia* (1978), xi, p. 448.

제1차 세계대전 이래 유물론적 역사개념이 역사서술에 미친 영향은 매우 컸다. 실제로 이 시기에 이루어진 모든 진지한 역사연구는 그것의 영향을 받아 형성되었다고 해도 과언이 아닐 것이다. 일반적으로 평가해볼 때, 이 러한 변화의 징후를 보여준 것은 역사의 주요 주제였던 전투, 외교술, 헌법에 관한 논의, 정치적 음모 등등—넓은 의미에서의 '정치사'—이 경제적 요인, 사회적 조건, 인구통계, 계급의 성장과 몰락 등에 관한 연구로 대체되었다는 사실이었다. 사회학의 인기가 높아져갔다는 것은 바로 그러한 발전의 또다른 특징이었다 ; 때로는 역사학을 사회학의 한 분야로 취급하려는 시도마저 있었다.

이미 『역사란 무엇인가』에서 카는 '역사학이 더욱 사회학적이 되고, 사회학이 더욱 역사학적으로 되는 것은 그 둘을 위해서 더 낫다'고 말함으로써 역사에 대한 사회학의 긍정적인 영향을 지적한 바 있다. 그는 새로운 판을 위한 노트에서 다음과 같이 더 강력하게 선언했다 : '사회사는 기반(基盤)이다. 오로지 그 기반만을 연구하는 것은 충분치 않다 ; 게다가 그것은 지루한 일이다 ; 아마 아날 학파*에게 그런 일이 벌어졌을지 모른다. 그러나 사회사 없이는 아무것도 할 수 없다.'

카는 이러한 긍정적인 발전을 인정하면서도 일반적 혹은 지배적 경향이라는 측면에서 볼 때 역사와 사회과학 모두가 위기라고 주장한다. 카는 '역사로부터 부분적인 전문화로 도피'하는 천박한 경험주의(그는 이것을 '일종의 자해행위'라고 힐난한다)와 방법론 안에 숨으려는 역사가들의 경향(그는 '통계자료를 모든 역사연구의 원천으로 삼는 "계량"

---

* Annales : 프랑스 역사가들을 중심으로 사회사, 장기지속의 역사, 심성사 등으로 불리는 새로운 역사학을 지향하는 일단의 역사가들을 가리킴. 오늘날 이 학파의 대표적인 인물은 페르낭 브로델인데, 일찍이 1920년대 말에 마르크 블로크, 뤼시앙 페브르 등의 주도로 형성되기 시작한 이 학파의 명칭은 1929년에 창간된 『아날』지(誌)에서 유래한다.

사학에 대한 숭배는 아마도 유물론적 역사개념을 엉뚱한 곳으로 이끌지 모른다'고 말한다)에 대해서 주목한다. 그리고 역사학 내에서의 이러한 위기 자체가 역사학으로부터 사회과학으로의 도피를 수반해왔는데, 카는 그러한 도피 역시 보수주의적인 경향으로 혹은 심지어 반동적인 경향으로 간주한다 :

  역사는 근본적인 변화과정들로 들어차 있다. 만일 그 과정들을 혐오한다면, 여러분은 역사를 포기하고 사회과학 안에 숨을 수 있다. 오늘날 인류학, 사회학 등등은 번창하고 있다. 역사학은 병들어 있다. 그러나 그럴 때 우리의 사회 역시 병들어 있는 것이다.

  그는 또한, '물론 "숨는 일(taking cover)"은—경제학자들이 계량경제학 안에, 철학자들이 논리학과 언어학 안에, 문학평론가들이 문체기술론(文體技術論, stylistic techniques) 안에 숨듯이—사회과학에서도 역시 벌어진다'고 지적한다. 탤컷 파슨스는 '너무도 철저히 추상화를 실행한 나머지 역사와 전혀 접촉할 수 없게 된' 사회학자의 뚜렷한 본보기라는 것이다.
  카는 구조주의(또는 '구조기능주의')에도 관심을 쏟고 있다. 그는 언젠가 좌담하는 가운데 적어도 구조주의자들은 과거를 전체로 취급하는 장점이 있으며 따라서 지나친 전문화의 함정은 피하고 있다고 말한 적이 있다. 그러나 그는 전체적으로 볼 때 구조주의는 역사연구에 해로운 영향을 끼쳤다고 믿었다. 그는 '한 사회를 그 부분이나 그 측면의 기능적 혹은 구조적인 상호관계라는 관점에서 분석하는' 구조주의적 또는 '수평적(horizontal)' 접근방법과 '그 사회가 어디에서 왔고 어디로 가고 있는가라는 관점에서 분석하는' 역사적 또는 '수직적(vertical)' 접근방법을 비교한다. 그는 '현명한 역사가라면 누구나 그 두 가지 접근방법이 모두 필요하다는 데에 동의할 것'이라고 주장한다(스크랩지 위에 흘려쓴 한 구절에서는 좀더 퉁명스럽게 '서사적 역사와 구조적 역사의 구별은 엉터리이다'라고 말한다) :

> 그러나 그 구별은 [역사가의] 주요한 강조점이나 관심사에서 무수한 차이를 만든다. 이는 부분적으로는 분명히 역사가의 기질에 좌우되지만, 그러나 대개는 작업환경에 좌우된다. 우리는 변화라는 것을 주로 더 나쁜 것으로의 변화로 생각하는 사회에서, 변화를 두려워하기 때문에 그저 사소한 수정만을 요구하는 '수평적인' 견해에 경도된 그런 사회에서 살고 있다.

다른 곳에서 카는 '수평적 접근방법은 정태적인 조건을 검토한다는 의미에서 보수적이며, 수직적 접근방법은 변화를 다룬다는 의미에서 급진적'이라고 말하고 있다 :

> LS[레비-스트로스]가 자신의 목적을 위해서 아무리 빈번하게 마르크스를 인용하고 있다고 해도……나로서는 구조주의가 보수적인 시대에 유행하는 철학이 아닌가 의심하지 않을 수 없다.

카의 노트에는 레비-스트로스(1908-2009. 프랑스의 인류학자)에 관한 몇 가지 사항들, 특히 「르 몽드(Le Monde)」지에 실린 인터뷰 기사가 포함되어 있는데, "마르크스주의, 공산주의, 전체주의의 이데올로기는 역사의 술책이 아니다"라는 그 기사의 제목은 카의 의심을 오히려 가장 나쁜 쪽으로 확인시켜주는 것 같다.[22]

---

22) *Le Monde*, 21-22 January 1979.

카는 역사연구의 현황에 대해서 광범하게 비판하면서 대체로 부정적인 평가를 내리고 있지만, 동시에 역사학이라는 학문의 고유한 중요성을 적극적으로 강조한다. 그는 법제사, 군사사(軍事史), 인구사, 문화사 등을 비롯한 여타의 역사분야들을 종합하고 그것들 사이의 상호연관을 검토하는 '보편사(general history)'가 필요하다고 말한다. 또한 그는 역사학은 사회과학에 기대어 이론을 구하거나 거기에 자료를 제공하는, 사회과학의 시녀에 불과한 학문이 아니라는 점도 강조한다 :

나는 오늘날 수많은 역사가들이 이론을 가지지 못했기 때문에 무기력해지게 되었다는 것을 인정한다. 그러나 그들이 가지지 못한 이론은 역사의 이론이지 외부에서 전달된 이론이 아니다. 필요한 쌍방통행이다.……역사가는 경제학, 인구학, 군사학 등등의 전문가에게서 배워야만 한다. 그러나 경제학자, 인구학자 등등도 만일 '보편'사가들만이 제공할 수 있는 폭넓은 역사적 틀 안에서 연구하지 않는다면, 마찬가지로 무기력해질 것이다. 걱정스러운 것은……역사이론이란 그 성격상 변화에 관한 이론이라는 점, 그런데 우리는 역사적으로 안정된 평온한 상태 속에서는 그저 부차적인 혹은 '한정된(specialized)' 변화만을 원하거나 마지못해 인정하는 그런 사회에서 살고 있다는 점이다.

그러나 물론 카는 역사가의 사고방식을 좌우하는 것은 그의 사회적 환경이라고 믿었다 ; 그랬기 때문에 그는 1970년대의 영국에서 급진적이거나 저항적인 소수의 역사가들 이외의 더 많은 역사가들이 자신의 충고를 환영하리라고 기대할 수 없었다.

현재에 관한 혼란으로 가득 차 있고, 미래에 대한 신념을 상실한 그런 사회에서, 과거의 역사란 아무런 연관도 없는 사건들을 무의미하게 섞어 놓은 것처럼 보일 것이다. 만일 우리의 사회가 현재에 대한 지배력과 미래에 대한 전망을 다시 획득하게 된다면, 바로 그 발전에 힘입어 과거에 대한 통찰력 또한 혁신하게 될 것이다.

이 구절은 1974년에, 그러니까 영국에서 보수적인 학설과 보수적인 미래에 대한 새로운 확신이 급증하기 몇 년 전에 쓰였다. 그때 이후, 그리고 카의 사망 이후, 종래까지 영국의 역사가들을 지배해왔던 미래에 대한 신념의 결핍과 그것이 수반하고 있는 경험주의를 대신할 한 가지 방안이 등장했다. 즉 보수적인 정치가들과 역사가들은 애국적인 영국사를 역사 교과과정의 중심적인 위치에 다시 올려놓음으로써 미래에 대한 확신을 고취시키려고 엄청나게 기를 쓴 것이다. 키스 조지프 경 (1918-1994. 영국의 정치가)은 교육부 장관으로 재임했을 당시 그를 보좌한 휴 토머스 경과 함께 각급 학교가 영국사에 더 많은 관심을 기울이고 세계사에는 관심을 덜 기울여야 한다고 요구했다. 근대사 흠정강좌 주임교수가 된 G. R. 엘턴 교수는 그의 취임강연에서 사회과학이 케임브리지 대학교 학부의 역사학 강좌에 해로운 영향을 미쳤다고 비난했으며, 역사학 졸업시험(tripos)에서는 영국사 과목이 우월한 위치를 차지해야만 한다고 주장했다. 그는, 영국사는 '이 사회가 끊임없는 변화를 통해서 권력과 질서 자체를 문명화한 그 방식'을 보여주리라는 것이다 ; '잘못된 신념에 의해서, 끊임없는 쇄신을 예언하는 자들에 의해서 포위당한 불확실성의 시대는 그 근원을 아는 것이 꼭 필요하다'고 말했다.[23] 카에게 이러한 사건들은 영광스러운 과거를 회상하는 데에서

---

23) G. R. Elton, *The History of England : Inaugural Lecture delivered 26 January 1984* (Cambridge, 1984), 특히 pp. 9-11, 26-9. 또한 1984년 6월 14일자 *New York Review of*

위안을 얻으려고 했던 병든 사회의 증상으로 보였을 것이고, 또한 역사가들이 어느 정도까지 사회의 지배적인 경향을 반영하는지에 관한 뚜렷한 증거로 보였을 것이다.

카는 『역사란 무엇인가』의 새로운 판에서 역사연구의 위기를 우리 시대의 사회적, 지적 위기라는 광범한 맥락 속에서 고찰할 작정이었다. 이 목적을 위해서 그는 애초의 강연에서는 독립적인 주제로 논의되지 않았던 문학과 예술에 관한 자료철을 만들었다. 그 자료철에는 문학 그 자체에 관한 노트와 문예비평에 관한 노트가 함께 포함되어 있다. 연구작업은 극히 초보단계에 머물고 있다. 그는 문학과 문학비평도, 역사나 자연과학이나 사회과학과 마찬가지로, 사회적 환경에 의해서 영향을 받거나 틀이 만들어진다는 것을 논의의 실마리로 삼고 있다. 그의 노트에서는 두 가지의 대조적인 인용문이 눈에 띈다. 오웰(본명은 Eric Arthur Blair, 1903-1950. 영국의 소설가, 정치 비평가)은 '모든 예술은 선동(propaganda)이다'라고 선언한 반면,[24] 마르크스는 예술에 대한 사회의 영향력을 여러 차례 직접 언급했음에도 불구하고 『정치경제학 비판 서문(*Grundrisse der Kritik der politischen Ökonomie*)』에서 '예술의 경우, 그 정점에 있는 것 중의 일부는 결코 사회의 보편적인 발전에 조응하지 않으며, 따라서 물질적인 구조에, 말하자면 사회조직의 골격에 조응하지 않는'고 경고했다는 것이다.[25]

카의 평가에 따르면, 마르크스의 지적은 비관주의, 무기력, 절망 등이 그 주된 특징이었던 20세기에는 들어맞지 않는 것이었다. 카에게 하디는 '아무런 의미도 없고 근본적으로 뒤틀어져 있는 그런 세계, 나쁘

---

*Books*에 실린 가족사에 대한 그의 공격을 참고할 것.

24) G. Orwell, *Collected Essays, Journalism and Letters* (1968), i, p. 448 (이 구절은 원래 그의 소설 『고래의 뱃속[*Inside the Whale*]』 [1940]에 있음).

25) K. Marx, *The German Ideology* (1970)에서. C. J. Arthur(ed.), p. 149.

게 변했거나 바로잡아질 수 있는 세계가 아니라 처음부터 끝까지 잘못되었고 무의미한 그런 세계의—따라서 절대적인 비관주의의—소설가'였다. A. E. 하우스먼은 '다소라도 건강을 잃지 않았다면 나는 시를 쓰지 않았을 것이다'라고 말했는데,[26] 엘리엇도 이에 공감하면서 '나는 그 문장을 이해하고 믿는다'고 말했다. 카는 '그 두 사람은 "병든" 시를 썼을 뿐, 그 누구도 반항자가 될 수는 없다'고 날카롭게 논평한다. 카의 노트에 있는 일련의 인용문들은 엘리엇의 절망과 비관주의를 보여준다. 셰익스피어의 소네트 98번은 4월을 찬양하는 것이었지만, 엘리엇의 "황무지(The Waste Land)"는 4월을 가장 잔인한 달로 묘사하고 있다. 1920년에 썼던 "제론션(Gerontion)"*에서 엘리엇은 역사라는 것은 '속살거리는 야망으로 속이고/허영으로 우리를 인도한다'고 불만을 터뜨렸다.[27] "황무지"는 런던 브리지를 건너는 노동자의 무리를 죽은 인간들로 취급하고, 게다가 윈덤 루이스(1891–1969. 영국의 저널리스트, 작가)는 몰살당한다고 해서 문제가 될 것이 없는 '반쯤 죽은 인간들'에 관해서 말한다. 좌절의 예언자인 카프카는 유언장에서 의미심장하게도 자신의 글들을 없애달라고 주문했다 ; 카프카는 언젠가 우리가 사는 세계는 신의 '노여움'이 지배하는 세계라고 말한 적이 있다[28] ; 우리의 세계 밖에 존재했던 '풍성한 소망이라는 것도—오직 우리에 대한 것이 아닌,……신에 대한—소망이었다'는 것이다.[29] 게다가 카에 따르면, 오웰마저도 결국에는 '엘리엇과 똑같은 입장이 되어 인류에 대해서 절망했는데, 그 절망은 특히 하층계급에 대한 혐오의 형태—일종의 엘리트주

---

26) A. E. Housman, *The Name and Nature of Poetry* (1933), p. 49.

* 그리스어로 작은 노인이라는 뜻이다.

27) T. S. Eliot, *Collected Poems 1909-1962* (1963), p. 40.

28) D. B. Wyndham Lewis, *Blasting and Bombardiering* (1937), p. 115.

29) Max Brod, *Kafka : a Biography* (1947), p. 61.

의의 형태—를 띠었다'고 한다. 의미심장하게도 그 제목들이 일치하는 현대의 두 고전인 카바피(1863-1933. 그리스의 시인)의 시 "야만인을 기다리며(Waiting for the Barbarians)"와 베케트의 희곡 『고도를 기다리며(*Waiting for Godot*)』는 '가망 없이 기다리는 무기력함'을 표현하고 있다. 헤르만 헤세를 숭배하는 것은, 카가 '더 이상 믿을 수 없게 된 세계에서 도망친 어느 유아론자(唯我論者)'라고 묘사했던 그런 작가를 찬양하는 것이라고 할 수 있다.

또다른 한 묶음의 노트는 20세기의 문예비평을 사회적인 맥락 안에 위치시키려고 하고 있다. 거기에는 F. R. 리비스가 '공평무사한 지식인 계급은 한 사회의 꽃으로서 그 사회를 감독한다고 보았던 매슈 아널드(1822-1888. 영국의 시인, 비평가)의 견해를 부활시켰다'고 적혀 있다. 그리고 새로운 문예비평은 'I. A. 리처즈(1893-1979. 영국의 문예비평가)에서 시작되었는데, 그는 문학에서의 객관적(과학적) 요소와 주관적(감정적) 요소를 구별했다'; 그의 계승자들은 '텍스트에 대해서 객관적 기준을 적용할 뿐 기원이나 맥락에 관한 문제들은 완전히 무시하는 과학적인 관찰자들과 문예비평가들을 동일시하려고 했다'고 쓰여 있다. 이러한 발전에 관해서 카는 다음과 같이 논평한다 :

1930년대, 1940년대, 1950년대의 형식주의자들(formalists)과 1960년대와 1970년대의 구조주의자들(structuralists)은 문학을 언어의 한계 안에 갇힌, 그리고 다른 어떤 현실에 의해서도 오염되지 않은 '순수한(pure)' 실재(實在)로서 고립시키려고 했다.

그러나 문예비평은 오로지 문학에만 그 뿌리를 내릴 수 없는데, 비평가 자신이 문학의 외부에 존재하며, 따라서 다른 영역들로부터 여러 요소들을 가져오기 때문이다.

또한 '언어철학(linguistic philosophy)'(이 말은 전통적으로 인식되어온 철학에서 도피하는 것이기 때문에 잘못된 용어이다)의 경우, 그것은 '예술을 위한 예술'과 마찬가지로 어떠한 이념에도 관여하지 않는다.[30] 그것은 윤리학이나 정치학과는 아무런 관계도 없고 역사에 대해서도 관심을 쏟지 않는다 : '단어의 의미가 변화한다는 생각조차 없었다'고 카는 말한다.

새로운 판의 마지막 몇 장에서 카는 최근에 널리 퍼져 있는 비관주의에 반대하여 인간의 과거는 대체로 진보의 역사였다는 것을 거듭 주장하려고 했고, 인간의 미래에 대한 자신의 확신을 밝히려고 했다. 『역사란 무엇인가』에서 그는 계몽주의 시대의 합리주의자들이 처음으로 표명한 진보의 역사관은 영국의 자신감과 힘이 절정에 이르렀을 때 가장 강력한 영향력을 발휘했다고 지적했다. 그러나 20세기에 들어와서 서구 문명의 위기로 인해서 수많은 역사가들과 그 밖의 다른 지식인들이 진보의 가설을 거부하게 되었다. 새로운 판을 위한 노트에서 그는 진보의 시대를 다음과 같이 세 가지 측면에서 구분하고 있다 : 1490년에 시작된 세계의 팽창 ; 아마도 16세기에 시작되었을 경제의 성장 ; 그리고 1600년 이래의 지식의 팽창. 세계의 팽창을 의식했던 엘리자베스 시대는 진보의 시대 중에서 최초의 화려한 국면이었다. 가장 위대한 휘그 역사가인 매콜리는 역사란 의기양양한 진보의 과정으로서 그것은 선거법 개정안*에서 절정에 이르렀다고 서술했다.[31] 카의 노트를 보면, 그가 『역

---

30) J. Sturrock, *Structuralism and Since* (1979)를 볼 것.

* Reform Bill : 1834년 영국 의회에서 통과된 이 개정안으로 신흥자본가를 포함한 부르주아 계급까지 투표권을 얻게 되었다. 물론 노동자들에게는 투표권이 허용되지 않았다.

31) *Works* (1898), xi, 456–458 and cf. 489–491. 그러나 카는 또한 '(『랑케의 교황사에 관한 논의[*Essays on Ranke's History of the Popes*]』라는 책에서 보이는) 뉴질랜드인에 관한 매콜리의 견해는 진보에 대한 신념과 모순되는 것이지 않은가?' 하고 묻고 있다. 매콜리는 미래의 한 뉴질랜드인이 런던 브리지의 부서진 난간 위에 서서 성(聖) 바울

사란 무엇인가』의 새로운 판에서는 의학이나 그 밖의 다른 분야로부터 더 많은 증거를 동원하여 진보라는 것이 근본적으로 세대를 이은 기술의 획득과 전승에 의존해왔고 또한 그것의 결과였음을 보여주려고 했다는 사실을 알 수 있다.

제1차 세계대전 이래 진보로서의 역사에 대한 신념은 더욱더 인기를 잃어갔다. 절망의 심연 아래로 추락하는 일이 약간은 때 이르게 나타난 경우도 가끔 있었다 ; '카를 크라우스(1874–1936. 오스트리아의 풍자작가, 시인, 비평가)는 『인류 최후의 날들(*The Last Days of Mankind*)』이라는 광상극(狂想劇)으로 오스트리아–헝가리 제국*의 붕괴를 축하했다.' 그러나 과거의 진보에 대한 회의주의와 미래의 전망에 관한 비관주의는 20세기가 지나면서 점점 더 강력하고 점점 더 결정적이 되었다. 25년 전 "우리 시대의 역사 : 어느 낙관론자의 견해"라는 제목으로 강연했던 포퍼는 1979년의 또 한 차례의 강연에서는 '진보를 믿지 않게 하는 일이 벌어지고 있다'고 말했다.[32] 일부의 역사가들에게 진보의 이념은 한물간 농담이었다 : 리처드 코브(1917–1996. 영국의 역사가)는 르페브르에 관해서 '인류의 진보를 믿은 대단히 순진한 사람'이라고 말했다.[33]

카는 과거의 인류의 진보를 믿었고 '과거에 대한 이해는……미래에 대한 통찰력을 고양시켜준다'고 믿었다. 따라서 그는 '우리의 미래는 과거

교회의 흔적을 더듬어보는 모습을 상상했지만, 같은 문단에서 그는 신세계의 미래가 위대할 것이라고 말했다(*Macaulay's Essays*, selected and introduced by H. Trever-Roper[1965], p. 276).

* 1876년 오스트리아와 헝가리는 동일한 통치자 아래에서 독자적인 헌법과 의회를 가지는 이원왕국을 수립했다. 그 후 독일과 함께 제1차 세계대전을 일으켜 패배한 오스트리아–헝가리 이원왕국은 전쟁 직후인 1919년 전승국들에 의해서 두 나라로 다시 분리되었다.

32) *Encounter*, November 1979, p. 11. 그럼에도 불구하고 포퍼는 그 강연에서 자신은 여전히 낙관론자라고 주장했다.

33) *A Second Identity* (1969), p. 100.

에 대한 인식에서 만들어진다'는 홉스의 견해에 동의했다.[34] 그러나 그는 '그 반대의 경우도 거의 똑같이 진리일 것'이라는 중요한 말을 덧붙였다 : 미래에 대한 우리의 전망은 과거에 대한 통찰력에 영향을 미친다는 것이다. 에른스트 블로흐(1885-1977. 독일의 철학자)가 『희망의 원리(Das Prinzip Hoffnung)』를 마무리하면서 내세운 다음과 같은 경구는 설득력 있는 것이었다 : '진정한 기원은 시작에 있는 것이 아니라 끝에 있다.'[35]

카는 회의와 절망의 시대일수록 한 사람의 역사가로서 현재에 대한 이해와 미래에 대한 전망을 검토하여 제시하는 것이 특히 중요하다고 생각했다. 일찍이 40여 년 전에 그는 유토피아와 현실은 정치학의 두 가지 본질적 측면이며, '건전한 정치적 사유와 건전한 정치적 삶은 그 두 가지 모두가 제 위치에 있는 곳에서만 존재할 것'이라고 주장했다.[36] 그 후부터 지금까지 그는 엄격한 리얼리스트(realist)라는 명성을 얻었다. 그러나 사망하기 몇 년 전에 준비했던 간략한 자전적 회고록에서 그는 이렇게 말했다 : '아마도 세계는 그 어느 것에서도 의미를 찾지 않는 냉소주의자들과, 거창하기는 하지만 입증할 수는 없는 미래에 대한 가설에 기초하여 현실을 이해하는 유토피안들로 나뉘어 있을 것이다. 나는 차라리 후자를 선택하겠다.' 카의 자료철에 있는 "희망(Hope)"이라는 제목이 붙은 한 메모에는 이런 글이 쓰여 있다 : '유토피아의 기능은 공상을 구체화시키는 데에 있다.……유토피아는 개인을 보편적인 이해와 조화시킬 것이다. 한가한 (아무런 동기도 없는) 낙관주의와 구별되는 진정한 유토피아.'

카는 영국의 고전 자본주의를 연구한 두 위대한 인물인 애덤 스미스

---

34) Thomas Hobbes on Human Nature, *Works* (1840), iv, 16.

35) Ernst Bloch, *Das Prinzip Hoffnung* (1956) iii, 489.

36) *The Twenty Year's Crisis, 1919-1939* (1939).

와 카를 마르크스가 저마다 사회에 대한 심원한 통찰력을 무엇보다 중
요한 유토피아와 결합시켰다고 보았다 :

『근대 감성론(*Theory of Modern Sentiments*)』이라는 책을 쓴 애덤 스미스
는 『국부론(*Wealth of Nations*)』에서 인간 행동의 주요한 추진력으로서 '거
래와 교환'의 경향을 꼽았다.

이것은 인간의 본성 그 자체에 대한 천재적인 통찰이 아니라, 서유럽에
서 (그리고 미국에서) 막 발전하기 시작한 사회의 성격에 대한 천재적인 통
찰이었다. 그리고 그 통찰 자체가 그러한 발전을 촉진시켰다.

자본주의는 그것이 수반하는 착취의 강도(强度)를 받아들이려고 하지
않는 노동자들의 저항력 때문에 붕괴할 것이라는 마르크스의 통찰도 마
찬가지로 진리이다.

그러나 보이지 않는 손의 세계라는 스미스의 유토피아와 마르크스의 프
롤레타리아트 독재는, 그것들을 실제로 실현시키려는 시도가 이루어지자
마자, 그 반대 측면들을 발전시켰다.

일찍이 1933년에 카는, 마르크스는 '19세기의 가장 선견지명 있는 천
재이자, 역사상 가장 성공적인 예언자 중의 한 사람으로 간주될 만한
자격'이 있다고 말한 적이 있다.[37] "마르크스주의와 역사" 그리고 "마르
크스주의와 미래"를 다루고 있는 자료철에는 마르크스, 엥겔스, 레닌
을 비롯하여 그들의 주요한 계승자들을 인용하고 있는 많은 노트들
이 포함되어 있는데, 이로부터 분명한 것은 그가 마르크스와 마르크스
주의에 대한 신중한 검토를 토대로 현재와 미래에 관한 그 자신의 평가
를 제시해보려고 했다는 점이다. 그는 최근의 몇몇 저술들에서, 친구인

---

37) *Fortnightly Review*, March 1933, p. 319.

마르쿠제(1898-1979. 독일 출신의 철학자, 1960년대 신좌파 운동의 이론가)와 마찬가지로 자신도 '오늘날 서구에서 프롤레타리아트—이 용어는 마르크스가 말했듯이 조직된 공업 노동자라는 뜻이다—는 혁명적 세력이 아니며, 어쩌면 반혁명적 세력이기조차 하다'는 것을 믿고 있다고 밝혔다.[38] 그는 프롤레타리아트의 지배능력에 대한 회의주의의 귀결은 '트로츠키가 말한 비관주의로의 궁극적인 타락'이었다고,[39] 그리고 마르쿠제의 비관주의의 밑바닥에는 프롤레타리아트에 대한 부정적 평가가 깔려 있었다고 지적했다 :

『이성과 혁명(*Reason and Revolution*)』. 부정(否定)의 힘은 프롤레타리아트에게서 구현된다.

억압적 사회로부터의 개인성(individual personality)의 해방에 대한 관심—프로이트

[마르쿠제의] 『에로스와 문명(*Eros and Civilization*)』—프롤레타리아트가 비억압적인 사회를 건설할 능력이 있는가에 관한 의구심.

『소련 마르크스주의(*Soviet Marxism*)』. 소련의 역사는 러시아 프롤레타리아트가 비억압적 사회의 건설에 실패했음—선진국가의 프롤레타리아트가 실패했기 때문에 실패했음—을 보여주었다.

『일차원적 인간(*One-Dimensional Man*)』은 프롤레타리아트가 산업사회에 휩쓸려 들어가게 되었고, 그 결과 사회는 원칙적으로 변할 수 없게 된다는 것을 보여준다.

결과는 총체적인 비관주의이다—현실로부터의 좌파이론의 이탈 : '이론과 실천, 사유와 행동이 만나는 곳은 존재하지 않는다.'[40]

---

38) *From Napoléon to Stalin* (1980), p. 271.
39) Knei-Paz, *The Social and Political Thought of Leon Trotsky* (1978), p. 423을 볼 것.
40) H. Marcuse, *One-Dimensional Man* (1968), pp. 11-12.

카는 대체로 마르크스에 대한 이러한 비판을 인정했지만, 그러나 그런 식의 비관적인 결론을 이끌어내지는 않았다. 그는 자전적 회고록에서 이렇게 선언했다 :

　나는 사실 서구 사회가 현재와 같은 상태로는, 반드시 극적인 붕괴로 끝나버리지 않을지는 몰라도, 쇠퇴하여 쇠망하리라는 것밖에는 달리 그 앞날을 예견할 수 없다. 그러나 아직은 추측할 수 없는 모습을 지닌 새로운 힘과 운동이 여기저기에서, 저 밑에서 싹트고 있다고 믿는다. 그것은 나로서는 입증할 수 없는 유토피아이다.……나는 그것을 '사회주의적인' 것이라고 불러야 한다고 생각하는데, 그런 한에서 나는 마르크스주의자이다. 그러나 마르크스는 유토피아에 관한 몇몇 구절을 제외하고는 사회주의의 내용에 관해서 정의하지 않았다 ; 나 또한 정의할 수 없다.

그렇다면 카 자신은 자본주의 체제의 발전과 쇠퇴를 어떻게 평가했을까 ; 그가 찾아낸 '새로운 힘과 운동'이란 어떤 것인가? 그에 관한 부분적인 대답은 1970년경에 쓴 것으로 보이는 "마르크스주의와 역사(Marxism and History)"라는 제목의 노트에 있는 한 초고에서 찾을 수 있다. 그 초고는 완성된 것이 아니었고, 출판되었더라면 그에 앞서 분명히 적지 않게 수정되었을 것이지만, 현재와 미래에 관한 카의 견해의 정수(精髓)를 훌륭하게 전달한다 :

　그러므로 세계의 모습은 지난 50년 동안에 알아볼 수 없을 만큼 변했다. 과거에 서유럽 열강들의 식민지였던 지역—인도, 아프리카, 인도네시아—은 완전한 독립을 표명했다. 라틴 아메리카 국가 중에서는 멕시코와 쿠바만이 혁명의 길을 따랐다 ; 그러나 다른 지역에서는 경제발전을 통해서

보다 완전한 독립의 길로 나아가고 있다. 이 시기의 가장 놀라운 사건은 소련—과거의 러시아 제국—이, 그리고 더 최근에는 중국이 세계 강국과 중심국가의 지위로까지 성장한 것이다. 이 변화들의 결과는 아직은 미래에나 나타나게 되겠지만, 거기에서 유래하는 불확실성은 19세기 세계상(世界像)이 보여준 상대적인 안정성이나 확실성과는 날카롭게 대비된다. 지금 유포되고 있는 새로운 사회에 대한 전망들은 바로 이러한 불확실하고 불안정한 분위기의 소산이다.

러시아 혁명과 그 후의 중국과 쿠바의 혁명이 공공연히 카를 마르크스의 가르침에 의지했다는 것은 굉장히 의미심장한 사실이다. 마르크스가 저술활동을 했던 무렵에 19세기 자본주의 체제는 여전히 전성기에 있었으나, 그는 그 체제의 쇠퇴와 몰락을 가장 설득력 있게 예언한 인물이었다. 그 체제에 도전하려고 했던, 그리고 그것의 몰락을 환영하려고 했던 사람들이 마르크스의 권위에 의지해야만 했던 것은 당연한 일이다. 또한 19세기의 자본주의를 대체할 새로운 사회에 대한 전망들이 마르크스주의에서 영감을 이끌어내야 하는 것도 당연한 일이다. 그러한 전망들은 부분적으로는 유토피아적일 수밖에 없다 ; 미래 사회에 관한 마르크스의 저술들은 불충분했고 또한 흔히 그 성격상 유토피아적이었기 때문이다. 그의 예언들 중의 일부는 빗나갔거나 실현 불가능한 것이라고 판명되었고, 그 때문에 진작부터 그의 추종자들 사이에서 논쟁과 혼란이 발생했다. 그러나 그의 분석력은 부정할 수 없다 ; 그리고 미래 사회에 관해서 그려질 수 있는 모든 그림은, 아무리 사변적으로 그려지더라도, 틀림없이 그 안에 마르크스주의적인 개념들을 상당히 포함하게 될 것이다.

마르크스는 생산성을, 가장 고도로 발달된 생산성에 이르는 경로로서의 공업화를, 가장 발달된 기술의 이용을 통한 근대화를 예언한 인물이었다. 『공산당 선언』 이래 그의 저술들은, 봉건제의 족쇄에서 생산과정을 해방시켰고, 기술적으로 발달한 근대적 팽창경제를 전 세계적으로 작동시킨 자본주의의 성과들에 대한 예찬으로 가득 차 있다. 그러나 마르크스 본인은 자기의 분석이 논증한 것은 개인적인 사적 기업의 원리에 기초한 부르주아 자본주의가 바로 그 성공을 통해서 새로운 족쇄를 만들어가고 있고, 그 족쇄들은 생산의 더 한층의 확대를 가로막을 것이며, 그렇게 되면 생산에 대한 통제는 부르주아 자본가의 손에서 벗어나 노동자의 직접적인 사회적 통제라는 일정한 형태로 대체될 것이라는 점이었다고 믿었다. 오로지 그런 이유 때문에 생산성의 확대는 지속되고 고도화될 수 있다는 것이다. 미래의 공산주의 사회에 관해서 마르크스가 제시한 몇 가지 전망들 중의 하나는 그 사회에서 '부(富)의 샘물이 더 풍부하게 흘러나오리라'는 것이었다.

수많은 일반 민중이 아직도 근대 문명의 가장 기본적인 물질적 혜택조차 누리지 못하고 있는 그 세계에서, 이러한 학설들이 새로운 사회에 대한 인민의 전망에 강력한 영향을 미쳤다는 것은 놀라운 일이 아니다. 또한 그 학설들이 예전에 부르주아 자본주의의 위대한 성과들을 향유했던, 그래서인지 그 체제의 잠재력이 언젠가는 소진되리라는 것을 좀처럼 믿지 않으려고 하는 국민을 가진 선진국가에서가 아니라, 부르주아 자본주의가 전혀 출현하지 않았거나 그것이 일종의 이질적인 또는 주로 억압적인 힘으로 출현했던 후진국가에서 가장 확실한 호소력을 발휘한 것(비록 이것은 마르크스가 기대한 것과는 정반대의 것이지만)도 놀라운 일이 아니다. 러시아 혁명은 기술적으로 후진적인 국가, 즉 경제와 사회에서 부르주아 자본주의적 변혁이 겨우 시작된 곳에서 발생했다 ; 러시아 혁명의 첫 번째 기능은, 레닌이 말했듯이, 사회주의 혁명으로 나아갈 수 있기 전에 '부르주아 혁명을 완성시키는 것'이었다. 제2차 세계대전 이래 그 사회주의 혁명은 부르주아 혁명이 시작조차 되지 않은 나라들에까지 확산되었다. 이제는 불필요해진 부르주아 자본주의 혁명을 뛰어넘어 사회적이고, 계획적인 생산의 통제를 통해서 경제의 공업화와 근대화를 성취하게 될, 또한 그것이 동반하는 고도의 생산성을 성취하게 될 미래 사회에 대한 전망이 오늘날 서유럽 국가들의 영역 외부에 있는 세계 전체를 지배하고 있다.

카는 계속해서 '그렇지만 이러한 전망의 정치적인 측면은 아직도 희미하고 불확실하다. 마르크스주의는 거의 도움을 주지 못하고 있다. 노동자가 통제하는 사회라는 개념은 프롤레타리아트가 소수였던 러시아의 경우에는 거의 적합하지 않았다는 것이 입증되었다 ; 그것은 프롤레타리아트가 존재하지 않는 저개발 국가의 경우에는 전혀 적합하지 않다'고 덧붙였다. 그럼에도 불구하고 그런 나라들에서의 혁명은 자본주의 체제를 종식시킬 것처럼 보였고, 따라서 카가 말한 '입증할 수 없는 유토피아'의 성취 가능성을 제시하는 것 같았다 :

나는 [볼셰비키 혁명이] 그 첫 번째 단계였던 세계혁명, 그리고 자본주의의 몰락을 완성시킬 세계혁명은 제국주의의 탈을 쓴 자본주의에 대항하는 식민지 민중들의 저항이 되리라는 가설[카는 이것을 1978년 9월에 내세웠다]을 진지하게 고찰해야만 한다고 생각한다.[41]

---

41) *From Napoleon to Stalin* (1980), p. 275.

개역판 역자 후기

이 책 『역사란 무엇인가』를 번역한 지도 17년이 지났다. 이제 개역판을 내면서 첫 번째 번역에서는 미처 발견하지 못했던 몇 군데 오역들을 바로잡았고, 부적절하다고 생각되는 용어들은 적절하다고 생각되는 것들로 바꾸었다. 또 불가피한 경우에 한해서 몇몇 문장들은 의역을 하기도 했으며, 문맥이나 논리 전개에 대한 이해를 위해서 접속사라든가 부사 등을 추가하기도 했다. 하지만 이러한 수정과 첨가에도 불구하고, 첫 번째 번역에서도 그랬듯이, 원문을 지나치게 훼손하는 일은 삼갔다.

개역을 하기 위해서 다시 한번 이 책을 읽어보니, 첫 번째 번역할 때와는 달리 E. H. 카의 이 책은 단순히 역사와 역사학을 이론적, 학문적으로 설명하는 책에 그치는 것이 아니라, 역사를 매개로 당대의 서구 사회를 지배하고 있던 수구적인 담론과 냉전 이데올로기를 비판하면서 그것에 대항하고 있는 매우 논쟁적인 책이라는 것을 확인할 수 있었다.

널리 알려져 있듯이 『역사란 무엇인가』는 카가 지금으로부터 거의 반세기 전인 1961년 1월부터 3월까지 영국 케임브리지 대학교에서 강연한 내용을 책으로 펴낸 것이다. 카는 1892년에, 즉 영국 역사상 가장 번영한 시기였다는 빅토리아 시대(1837년부터 1901년)의 끝 무렵에, 혹은 그의 표현대로 하자면 저녁놀이 질 무렵에 출생했으므로, 강연 당시 그의 나이는 69세였다.

카가 살아온 20세기 전반기는 그야말로 인류 역사상 가장 격동적인 시기이자 서구 문명이 낳은 가장 비극적인 시기 중의 하나였다. 제1차 세계대전, 러시아 혁명, 대공황, 파시즘의 발흥, 제2차 세계대전 등을 비롯하여 알제리와 베트남의 독립전쟁 같은 비서구에서의 반식민 해방운동, 중국과 쿠바에서의 사회주의 혁명 등 역사적으로 중요한 수많은 사건들과 변화들이 카의 청장년 시절에 발생했다. 그러나 이러한 격동의 역사 속에서 카는 사료더미에 파묻혀 과거를 탐색하는 전문적인 역사가로서 단순히 살아온 것은 아니다. 이 책의 앞표지 날개에 소개되어 있는 그의 경력에서 알 수 있듯이, 카는 오랫동안 외교관으로서 혹은 저널리스트로서 활동했고, 대학에 있을 때에도 주로 국제정치학을 가르쳤다.

그렇다면 카는 왜 노년에 새삼스레 '역사란 무엇인가'라는 근원적 질문을 던지면서 대중을 상대로 강연을 했던 것일까? 그것은 그가 『역사란 무엇인가』의 제2판을 출간하기 위해서 써놓은 "서문"에서 말하고 있듯이, "진보에 대한 모든 신념과 인류의 더 나은 진보에 대한 모든 전망을 어리석은 짓이라고 배제해버리는 오늘날의 회의주의와 절망의 조류"에 대항하기 위해서였다.

그가 케임브리지 대학에서 강연했던 시기는 제2차 세계대전 당시 파시즘이라는 공동의 적에게 맞서 협력했던 자본주의 진영과 사회주의 진영이 상호 대립하거나 공존하면서 경쟁하고 있던 냉전기였다. 이 냉전기에 영국을 비롯한 서구의 엘리트 지식인들은 사회의 위기를 부추기고 회의주의를 전파하면서 더 민주적이고 더 평등한 사회를 향한 역사의 변화를 부정하려고 했고, 그렇게 함으로써 당대의 서구 사회를 지배하고 있던 집단에 봉사하고 있었다. 이러한 지배 이데올로기에 저항해야 할 긴급성과 필요성이 노년에 접어든 카로 하여금 '역사'를 화두로 삼아 강연을 하고 책을 펴내도록 만들었던 것이다.

역사란 '과거와 현재의 대화' 또는 '과거의 사실과 현재의 역사가의 대화'라는 것은 누구에게든 널리 회자되어온, 역사에 대한 카의 유명한 정의이다. 그러나 그 두 항목 중에서 카가 강조하는 것은 과거 자체 혹은 과거의 사실이 아니라 그것을 가지고 역사담론과 역사지식을 생산하는 '현재의 역사가'이다. 이미 지나가버린, 그런 의미에서 스스로 말할 수 없는 과거의 사실들을 대화의 장에 불러들이는 것은 현재의 역사가이기 때문이다. 그러므로 카는, 과거는 현재의 역사가들이 가지고 있는 현실 사회에 대한 문제의식에 따라 구성되며, 과거의 사실들이 어떠했는가보다는 역사지식을 생산하는 역사가가 현재의 사회와 현실에 대해서 어떤 문제의식과 가치관을 가지고 있는지가 더 중요하다고 말한다.

그런데 카는 역사가의 현재에 대한 문제의식과 그의 가치관은 결국 미래에 대한 전망과 연관된다고 주장한다. 과거를 돌이켜볼 때 인간은, 비록 우여곡절은 있었더라도, 더 나은 사회를 향해 발전해왔고, 그러한 진보의 과정 자체가 인간이 합리적 이성을 지닌 존재임을 역사적으로 증명한다. 따라서 미래에도 인간의 역사는 더욱 합리적인 방향으로 변화하고 진보할 것인데, 장차 과거가 되어 있을 현재의 사회가 더 민주적이고 더 평등한 사회로 진보해갈 것이라는 이 변화에 대한 신념이 현재의 역사가와 과거의 사실 사이에 이루어지는 대화의 성격을 결정하고, 과거에 대한 역사가의 인식 내용을 결정한다고 카는 말하고 있는 것이다.

물론 미래 사회는 아직 경험할 수 없고 실증할 수 없는, 오직 상상을 통해서만 전망할 수 있는 사회이며, 게다가 그 미래 사회가 현재의 상상과 전망대로 도래하리라는 보장도 없다. 그럼에도 불구하고 카는, 비록 실패할 가능성이 있을지라도, 역사의 진보를 믿으면서 더 나은 미래를 전망하고 상상하는 것이야말로 진보의 과정으로서의 과거에 대한 객관적 인식은 물론, 진보의 과정이 될 현재에 대한 객관적 인식을 가능하게 해줄 것이라고 말한다.

이러한 카의 입장은, 실제 경험으로 입증될 수 있는 실증적 지식만을 진리로 간주하고 그렇지 않은 지식은 추상적이고 허구적인 형이상학적 지식으로 간주하고 있는 경험주의와 실증주의에 대한 그의 비판으로 이어진다. 그가 『역사란 무엇인가』에서 실증주의 역사학을 비판하고 "철저한 보수주의는 철저한 경험주의의 형태를 취한다"고 말한 이유는, 당시 영국의 보수적 지식인들이 이른바 경험적 사실들을 동원하여 정치 위기와 안보 위기와 경제 위기를 또는 정치 불안과 사회 불안을 전파하거나 증폭시키고 있었고, 이를 통해서 기성 질서와 지배 집단의 기득권을 유지하거나 공고화하려고 했기 때문이다.

이렇게 카는 냉전 시기 영국 사회의 기득권 세력과 이들을 옹호하는 지식인들에 맞서 누구도 부인할 없는 진보의 과정으로서의 역사를 내세워 이들의 보수적 이데올로기에 대항한 것이다. 그가 『역사란 무엇인가』를 끝내면서, 과도한 상대주의를 주장하거나 미래의 이상(理想)을 인정하지 않거나 사회의 근원적 변화를 거부하고 있다고 판단되는 보수적 지식인들을 비판하고 난 후 지동설(地動說)을 주장한 갈릴레이의 말을 빌려 "그래도 그것은 움직인다"고 말한 것은, 역사가 더 나은 미래, 더 나은 사회를 향해 움직인다는 자신의 신념을 다시 한번 강력하게 천명한 것이라고 할 수 있다.

그러나 카는 자신의 입장과 신념을 조급하게 내세우지는 않는다. 『역사란 무엇인가』에서 카는 어떤 의미에서는 대단히 조심스럽고 신중하게, 때로는 자신의 입장과 반대되는 주장도 경청하는 태도를 보이면서, 역사를 인식하거나 서술할 때 어째서 현재가 중요하고 현재의 역사가의 생각이 중요한지, 역사적 인물들은 물론 현재의 역사가도 왜 사회적 개인으로 보아야 하는지, 역사가 과학일 수 있고 역사적 평가에 도덕적 판단이 필요한 이유는 무엇인지, 어떤 맥락에서 역사의 인과관계를 살펴보는 것이 올바른지 등등의 문제들을 끈기 있게 서술하고 있다.

따라서 이번에 개역을 하면서 새삼 느낀 것이지만, 『역사란 무엇인가』를 읽을 때는 카의 결론적인 주장에만 주목할 것이 아니라, 그 주장에 이르기까지의 그의 논리와 설명을 세심하게 정독하는 것이 필요해 보인다.

물론 『역사란 무엇인가』는 출간 이후 많은 비판과 공격을 받아왔다. 카가 그 책에서 비판한 보수적 지식인들로부터의 공격은 예견된 것이라고 할 수 있지만, 1960년대 이후 역사와 관련된 이론적, 철학적 문제의식의 발전, 특히 (포스트)구조주의나 이른바 포스트모더니즘 이론의 발전은 사유대상으로서의 역사라는 개념 자체, 역사 인식과 지식의 성격 등에 대한 새로운 문제의식을 낳았고, 그에 따라서 『역사란 무엇인가』에서의 카의 역사관을 근본적으로 재성찰하게 만들고 있다. 뿐만 아니라 전문적인 분과학문으로서의 역사학 영역에서는 미시사라든가 일상사 또는 이른바 신문화사 등이 출현함으로써, 다분히 전통적인 역사학에 머물러 있는 카의 입지를 축소시키고 있다. 이러한 지성사적 발전이나 역사학에서의 변화가 지적하는 것은, 거칠게 말하자면, 역사 인식과 역사의 진보에 대한 카의 생각이 서구의 근대성 논리에서 벗어나지 못했다는 점이다.

그렇다고 해도 카가 1960년대 초에 가지고 있던 문제의식은 그 시대의 정세를 고려할 때 매우 소중한 것이므로 당시의 이론적 한계 안에서 그것대로 인정할 필요가 있을 것이다. 덧붙여 이 책의 부록으로 수록된 데이비스의 글을 보면, 카가—여전히 근대성의 논리에서 벗어나지는 못했지만—『역사란 무엇인가』의 출간 이후 서구에서보다는 비서구의 이른바 '제3세계'에서 역사적 진보의 가능성을 찾고 있었다는 점은 시사적이라고 생각된다.

카는 『역사란 무엇인가』의 제2판을 위한 "서문"에서 "사회의 중요한 전제들을 인정하고, 그것에 기초하여 행동하는 지식인들의 판에 박힌 주장이 아니라, 그런 전제들에 도전하고 그것에 기초하여 행동하는 지식인들의 주장"을 옹호하고 있다. 그러므로 『역사란 무엇인가』는 기성 사회의 전제들이—즉 지배 집단을 위해서 엘리트 지식인들이 생산한 이데올로기적 담론들이—진리로 인정되던 시대에 그 전제들에 도전했던 카의 지적 산물이다. 그러나 그와 같은 도전이 필요한 시대는 아직도 세계의 곳곳에서 계속되고 있다.

2015년 1월 28일
역자 씀

초판 역자 후기

까치 출판사가 처음 이 책의 번역을 부탁했을 때, 사실 역자로서는 약간 망설이지 않을 수 없었다. 이미 이 책은 역사전공자뿐만 아니라 역사에 조금이라도 관심이 있는 사람이라면 누구나 반드시 읽어보아야 할 고전이 되어 있었으므로 기왕의 번역서들보다 좀더 나은 번역서를 만들어보고 싶다는 출판사의 생각에는 동의했지만, 역사에 대한 역자의 생각이 E. H. 카의 그것과는 상당히 달라져 있었기 때문이다.

그럼에도 불구하고 역자가 번역을 작정하게 된 것은, 물론 출판사의 거듭된 제안도 있었지만, 점점 더 실증주의적이 되어가고 있는 이즈음의 역사연구 경향에 대해서 그리고 역사를 과거라는 숲속에서의 무슨 보물 찾기 쯤으로 또는 문화유산 답사기 정도로 간주하고 있는 오늘날의 풍조에 대해서 이 책이 혹시라도 다시 한번 반성의 계기를 마련해주지 않을까 하는 어리석은(?) 기대 때문이었다. 그리고 제1판(1961, MacMillan)에는 수록되지 않은 카 자신의 "서문"(제2판을 준비하면서 쓴 것이다)과 그의 역사관을 가장 충실하게 요약한 데이비스의 글이 카와 이 책의 이해를 위해서 필요하다는 판단에서였다.

이 책을 읽은 독자라면 잘 알겠지만 카는 꼼꼼하게 사실을 복원하는 데에만 몰두하고 있는 실증주의적인 역사를 무엇보다도 비판했고, 과거 그 자체에 매몰되는 복고취미적인 역사를 누구보다도 경멸했던 역사가였다. 다시 말해서 카는 역사가 과거를 연구하는 학문이지만, 그 과거에 대한 연구는 어디까지나 현재의 문제를 제대로 해명하고 동시에 미래에 대한 전망을 올바르게 세워나가는 데에 기여해야만 한다는 생각을 가지고 있었던 것인데, 이와 같은 역사관과 함께 이성의 힘과 역사의 진보를 끝까지 믿으려고 했던 합리주의자 또는 진보주의자로서의 그의 면모야말로 이 책을 역사학 분야의 고전이 되도록 만든 원천일 것이다. 아직도 우리의 현실이 과거의 사실이나 흔적에만 탐닉할 수 있게 할 만큼 한가롭지 않다면, 또 아직도 진보를 가로막는 불합리한 요소들이 이 사회 곳곳에서 완강하게 버티고 있다면, 우리가 여전히 카의 『역사란 무엇인가』를 읽어야 할 이유는 충분히 있다고 생각한다.

그런데 한 걸음 더 나아가서, 이미 사라져버린 과거라는 대상을 어떻게 사유해야 하는지, 합리적 이성이란 무엇을 말하며 또 그것은 어떻게 지배 효과를 발휘하는지 그리고 역사의 진보를 믿는 것과는 별개로 진보의 내용을 무엇으로 채워넣을 것이며, 역사학이 과연 그 실현에 제대로 기여할 수 있는지 등의 문제로 들어서게 되면, 카의 입장에는 또다른 도전을 받을 수 있는 여지가 있다고 생각한다.

그러나 어차피 그에 대한 설득력 있는 대답을 카에게서 듣는다는 것은 무리일 것이다. 그렇다면 우리는 이 책에서 격동의 20세기를 진지하게 고민하면서 살다간 존경스러운 역사가의 역사에 대한 열려 있는 자세, 상대적으로 진보적인 태도를 배우는 것이 지금으로서는 더 필요하지 않을까?

개인적인 사정 때문에 출판사와 약속한 기일을 훨씬 넘겨서 간신히 번역을 끝냈는데도, 출판사에서는 그동안 한번도 원고 독촉을 하지 않았다. 고마울 뿐이다. 그리고 교정과정에서 번역원고를 성의를 다하여 검토함으로써 미처 역자가 생각하지 못한 점들을 지적했음은 물론이고 또 일부 역주까지 마련해주었으니 이 역시 고마울 뿐이다.

　이름을 모두 밝힐 수는 없지만 그동안 역자를 도와준 모든 분들께도 감사를 드린다.

1997년 7월 13일
역자 씀

인명, 서명 색인